青春期女孩的
正面管教

如何不惩罚、不娇纵地有效管教女孩

岳贤伦 著

朝华出版社
BLOSSOM PRESS

图书在版编目（CIP）数据

青春期女孩的正面管教 / 岳贤伦著. -- 北京：朝华出版社，2018.3
ISBN 978-7-5054-4184-2

Ⅰ.①青… Ⅱ.①岳… Ⅲ.①女性—青春期—家庭教育 Ⅳ.①G782

中国版本图书馆CIP数据核字(2017)第320340号

青春期女孩的正面管教

作　　者　岳贤伦

选题策划　王　剑
责任编辑　楼淑敏
责任印制　张文东　陆竞赢
封面设计　思源工坊

出版发行　朝华出版社
社　　址　北京市西城区百万庄大街24号　　**邮政编码**　100037
订购电话　（010）68996618　68996050
传　　真　（010）88415258（发行部）
联系版权　j-yn@163.com
网　　址　http://zhcb.cipg.org.cn
印　　刷　三河市三佳印刷装订有限公司
经　　销　全国新华书店
开　　本　710mm × 1000mm　1/16　　**字　　数**　283千字
印　　张　19.5
版　　次　2018年3月第1版　2018年3月第1次印刷
装　　别　平
书　　号　ISBN 978-7-5054-4184-2
定　　价　39.80元

前言

有个初一女孩因为疯狂追星，偷钱买火车票私自去外地看偶像的演唱会，被爸爸训斥了一顿，她大哭道：“凭什么阻止我追求快乐？”

有个初二女孩和班里的一个男生好上了，妈妈反对她早恋，跑到学校找老师求助，让女孩很没面子。一气之下，她和男生私奔去了外地，花光了所有的钱才狼狈地回来。

有个初三女孩沉迷网络，宁可不吃不喝，也要把钱省出来打游戏。父母骂也骂了，打也打了，还是无法让女孩戒掉网瘾。相反，女儿视他们为仇人，不和他们说话，每天沉默寡言，郁郁寡欢。

面对女孩的各种各样的疯狂行为，父母既困惑又惊恐：“我的女儿到底怎么了？”然而，错的只有孩子吗？家长的管教方式妥当吗？打骂能够解决孩子的问题吗？管教孩子，首先要了解孩子，然后还要采取正确的方式，即正面管教方式，才能取得良好的效果。

伴随着生理发育，女孩的心理也在成熟，她们开始有了强烈的自尊心，独立意识和思维方式都在发生巨变。如果父母仍用管教小孩子的那套非打即骂的方法管教青春期女孩，那肯定是不会奏效的。相反，只会激起女孩的反抗和叛逆，并导致亲子关系逐步恶化。因此，在教育青春期女孩之前，父母首先应该了解她们。

青春期是一个过渡时期。女孩的发育是以月经，即第一次来月经为标准的。这一时期的女孩逐渐有了部分特定意向和责任感，并希望自己决定某些活动如何进行。因此，她们不喜欢听从父母的命令。

青春期是一个发展时期。研究表明，在人的一生中，身体生长迅速、身体各部分的比例产生显著变化的阶段有两个，一个是在生命之初的前半年，另一个则是青春期。青春期的快速生长发育，被称为青春期急速成长现象。身体及性的发育，对女孩的心理特征及社会生活产生了重大的影响，由此也产生了一系列的心理卫生问题。

青春期是一个变化时期。在这个时期，女孩从身体、外貌、行为模式、自我意识、交往与情绪特点、人生观等方面，脱离了儿童的特征而逐渐成熟起来，更为接近成人。这些变化，会使女孩产生困扰、自卑、不安、焦虑等心理问题，甚至产生不良行为。

青春期是一个反抗时期。由于身心的逐渐发展和成熟，女孩在这个时期往往对生活采取消极反抗的态度，否定以前发展起来的一些良好本质。这种反抗倾向会涉及家人、朋友、老师等，导致人际关系紧张，无形中增加了女孩的心理负担。

青春期是一个负重时期。女孩要逐渐担负一部分由成人担负的工作，但这些负担是她们在走向成熟时所不可缺少的。

针对青春期各种棘手的问题，父母应该转变教育观念，用正面管教的方法代替粗暴的批评、无趣的说教、冷漠的命令。要针对女孩特定的心理特点，用鼓励、表扬、引导去纠正女孩的缺点，完善女孩的人格。

本书能引导父母审视青春期女孩，同时也重新审视自己，让父母明白：青春期不等于危险期，其实女孩没有那么难管，只怕你不懂她的心！即使表现得再叛逆、再冷漠，女孩在内心深处也是渴望得到父母的爱与肯定的。

本书中的案例翔实，方法实用，既有专业的心理分析，又有具体的方法指导，可以帮父母消除青春期女孩成长过程中的各种“疑难杂症”，还女孩一个健康的身心、一段快乐的青春。

目录

第一章　10~16 岁，决定女孩一生的关键期

10~16 岁，是决定女孩一生的关键期？绝对不是危言耸听！当你的女儿进入 10~16 岁这一关键阶段，做父母的更要付出数倍的关爱去支持她。她如同初绽的花朵，每一步都是那样青嫩而小心翼翼。决定女孩一生的 10~16 岁到底有多重要？让我们进入这一章节来了解一下吧。

第二章 10~16岁，女孩的心理成长秘密

有首歌这样唱道："女孩的心思你别猜，你别猜。你猜来猜去也猜不明白……"她的小秘密，还真不是一般人能想到的，即使是朝夕相处的父母也难免有的时候感到疑惑，不禁问："这小丫头成天都在胡思乱想些什么啊？"其实女孩的秘密很好懂，只要父母细心了解她在10~16岁这一敏感时期的心理特征，就不难了解她的心思，帮助她平稳度过叛逆期。

第三章 女孩叛逆期，妈妈如何扮演好自己的角色

生活是个大舞台，每个人都需要扮演好自己的角色。作为妈妈，当女儿进入青春期后，你就更需要扮演好自己的角色。找准自己的位置，调整自己的心态，布置好温馨的家庭——一个优秀的女孩，在于妈妈的掌握。

第四章　早恋、性、网络——这样引导最正确

10~16岁的女孩如清风中的花朵，迎风招展，娇嫩欲滴，这是她们一生中最难忘的阶段，也是最美好的阶段之一。这样美好的阶段，也容易出现早恋、网络和性方面的问题，面对这些问题，女孩很容易迷失自己，那么父母又该如何去把握呢？花季护航，当然要睿智的父母才行！

第五章　情商，父母送给女儿一生的礼物

情商教育是近几年才提出来的一个相对智商而言的心理学概念。美国哈佛大学教授丹尼尔·戈尔曼认为：“情商是决定人生成功与否的关键。”而对于女孩来说，情商对她们未来的发展更重要，所以呼吁那些关心女孩教育的父母：为培养高情商的女儿加一把力吧！

第六章　女孩一生最重要的 11 个引导

父母给女儿一生的财富是什么？是美貌？智慧？金钱？都不是。对女孩来说，能引领她们面对今后生活的最可贵的力量是优秀的品质——这是父母送给女儿最重要的礼物。如何引导女儿拥有这 11 个重要品质，要看父母是否独具匠心。

第七章　8 大能力培养，让叛逆女孩充满正能量

在培养女儿的过程中，父母们特别要注意的一点是：要全面培养女儿的各种能力。培养女儿的自控能力，让她学会掌控自己的人生；培养女儿的理财能力，让她既是“才女”，也是“财女”；培养女儿的团队合作能力，为她今后步入社会打下基础……

第八章　叛逆期，这样和女孩沟通最有效

很多父母发现，要读懂女儿的心思十分困难。因为，与男孩相比，女孩更加情绪化，她们天生感情细腻，尽管父母可以观察到有什么事情令她不安或者不快，但很难明白她的心里究竟在想些什么。这种情况下，父母就要掌握一些沟通的方法，这样才能有效地和女儿沟通。

第九章　10~16 岁，女孩更需要掌握的学习技巧

上中学以后，往往出现女孩成绩不如男孩的现象，于是很多父母就认为女孩的智力天生就不如男孩，因此忽略了从女孩成长的其他方面寻找原因。其实，如果父母教会了女儿养成良好的学习习惯，并掌握了正确的学习方法，那么女儿成绩“滑坡”的幅度可能会小很多，甚至可以避免“滑坡”现象的产生。

第十章　危险无处不在，教女孩披荆斩棘

处在10~16岁叛逆期的女孩，会出现各种各样的心理矛盾和压力，还会遇到一些外界的诱惑和危险，如果这些问题不能得到顺利解决，女孩就有可能在情绪以及行为等方面出现问题。所以，对于女儿在叛逆期亮起的“红灯”，父母一定要警觉，好好引导女儿，带她走出危险的禁区。

第一章

10~16 岁，决定女孩一生的关键期

10~16 岁，是决定女孩一生的关键期？绝对不是危言耸听！当你的女儿进入 10~16 岁这一关键阶段，做父母的更要付出数倍的关爱去支持她。她如同初绽的花朵，每一步都是那样青嫩而小心翼翼。决定女孩一生的 10~16 岁到底有多重要？让我们进入这一章节来了解一下吧。

青春期，女孩的“第二次诞生”

一个新生命的诞生会给人们带来无限的喜悦，当妈妈怀抱着小宝贝幸福地微笑时，周围的人也会跟着幸福起来。新的生命给人们带来了快乐和希望，粉嫩的小脸蛋，柔软的小胳膊和小腿，纤尘不染的清澈眼神，一切都是如此新鲜美好。这是人之初到这个世界时的情景。诞生的意义大到无法描述。

婴儿一天天长大，度过儿童期，成长为小小少年，也就是 11 岁左右时，会迎来“第二次诞生”——青春期（也叫叛逆期、反抗期等）。而 10~16 岁，正是这一时期的最关键阶段，也是人一生的关键时期，它决定着一个人以后的人生方向。可以说，这个时期是女孩命运升沉的旋转门。

心理学家认为：当女孩进入青春期以后，其心理开始变化，主要表现为

“自我发现”“产生对未来生活的设想”“开始逐步跨入生活的各个领域”等，跟儿童期的心理差别很大；这一时期，女孩的思想、观念开始形成，人生开始觉醒。

这也说明心理的成长变化是构成青春期的重要元素，是重中之重。

心理学家埃里克森指出，青春期的基本任务是建立自我同一感。这一时期，女孩开始关心自己在别人心目中的形象，开始思考“人为什么活着”“我是谁”“我是个怎样的人”等问题，不再像儿童时期那样只知吃喝玩乐，而是开始了自我审视。

一个初二的女生看到一篇报道后竟然想要退学！因为当她由这个故事想到自己的时候，竟然发现那么相似。这是一个带有传奇色彩的对话：

记者：“你每天放牛是为了什么啊？”

放牛娃：“赚钱。”

记者：“赚钱又是为了什么？”

放牛娃：“娶媳妇。”

记者：“娶媳妇是为了什么？”

放牛娃：“生娃。”

记者：“生娃希望他做什么呢？”

放牛娃：“放牛。”

……

这个退学的女孩说：我的生活就遵循着“学习—考大学—找工作—结婚生孩子—子女学习—子女考大学……”这样一个怪圈。因此，她感觉很失望，她觉得她的生活竟是如此的周而复始，一成不变得没有意义，所以她想要一种不一样的人生！

有多少青春期的女孩在问自己：“我为什么学习？为了父母的面子？为了老

师？读书到底有什么意义呢？”

对自己的生活产生好奇和疑问是女孩内心的觉醒过程，也是女孩从青涩到成熟的必经之路。

所以，“第二次诞生”意义非凡，它是生命体的再一次蜕变。而最为关键和重要的是心理的变化和成长，它是人的社会性发展的标志。

儿童期是“外界的获得时代”，青春期则是“内部的获得时代”。由于性本能的启动，女孩逐渐地将注意力转向自己的内部。青春初期，女孩常常会因自己不能掌握这种变化而烦恼，昔日儿童时期平静的心田被搅乱，从而陷入反抗、冷淡、蛮横、怠慢、多变等不安的情绪中。她们不仅对外界，就是对自己也都采取了“否定”的态度。因此，也有的心理学家把青春期称为“否定期”或“反抗期”。

心理学家霍尔认为，到了青春期，人的身体与心理跟以前相比，大为不同，而发展的趋势是跳跃而来的。他们对于社会的义务感和新的爱情生活，忽然惊醒，他们既不了解世界，又不了解本身生理的发展所引起的心理变化。因此，霍尔把青春期称为“危机时期”。而心理学家盖脱则将其称为“暴风骤雨时期”，心理学家弋特又将其称为“疾风怒涛时期”。无疑，青春期是“从他律向自律发展的转变期”，也是“人生的十字路口”。

……

看到这么多专家学者的研究以及对青春期的总结和定义，我们就能想到，这是一个多么特别的时期，又是一个多么不好管理和难以控制的时期。青春期是身心各方面发生很大变化的时期，不过也是精力旺盛、兴趣广泛、对人生充满幻想的时期。在生理上，身体迅速发育成熟；在心理上，精神逐渐觉醒。这种身心的时差，带来了急剧而复杂、广泛而深刻的心理矛盾和心理动荡。因而被认为是人生中最关键的转折时期。

所以，父母一定要重视女孩在青春期的成长和教育！

如果说从母体诞生是生命个体的成熟，那么人的“第二次诞生”就是个体心理的日趋成熟。婴儿呱呱坠地的那一刻，母亲的分娩之痛与孩子的奋力挣扎，共同完成了人生的伟大一课。那么，女孩青春期和父母的“对峙”，应是人生要完成的又一伟大课程。

父母如果对青春期能有一个清楚的了解和认识，就会在教育女孩的过程中得心应手，促进女孩的健康成长，反之将烦心劳神，对女孩的成长产生负面作用。

虽然青春期可以长达10年，但10~16岁这一阶段是青春期最为关键的时期，因为这一阶段是冲突最为激烈的时期，不管是女孩自己内心的各种冲突还是女孩与父母之间的冲突，都如暴风骤雨。下面来了解一下青春期的特征，有利于父母们更好地帮助女孩成长。

我们先来看一下青春期心理实质：心理学认为，人的大脑是脑的高级部位，是心理活动的主要器官和物质基础。青春期是一个人大脑从生长发育走向日趋成熟的时期，大脑的兴奋性比较强，可塑性大，容易接受新鲜事物。尽管人的大脑在6岁时已达到成年人脑容量的90%~95%，但其发育还没有成熟，第二次重要的发育贯穿了整个青春期，大脑会发生第二波的增殖和修整。美国科学家研究发现，大脑纤维系统（用于在脑半球间传递信息，并能清楚显示出大脑的活动情况）在青春期快速发育。有些灰质——神经元和它们分支般的树突都会愈益变粗，在女孩约为11岁、男孩约为12岁半时达到高潮。大脑结构上的成熟，也就保证了功能作用的发挥。从而，才有青春期心理活动的复杂多样。

青春期心理特征可概括为：

（1）身心发展有时差，容易产生不平衡；

（2）智力发展迅猛，头脑活跃，是学习的最佳时期；

（3）情绪强烈多变，喜欢憧憬未来并富于幻想；

（4）自我意识高涨，个性的可塑性强；

（5）希望得到父母和老师的理解和尊重；

（6）情感单纯，需要父母和老师的引导；

（7）交际发展有主见，交际范围扩大；

（8）理想发展起伏不定，容易受境遇影响而变化。

而青春期的生理变化表现得更加明显：

首先，女孩身体发生了变化：身高、体重增加，出现了第二性征，皮肤细腻，骨盆变宽大，乳房隆起，声调变高变细，长出腋毛、阴毛。男孩肌肉开始变得粗壮，喉结突出，长出胡须、腋毛、阴毛，汗毛加重，声音变粗。

其次，性成熟：女孩来月经，男孩出现遗精。

这些身体的变化也影响着女孩的心理变化，使女孩的情绪发展强烈多变，易陷于孤独寂寞中。

把青春期看作是人的第二次诞生，确实有深刻含义。青春期的不安以及给父母带来的困扰也不亚于新生命诞生给母亲带来的阵痛，青春期的这种阵痛，家长和孩子都能感受得到，如果教育不得法，整个家庭都可能陷入剧痛。

10~16 岁，女孩生理发育的关键期

十几岁的青春期少女，正处于生理发育的关键期。伴随着身高的迅速增长和身材曲线的凸显，女孩进入到“女大十八变，越变越好看”的阶段。与此同时，女孩的心理发育也日趋成熟。作为父母，尤其是妈妈，应密切关注女儿的身心发育状况。

青春期少女的生理发育有着一定的时间性和次序性：

8~9 岁，女孩已经脱离幼儿形体，子宫、骨盆开始发育，其横径明显增宽。臀部变圆，女性的优美线条初见雏形。

10~11 岁，乳头稍稍突出，触碰时会有微痛感，这是青春萌动的突出标志。外阴和大阴唇的皮肤上开始出现阴毛，刚开始只是很稀少的阴毛，慢慢就会增多。与此同时，身高加速增长，骨盆继续增大。

12~13 岁，乳头进一步突出，乳头色泽出现（乳晕）、乳房进一步隆起，内外生殖器开始增大，阴毛逐渐增多，并且愈加密集、卷曲，呈现出倒三角形的分

布形态。这一时期，腋毛也开始生长，身高增长速度达到高峰。有些女孩开始出现月经初潮，但很少排卵，月经周期不规律。

14~15岁，月经慢慢规律化，且有排卵。骨盆有明显变化，腋毛生长旺盛。有些女孩脸上会出现程度不同的青春痘，嗓音变得尖细。

16~18岁，骨骺发育趋于完毕，身高增长明显放缓，身体发育接近成熟。

以上就是青春期女孩生理发育的秘密。父母知晓了这个秘密后，就可以有效地指导女孩，有针对性地引导女孩认识自己的身体，使女孩在青春期越变越漂亮。具体来说，父母可以参考以下几点：

1. 发现女孩生理发育异常时应做检查

性征的发育有比较严格的时间性。如果你发现女儿的生理发育违背了这个规律，比如，8岁时乳房就发育，9岁前就月经来潮，这种情况说明你的孩子性早熟。再比如，女孩16岁之后，仍然没有性征发育或月经来潮，就可能有性发育障碍。

性征发育的次序同样要注意。正常来说，女孩第一次月经来潮在阴毛长出之后，在腋毛生长的同时，或在腋毛长出之前。如果女孩的乳房尚未发育，或阴毛尚未长出，月经就抢先来潮，那也是一种不正常的现象，应立即去医院做检查。

2. 提醒女孩注意阴道卫生，保护好阴道

女性的外生殖器有着较为复杂的构造，有很多皮肤、黏膜皱褶，有汗腺、皮脂腺，还有前庭大腺和宫颈、阴道的分泌物，更有月经来潮，以及前有尿道口，后有肛门。再加上青春期少女的会阴部屏障作用尚未完善，若不注意阴道卫生，没有保护好阴道，就很容易患阴道炎。因此，父母应提醒女孩注意以下保健：

（1）养成清洁阴部的卫生习惯。

少女进入青春期后，伴随着月经的来潮和白带的分泌，少女往往会出现心理恐慌和茫然，一时间不知道该怎么办。有些女孩不注意勤换内裤，这样就很难保证阴部的卫生，容易患上阴道炎。父母应提醒孩子，养成每天换洗内裤、勤洗澡的习惯，而且内裤要在日照下晾晒，借以紫外线消毒。睡觉之前应用温水清洗外阴，洗盆要专用。小便之后，应当用卫生纸将阴部擦拭干净。大便后，应用手纸从前往后擦。

（2）引导女孩穿宽松透气的裤子。

青春期女孩的审美观念十分强烈，追求形体美，喜欢穿各种时髦的裤子，比如紧身裤、铅笔裤、低腰裤等，这类裤子布质厚，弹性不佳，透气性差，且裆部瘦小，使得前有尿道口、后有肛门的阴道备受压迫，阴道的分泌物聚集在阴部，不好散热、散潮，导致阴部处于温热、潮湿的状态，各种病菌在此滋生、繁殖，很容易患上阴道炎。因此，为了让女孩健康成长，父母应引导女孩穿宽松透气的裤子。

（3）提醒女孩注意公共场所的个人卫生。

在公共洗浴场所洗浴时，应提醒女孩自带浴盆、浴巾，尽量淋浴而不要盆池浴，防止阴道滴虫、淋病菌或其他性病等间接感染。与此同时，父母应教女孩掌握相关的性病传播知识，帮女孩养成自我保护的意识，防止性病间接传染。

3. 保护好子宫

按理说，子宫身居腹地，外有体壁屏障保护，内有阴道门户缓冲，不容易受到伤害。然而，如今的已婚女士不孕症、胎盘植入、子宫黏膜异位、宫外孕等疾病日趋增多。为什么会出现这些疾病呢？很大一部分原因是青春期时发生过婚前性行为导致怀孕，而后频繁进行人流，给身体埋下了祸根。

因此，父母一定要教育女孩保护好自己，不要在青春期发生性行为，这是保护子宫的最佳之举。

4. 保护好乳房

乳房发育是青春期女孩重要的第二性征。从生理和审美角度上说，少女拥有挺拔而高耸的乳房是生理成熟的标志，也是少女形体之美的表现，会让女孩的魅力倍增。然而，有些女孩却比较保守，见乳房隆起，感到非常害羞，于是想方设法限制乳房的突起，比如，穿紧身文胸，迫使乳房受尽委屈，这对乳房的自然发育是不利的。要知道，少女长期穿过紧的内衣或文胸，会影响乳房的血液循环和新陈代谢，很可能引起乳腺管堵塞、闭锁。因此，父母应提醒女孩注意保护好乳房：

（1）告诉女孩胸部之美，消除女孩因乳房隆起、挺拔而产生的羞怯心理。

（2）佩戴得体的文胸。为保护乳房，防止意外受伤或挤压，以及使乳房保持自然美的形态，妈妈应为女儿选购得体的文胸，并提醒女儿佩戴。好的文胸表现为尺寸合适，质地柔软、弹性好，且具有吸汗性强的特点。

（3）督促女孩经常清洗乳房，勤换文胸，防止感染而引起乳腺炎。

此外，要提醒女孩不要盲目减肥。如果发现女儿乳房发育不佳，可以适当给孩子加强营养，同时注意让女儿按摩乳房，促进发育。

10~16岁，女孩学习能力的爆发期

在现实生活中，我们常常看到有人学东西很快，有人却学得比较慢。女孩在学校学习也是一样，有的女孩当堂就能掌握所学的知识，有的女孩下了很大功夫还不能掌握。原因何在？主要是她们的学习能力不同。

初中女生小宁学习非常刻苦，全班没有谁能和她相比，大家给她取了个“学习机器”的外号。她在课堂上认真听课，课后认真完成作业，几乎不会放过任何看书的时间，包括吃饭、走路、上厕所等，甚至说梦话也在记单词。班主任每每训斥那些不认真学习的同学时，总会拿她当榜样：“你要是有小宁十分之一的学习劲头，你就能考上北大或者清华了。”谁只要看一眼她鼻梁上的那副像酒瓶底儿一样厚的眼镜，立即就会明白“书虫”是什么样子了。然而，她的学习成绩却很一般。私下里许多同学嘲讽她说：“我要是学得像她那样昏天黑地，活着还有什么意思！”后来，她高考考了三次，才勉强考上了本地的一所师专。

这就是学习能力强弱的差别。

通俗地讲，学习能力就是一个人学习知识、增长才干的本领，是学习文化知识、认识社会、认识世界的能力，而不仅仅是学习书本知识的能力。如果一个人学习能力强，她就容易一点就通、举一反三，不论是在学习生活，还是在工作应酬方面都有着相当强的优势。

对于女孩来说，最基本的学习能力就是听、说、读、写、计算、思考等学习课业的能力。而广义上的学习能力则是多方面的，它包括注意力、观察力、思考力、记忆力、想象力、创造力、阅读能力、理解能力、表达能力等。

学习能力，就像汽车的发动机，如果汽车发动机的功率不够，再好的保养也没用。同样的道理，如果女孩学习能力提高了，学习就会轻松愉快，不但学得好，而且效率高。

学习能力与大脑的机能有关，是在运用智力、知识、技能的过程中，经过反复训练而获得的。而一个人提高学习能力的关键年龄段是10~16岁，因为这个阶段是大脑、心理、生理发展的黄金时期。无数实践证明，在这个阶段，从大脑潜能开发、思维训练完善、健全人格训练、心理辅导、行为训练等方面着手，对女孩的学习能力进行提高，会让女孩受益一生。

也可以说，这一阶段是提高学习能力的最后机会了。

一个人的学习能力强弱往往决定了一个人竞争力的高低，也正因如此，无论对于个人还是对于组织而言，未来持久的优势就是有能力比你的竞争对手学习得更多、更快。

正因为学习能力的发展对学习如此重要，法国成人教育家保罗·朗格朗说："未来的文盲，不再是不识字的人，而是没有学会怎样学习的人。"

作为父母，决不能错过这个提高女儿学习能力的最佳时期，要有效地帮助女儿在这个时期获得最大的发展。

10~16岁，女孩良好习惯形成的关键期

著名的教育家叶圣陶曾说过：“什么是教育？简单一句话，就是养成良好的习惯。”叶圣陶认为，教育的目的就是培养习惯。他说：“我们在学校里受教育，目的在于养成习惯、增强能力。我们离开了学校，仍然要从多方面受教育，并且要自我教育，其目的还是在于养成习惯、增强能力。习惯越自然越好，能力越强越好。”

从心理机制上看，一旦形成一种习惯，就会变成人的一种需要，如果不这样就会感到很别扭，因而习惯具有自动自发的特性。它不需要别人的督促、提醒，不需要自己的意志力。这也就是我们平常说的“习惯成自然”，它是一种省时、省力的自然行为。

如果女孩能养成各种好习惯，将会对她的一生产生深远的影响。

有这样一个故事：

1978年，75位诺贝尔奖获得者在巴黎聚会。人们对于诺贝尔奖获得者非常崇敬，有个记者问其中一位：“在您的一生里，您认为最重要的东西是在哪所大学、哪个实验室里学到的呢？”

这位白发苍苍的老者平静地回答：“是在幼儿园。”

记者非常惊奇，又问道：“为什么是在幼儿园呢？您认为您在幼儿园里学到了什么呢？”

老者微笑着回答：“在幼儿园里，我学会了很多很多。比如：把自己的东西分一半给小伙伴们；不是自己的东西不要拿；东西要放整齐；饭前要洗手；午饭后要休息；做了错事要表示歉意；学习要多思考，要仔细观察大自然。我认为，我学到的全部东西就是这些。”

所有在场的人对这位诺贝尔奖获得者的回答报以热烈的掌声。

其实，大多数科学家认为，他们终生所学到的最主要的东西，就是从小养成

的良好习惯。

本杰明·富兰克林是美国历史上最有影响力的伟人之一。作为科学家、作家、外交家、发明家、画家、哲学家的富兰克林博学多才，他自修法文、西班牙文、意大利文、拉丁文，并引导美国走上独立之路。

富兰克林在年轻时就发明了一种方法：他首先列出获得成功必不可少的13个条件——节制、沉默、秩序、果断、节俭、勤奋、诚恳、公正、中庸、清洁、平静、纯洁和谦逊；然后，富兰克林决心获得这13种美德，并养成习惯。为此，他设计了一张成功记录表，每一项美德占去一页，画好格子，每天晚上反省时若发现有当天未达到的地方，就用笔做个记号。正是把这些美德化为习惯使富兰克林走向了成功。

富兰克林在79岁时，把这个发明写到了自传里，他认为他的一切成功与幸福都来自于这个伟大的发明，那就是对习惯的控制。富兰克林在自传中写道："我希望我的子孙后代能效仿这种方式，并有所收益。"

而一旦养成坏的习惯，那将会起到相反的作用。俄国教育家乌申斯基说："好习惯是人在神经系统中存放的资本，这个资本会不断增长，一个人毕生都可以享用到它的利息。而坏习惯是道德上无法偿清的债务，这种债务能以不断增长的利息折磨人，使他最好的创举失败，并把他引到道德破产的地步。"确实如此，如果女孩养成了一种坏习惯，她将一辈子受这种坏习惯的折磨。

教育学家威廉·坎宁安讲过这样一个寓言：

一个人正在沙漠里散步，突然，一个声音对他说："捡一些卵石放在你的口袋里吧，明天你会又高兴又后悔的。"

这个人弯腰捡了一些卵石放进口袋。

第二天，当他将手伸进口袋时，他惊奇地发现口袋里放的不是卵石，而是钻石、绿宝石和红宝石。他感到非常高兴，不一会儿，他又感到非常后悔。他高兴的是自己拿了一些卵石，后悔的是自己没有多拿一些。

教育也是这个道理。父母今天怎样教育女孩，明天女孩就会有怎样的收获。好习惯就像那些卵石一样，你现在多培养女孩一些好习惯，明天女孩就会得到钻石、绿宝石和红宝石般价值不菲的成绩。所以，从现在开始为女儿多捡一些“卵石”吧，明天，这些“卵石”将变成女儿一生的财富。

10~16 岁是女孩各种行为习惯日趋稳定的时候，无论是养成好的习惯还是坏的习惯，以后都不易改变，良好的行为习惯是每个人都希望拥有的，但倘若父母不注意引导和培养，让女孩形成了坏的习惯，就可能会出现不可收拾的局面。

习惯决定女孩的命运，父母如果不注重培养女孩的良好习惯，无疑是在葬送女孩美好的未来。

十几岁的女孩认为自己是无所不能的

10~16 岁是少女的青春期，这是少女最爱做梦的年纪。

当她们看到偶像剧时，会幻想自己是剧中美丽温柔、气质绝佳的女主角，幻想将来身边也有一个高大帅气、事业有成的男主角。

当她们看到运动健将在场上顽强拼搏，用汗水换来胜利果实时，她们也幻想自己是所向披靡的运动选手，幻想将来有一天能够代表国家、代表某个团队出征。

当她们看到一篇鼓舞人心的励志文章时，会立刻激情澎湃，幻想自己像文章中所说的那样，通过努力走向成功。

……

几乎所有的少女在青春期都做过梦，都有过天马行空的梦想，她们甚至认为自己是无所不能的。对于未来，她们有着美好的憧憬。在她们的内心世界里，唯我独尊。她们开始变得越来越爱美，开始对穿着打扮产生兴趣，并且喜欢自作主张。她们渴望独立，渴望父母放手，让她们去做自己想做的决定，去做自己想做的事情。

有个正读初一的女孩曾经对一位家庭教育专家说："以前我还小，我不在乎别人怎么看我，但是现在不一样了，我都13岁了，不再是不懂事的小毛孩了，我希望父母对我多一些信任，给我多一些放手做事的机会。"

听到这样的话，专家非常高兴地告诉女孩："你真的长大了，因为你非常渴望独立，希望你看问题的高度也能够和你的身高一样不断提升，叔叔希望你自信地成长，去做自己想做的事情。"

女孩听到专家的认可后，非常激动，对他说："叔叔，谢谢你的理解，我爸爸妈妈总是把我当成小孩子，什么事情都要求我听他们的。我真的很想对他们说：我已经是大人了，大人们能做的事情我也能做。"

看到这个案例，作为家长的你，有什么感想呢？是不是觉得应该对青春期的女儿多一份信任、多一点认可、多一些鼓励呢？

十几岁的女孩由于自我认知不够全面和客观，往往以为自己是全能的。父母如果一直管着她们，不给她们证明自己的机会，她们永远会心有不甘。而且很容易激起她们的叛逆之心，导致亲子关系陷入僵局。显然，这是父母不愿意看到的。

那么，明智的做法应该是怎样的呢？

1. 慎重对待女孩的承诺和决心

很多青春期少女对自己的能力评价过高，实际上做不到的事情，她们却认为自己能做到。对此，父母应慎重对待孩子的承诺和决心。

一天下午，12岁的小琪放学回来，对妈妈说："妈妈，明天是周六，我和同学约好了，大家一起去爬山。"

"去哪里爬山？"妈妈好奇地问。

“县城北部的吴山！”小琪说。

“那座山我去过，坡度很陡，你们能爬上去吗？”

“开玩笑，我们体力可好了，爬山完全不成问题！”小琪显得非常自信。

“有自信是好事，妈妈为你感到高兴。不过呢，妈妈想问你几个问题：第一，明天的天气怎么样？第二，你登山过程中，需要带些什么？第三，如果遇到很陡的坡，你打算怎么爬上去？第四，万一滑倒摔伤了，你该怎么处理伤口？”

面对妈妈的问题，小琪有些不知所措。妈妈见此状况，不由得笑了起来，然后很耐心地引导小琪思考这些问题的应对方法。最后，小琪为爬山做足了物质准备和思想准备，周六那天她们很顺利地爬到了山顶。

当女孩答应自己一定能做到某件事时，父母应提醒她：“你有没有想过这件事可能遇到的困难？”

如果女孩的回答是肯定的，父母可以继续问：“你对这些可能的困难，有什么思想准备吗？你打算怎样克服它们？”

如果女孩能说出应对方法，那证明她想做这件事是经过深思熟虑的。这时父母可以鼓励她去行动：“很好，那你开始行动吧！爸爸妈妈祝你成功。”

如果女孩对可能发生的困难预料不足，或预料到可能的困难，但应对方法准备不充分，父母可以引导她对这两方面进行思考。在这个过程中，应多坚持启发女孩，鼓励女孩多思考，而不是替女孩思考解决方案。

2. 引导女孩从失败中认识自己、提高自己

当你放手让女儿去做她想做的事情，而她顺利地把事情做成了时，你毫无疑问要为她感到高兴，并肯定她、表扬她。可是，当女儿满怀自信地去尝试自己想做的某件事，并且以失败告终时，作为父母，你会以什么样的态度和行为来对待她呢？

愚蠢的父母往往对女孩冷嘲热讽：“看吧，我早就说了你干不成，你偏不信，还跟我犟，现在认清自己了吧？”而聪明的父母则会对女孩说：“没事的，虽然你失败了，但是你可以从失败中总结经验教训，设法提高自己，相信你下一次肯定能够成功。”

前者的打击性言语，无异于给失败后的女孩雪上加霜，只会让女孩更加沮丧，甚至会让女孩变得气愤，继而为了维护自己的自尊，而与父母对抗到底。后者的鼓励性言语，则会让失落的女孩感受到鼓舞，让女孩备受安慰，更能让女孩变得清醒起来，更加客观地认识自己、评价自己。

所以，如果你想成为女孩心目中智慧的父母，那就在女孩失败后，给她安慰和鼓励吧！当然，别忘了引导女孩从失败中总结经验，并与她分享你的人生经验，帮她提高自己。你的理解，你的包容，你的激励，会让女孩心中充满力量和希望。

十几岁的女孩与同龄人的关系，优于家庭关系

进入青春期以后，女孩的内心多了许多躁动和不安，有许多莫名其妙的烦恼和幻想。她们心里很清楚：虽然父母是自己最亲的人，但这些想法不能跟他们说，因为假如她们说给父母听，父母很可能会不屑一顾，甚至会批评她们：整天想些乱七八糟的干什么，你应该把心思放在学习上。这样不但无法让她们轻松地吐露内心，反而会给她们增加心理压力。

在这种情况下，青春期少女就会主动向外寻求心灵上的伙伴，寻求能够理解自己，和自己有着相同心理的同龄人。与同龄人交往时，她们可以做到无话不谈，且彼此不会带给对方任何压力。这就是十几岁的女孩更重视朋友关系，而把家庭关系暂时放在次位的原因。对此，父母没必要担心女儿与自己渐行渐远。

自从上了初中，妈妈发现女儿玲玲与家人不再像以前那么亲密了。每天放学回家后，她也不怎么愿意和父母分享学校里发生的事情了。周

末也不再像以前那样缠着父母，要求父母带她出去玩，而是经常在QQ和微信上聊天，或是和同学丽丽出去爬山、逛公园、逛街。

据了解，丽丽是玲玲的同桌，两人关系好得像亲姐妹，每天几乎形影不离、无话不谈，哪怕课间上厕所，也要一起去。

有时候妈妈感到好奇，就问玲玲："你和丽丽每天都聊些什么啊？我看你们总有说不完的话！"

玲玲总是神秘地笑一笑："没聊什么，就随便聊聊呗！"

有时候妈妈会感到有些失落，并将这种心情表达出来："玲玲啊，你说妈妈把你养这么大，怎么突然感觉你和妈妈不那么亲了呢？"

这时，玲玲总是安慰妈妈："哪有呀，你还是我最亲最爱的妈妈呀！"

一天，玲玲回家一脸愁云，妈妈敏锐地觉察到了她心情不好。经过一番了解，得知她和丽丽因为一本课外读物吵架了。那本课外读物是班里一个男生的，丽丽想借来看，玲玲也想借来看。结果，那个男生把书借给了玲玲，丽丽心里不痛快，一个下午都不和玲玲说话，这让玲玲觉得十分难过。

玲玲说："为了缓和我们的关系，我放学的时候把那本课外书给了丽丽，叫她不要生气，可她还是不搭理我！"

"我想丽丽可能不是生你的气，而是生那个男同学的气吧？是不是她喜欢那个男同学呀？见他把书借给了你，她感到失落？"

经妈妈这么一提醒，玲玲好像突然明白了什么，马上尖叫道："天啊，我怎么才明白呢？她是跟我说过喜欢那个男同学的，我真不该和她争那本书！哎呀，我赶紧给她发信息，向她说声'对不起'！"玲玲说着就转身跑进书房，打开电脑，给丽丽发信息去了。

青春期少女对同伴有着强烈的依赖性和同理心，同伴高兴时，她们也会跟着高兴；同伴失落时，她们也会跟着失落。同伴的心情，好像就是她们心情的晴雨表。为了让同伴高兴，她们甚至愿意牺牲一些自己在意的东西。比如，玲玲愿意放弃一本精彩课外读物的优先阅读权，就是为了换回同伴丽丽心情好转。

相比之下，青春期少女与家人的关系就差了一些。比如，有时候与家人吵嘴，闹得大家不开心时，她们往往不愿意低头认错，即使知道自己错了，也不愿意或不好意思开口向家人道歉，而是顺其自然，让时间冲淡这种摩擦。

很多父母不理解女儿为什么把朋友关系、同学关系、同伴关系放在家庭关系、亲子关系之前，甚至内心有那么一点吃醋。殊不知，青春期的女孩正处于心理断乳期，伴随着生理的成熟，她们的独立意识也在迅速增强，她们会将自己感情的一部分从父母那里转向同龄人，友谊成为她们进入青春期新的情感寄托。

与同龄人交往，可以使青春期女孩们与同伴相互了解、取长补短、建立友谊、增强自信，增强对社会的适应能力，促进其个性全面、健康发展。这是同伴关系带给女孩的好处。但从另一方面来讲，青春期女孩对同伴过于依赖，也会造成某些不良的影响。

比如，同伴的亲密关系由于某种原因受到影响，那么女孩就会产生强烈的失落感，或嫉妒、自卑、自暴自弃，甚至脱离其他同伴。在心理学上，这种症状也是青春期综合征的一种，由于青春期少女的情绪波动大，自控力不强，她们可能在极度失望和沮丧的情况下，做出不理智的事情。

那么，如何对待女孩重视同伴关系优于家庭关系呢？又该怎样引导女孩避免由于同伴关系造成的不良影响呢？

1. 换个角度看待女儿与父母关系的“冷淡”

孩子总有长大的一天，总有走出家门，甚至脱离家庭、振翅高飞的一天。当你发现青春期的女儿正在做这样的事情时，不应该有太多的忧虑。相反，你应该为她感到高兴，因为这说明她长大了，正在独立，正在学习社交，学习与人相处之道。因此，你不妨适时肯定女儿的成长，比如，对她说：“要重视和同学的关系，多交朋友，和大家快乐交往。”

2. 理解并宽容女孩与同龄人交往带来的某些变化

女孩重视与同龄人交往之后，与以往相比，会有一些变化。比如，放学后不再按时回家，而是会和同学结伴回家，甚至为了和同学一起回家，不惜等上半个小时；再如，晚上吃完饭、写完作业，不再安静地待在家里，而是想去邻近的同学家串串门；周末了，不再待在父母身边，而是希望和同学一起玩。对于这些变化，父母切不可责怪女儿，而应该学会理解并宽容孩子。

张女士见女儿放学回家比平时晚了1个小时，忍不住大声训斥道："整天就知道和同学玩，都快玩疯了！还知道回家啊？我差点儿报警了！"

女儿在外面和同学玩得开心，没想到一回来就被训斥一顿，于是没好气地说："早知道回来被训斥，我就不该回来！"

"你说什么？气死我了！"妈妈更加生气了。

这时下班的爸爸推门而入，见母女俩在闹别扭，问清原因后，笑着劝慰妻子："女儿大了，应该有自己的空间了，在外面和同学玩玩也正常，不要动怒嘛！"

接着，爸爸又笑着对女儿说："女儿，在外面玩玩没什么，但要把握好时间啊，你看今天，就玩得有点儿晚了，让你妈妈担心。如果实在没办法早点儿回来，不是还有电话吗？给你妈打个电话，打个招呼也好啊！"

在爸爸的一番引导下，女儿认识到了自己的错误，马上跟妈妈道歉，很快双方就消气了。

作为父母，应理解并宽容孩子与同龄人交往带来的变化。同时，还要提醒女孩：放学回家可以和同学玩，但要注意安全，不能玩得太晚了。晚上最好不要出去玩，周末出去玩，也要注意玩的场所，不要去游戏厅、网吧、歌舞厅等鱼龙混杂的地方玩，以免遇到坏人，吃亏上当。

在十几岁的孩子面前，父母很容易成为尴尬的人

众所周知，父母是孩子的第一任老师，是孩子早期成长过程中的重要人物。但是，当孩子进入青春期后，父母那种无所不能的形象会在孩子的心中慢慢消失。与此同时，随着生活阅历的增加，孩子慢慢发现父母身上也有一些不足，对父母的崇拜之情也会逐渐淡化。

再者，如果父母对孩子干预过多，不尊重孩子的隐私，就很容易恶化亲子关系，加剧孩子对父母的顶撞、叛逆和疏远等行为。有研究机构曾对有 13~17 岁孩子的家庭进行过调查。调查结果显示：

（1）青春期孩子中，有 67% 的孩子与父母存在不同程度的疏远现象；

（2）初中孩子与父母的疏远程度远远高于高中孩子与父母的疏远程度；

（3）男孩疏远父母的比例要高于女孩。

身为女孩的父母，尽管不用担心青春期的女孩会像男孩那样叛逆，那样疏远父母，但也要明白一点：当女儿进入青春期时，父母就很容易成为她身边尴尬的人。之所以这么说，是因为父母稍不注意，就可能热脸贴到冷屁股。

上初三的新蕾，每天放学回家就习惯进到自己的房间，不愿意和父母多聊学校里的事。女儿在房间干什么呢？妈妈多次以送水果为由，推开了女儿的房门，发现女儿在房间里要么看书，要么听音乐，要么躺着用手机看视频。有时候，她边看边哈哈大笑。见此状况，妈妈也就放心了。

不过，妈妈发现每次给女儿送水果时，女儿总是对她不冷不热。比如，总是这样回应妈妈：“我说了不用给我送进来，我有手有脚的，想吃可以去外面拿！”“放那儿吧！等会儿再吃！”

到了周末，爸爸妈妈商量着带新蕾去附近玩玩，也好让新蕾放松一下紧绷的神经。可是，当爸爸对新蕾发出邀请时，新蕾却说：“算了吧，周边有什么好玩的？我还不如在家里补补觉呢！你们还是省点儿心吧，

想去玩自己去吧，我在家能照顾自己！”

可令父母不解的是，每次同学打电话来，哪怕是去公园散步，新蕾也会马上满口答应，然后迅速换好衣服去见同学。看着女儿一点儿都不领自己的情，父母觉得有些失落，也有些迷惑：小时候可爱又黏人的女儿，如今怎么变成这样了呢？

有一种家长的长吁短叹，可能初中班主任听得最多，那就是：“我的孩子啊，小学的时候什么都跟我说，怎么上了初中后就不愿意和我说话了呢？回家就躲进自己的房间，要么和同学聊天，要么就是玩手机。我主动找他说话，他对我也是爱搭不理，很不耐烦。”

事实上，这在青春期孩子身上是很典型的现象，男孩如此，女孩也不例外。在心理学上，这叫“心理闭锁”。因为进入青春期后，女孩开始有了自己的“小秘密”，进房间要上锁，抽屉要上锁，手机也要用密码锁住。当然，也包括嘴巴上锁，就是不喜欢跟父母说话。与此同时，孩子会把兴趣转移到同学身上。

做父母的，其实不用担心孩子的变化，相反，应该为孩子的变化感到可喜，这说明孩子长大了。既然长大了，那么她就需要独立，就需要自由的空间，而不再像以前那样，对父母无话不谈，整天黏着父母，依赖父母。

可喜归可喜，父母最好能找到一套正确的与孩子相处的方式方法，有效消除与孩子之间的隔膜，拉近与孩子之间的关系，让孩子也能够把父母当成知心朋友。怎么做呢？家长可参考以下建议：

1. 和女孩聊一聊她喜欢的话题

很多时候，孩子之所以不想和父母说话，是因为不知道和父母说什么。而父母除了和孩子说些学习、吃饭、睡觉这些日常琐事之外，也不知道该和孩子聊些什么。如果父母能够找到女孩感兴趣的话题，并有意无意地聊一聊，就很容易打开孩子的话匣子，彼此轻松地聊起来。

那么，10~16 岁的女孩喜欢聊什么话题呢？一般来说，以下几种话题是她们感兴趣的。

（1）穿衣打扮、发型——你可以跟女儿说：“你觉得自己适合穿什么类型的衣服？”或者说，你买了新衣服，试穿之后，可以让女儿评价，“你觉得我这套衣服怎么样？与我的气质般配吗？”或换了新发型后，问女儿：“你觉得爸爸这个发型帅吗？”

（2）唱歌、音乐。

见女儿听歌时，你可以问她：“这首歌谁唱的？听觉效果真棒！你会唱吗？现在很流行全民 K 歌，你可以下载软件，去试唱一下，看看效果怎么样？”或者，你见女儿听什么歌曲，然后自己用手机多听几次，哪天在“不经意间”唱出来，让女儿听见。这样也能拉近你与女儿的距离。

（3）朋友、同伴。

青春期少女重视交友，你可以跟女儿聊聊她的朋友、同伴。记住，最好先从自己的朋友、同伴、发小聊起。比如，你可以跟女儿分享你上学时的朋友，分享你们之间的趣事。

（4）社会热点、身边的事情。

青春期少女不再只是关心学校的事情，还关心社会热点。你可以在茶余饭后，和孩子针对社会热点发表看法，比如，“最近我们这里在查酒驾，好多人被抓了！”然后问女儿：“你班同学的父母有没有因酒驾被抓的？”这样一来，不就聊起来了吗？

记住，在与女儿聊天时，一定要遵循几个原则：

第一，无论孩子有怎样的观点，都不要直接去否定她、批评她。你只需说出自己的观点，而不需要和孩子争对错。否则，一旦聊天中发生了争论，就很容易制造不快，聊天也就无法进行下去了。

第二，在聊天的时候，切勿一本正经。

赵先生是一家公司的总经理，但回到家里，在女儿面前，他就是一个幽默搞怪的人。有一次，他与女儿聊到钓鱼的话题，当他讲到大鱼上钩时，马上从沙发上站起来，然后演示如何拉竿，如何发力，怎样与鱼周旋，表情绘声绘色，动作妙趣横生。女儿看着很过瘾，还表示也想学钓鱼。

记住，与孩子聊天时，切勿一本正经。不要总想着自己是父母，应该严肃、认真一点。你完全可以随意一点，表情、动作都要放松下来。适当做个鬼脸，做个搞笑的动作，这样能制造笑点。只要能让孩子感受到你的幽默和风趣，那么孩子就愿意与你聊天了。

2. 试着与女儿交朋友

青春期少女重视与同龄人交往，作为父母，很渴望成为孩子的朋友，但究竟该怎么做呢？其实很简单，父母只需做到下面三点：

（1）信任女儿，以开放的姿态与女儿交流。

抱有一种与孩子平等做朋友的意愿，以开放、民主、自由的态度与孩子交流。比如，和女儿聊聊自己的青春期困惑，曾做过的傻事，曾遭遇的压力，甚至曾暗恋的异性，向女儿展现一个真实、不完美、可亲近的家长形象。

（2）尊重女儿，把女儿当成大人一样对待。

青春期的女孩都会把自己想象成大人，父母应该满足孩子的这种心理，像对待成年人一样给予其充分的尊重。比如，未经允许，不动孩子的物品，不查看孩子的日记、抽屉、手机。

（3）与女儿共情，理解女儿的情绪。

“共情”是指一种体验他人内心世界的能力。在青春期教育中，父母要学会与女儿共情，理解女儿的情绪。

一天，思妍在做题时，突然大声叹息道：“这道题真难啊！我怎么也做不出来！”

在客厅看书的爸爸听了，笑着说：“是吗，什么样的题目把我女儿难住了？我来看看！”爸爸看了题目之后，托着腮帮子，做出思考状，然后说：“真的是太难了，我一点儿思路都没有！”实际上，爸爸会做这道题，但他的行为让思妍感到欣慰。

思妍对爸爸说："那也没办法啊，还是得硬着头皮思考啊！"

"是的，这道题确实很难，不过你可以尝试换别的方法试试！"在爸爸的启发下，思妍找到了思路，解出了那道题。

如果爸爸不是与女儿共情，而是批评女儿："就知道说难，你怎么不多动点儿脑筋啊！"那么，女儿的感受就截然不同了。后果是：只会打击孩子，给孩子制造消极情绪。所以说，父母要意识到与孩子共情的重要性，学会理解孩子的感受和情绪。

第二章

10~16 岁，女孩的心理成长秘密

有首歌这样唱道："女孩的心思你别猜，你别猜。你猜来猜去也猜不明白……"她的小秘密，还真不是一般人能想到的，即使是朝夕相处的父母也难免有的时候感到疑惑，不禁问："这小丫头成天都在胡思乱想些什么啊？"其实女孩的秘密很好懂，只要父母细心了解她在10~16岁这一敏感时期的心理特征，就不难了解她的心思，帮助她平稳度过叛逆期。

女孩的叛逆初露端倪

青春期之所以被称为"危险期"，是因为青春期高涨起来的自我意识和知识、经验、能力的相对缺乏，使女孩的内心处于既离不开父母的指导又反抗父母约束的矛盾状态。在这个发育阶段，如果父母的教育方法不当，妨碍女孩自主性的发展和独立权的追求，那么女孩就会把父母的关心、照顾、指导等视为束缚，从而加以反抗和排斥。而脱离了父母监控和指导的女孩，就可能因知识、能力的局限给她们的成长带来更多的挫折或伤害。

下面是一位母亲无奈的陈述：

我的女儿上初三了，平时总是和我反着来，我叫她往东，她偏偏往西：比如，早上叫她起床，反反复复叫五六遍她才起来；晚上经常磨磨叽叽不睡觉。女儿心情不好时，别人的话她就更听不进去了，想怎么样就怎么样，根本没有商量的余地，看着她这样，我心里真担忧。每天为这些事情我心情焦虑，面对女儿青春期的叛逆，我不知道如何做才好。

这个女孩的表现正是青春期的行为特点，青春期的女孩虽然在生活上仍然依赖父母的照顾，在行为管理上仍然依靠父母的敦促，但她们内心有独立的需要，通常会以作对的方式来挣脱这种被束缚的感觉。

女孩到了青春期后，心理上就开始脱胎换骨了，她们的自我意识开始清晰，独立意识增强，处处想显示出自己的成熟，不希望父母对自己再像小时候那样耳提面命，而希望能与父母平等对话。苏联心理学家、教育家彼得罗夫斯基称这种现象为“由听话的道德向平等的道德的过渡”。如果父母不能认识到这一点，便会令她们反感、气愤，为了表示她们的不满，有些女孩就跟父母对着干，甚至对父母善意的帮助和合理的要求拒不买账。她们的目的就是要你注意到她们的存在。有些女孩虽然表面上不“刺”眼、不“扎”人，但仔细观察一下就会发现她们很多时候阳奉阴违、口是心非，其实这正反映了她们心底对大人们的抵触和不满。

青春期女孩的反抗一般表现为三个方面：

对父母不正确的教育和不合理的要求的反抗；

对父母家长式作风的反抗；

对父母合理、正确的教育的错误反抗。

青春期从依附向独立转变，常常表现出激烈的矛盾，女孩竭力从父母的束缚中解脱出来，与其说是同父母的斗争，还不如说是自己同自己的斗争更为恰当，因为在这个过程中女孩心中也是痛苦的。

而如果父母站在孩子的角度去考虑问题，找出根源，然后总结出一套比较合理的方法，调节自己与孩子之间的关系，以朋友的姿态与孩子交往，就可以避免出现对立情绪。当女儿对你表示不满时，也要有心理准备。要知道孩子并不是专门跟你作对的，她们也有自己不能掌控的情绪，有无法摆脱的困惑，成长给了她们思想，让她们日渐成熟，这是一个人必经的过程。

首先，父母要检查一下自己的言行举止，是不是影响了女儿，有没有给女儿以正确的启发。比如，有些父母脾气暴躁，女儿不听话就是一顿暴揍，不容女儿有所辩驳；还有些父母认为女儿就应该听自己的，不听话就是大逆不道。这些观念和行为都不利于对叛逆期女孩的教育。

其次，分析一下自己的教育观念和思想：是不是不小心就把女儿当成了“考试机器”？是不是寄予了太大的希望让女儿喘不过气来？是不是不善于对女儿引导？是不是从来都不知道女儿的心里在想什么？

父母只有清楚了女儿的心理变化，梳理了自己的教育思路，调整好自己的情绪，才能给女儿一个安定的环境，缓解女儿在青春期的焦躁。不能实行严厉的“大棒政策”，应该给女儿一点独立的空间，把握合理的原则，与女儿建立平等的关系，消除与女儿之间的隔阂。

1. 理解、信任、尊重女儿的独立性和成人感

父母应该意识到，女儿已经到了追求独立的阶段，她认为自己已经是一个成年人了，这个时候，父母的教育要顺应女孩的发育做出调整，不能再用对待儿童的方式去对待青春期的女孩，否则就会导致“代沟”的产生。

2. 与女儿平等相处

不少父母认为：女儿是我生的，是我养的，吃我的，用我的，就应该听我的话。因此，他们总是高高在上地指挥女儿应该怎么做。在女孩没有进入青春期之前，也许这一招还管用，但当女孩进入青春期后，随着独立意识的增强，她们不再忍气吞声了，她们会为了获得平等和尊重而抗争。

15岁的媛媛在省重点初中读初三，成绩排名全年级前20名。只要媛媛中考时发挥正常，考上当地重点高中的重点班是没有一点儿问题的。但随着中考的临近，媛媛的压力越来越大，有时候模拟考试发挥不佳，成绩起伏较大。

父母见媛媛成绩出现了波动，比媛媛自己还紧张，经常在耳边叮嘱她认真学习。有一次，妈妈对她说："一定要调整好心态，千万别给我考砸了，听到没有？"这本是很平常的一句话，却让媛媛觉得未受到应有的尊重。

媛媛反驳道："什么叫给你考砸了？我是为自己学习的，不是为你学习的。"

妈妈说："你就是我的女儿，你为自己学习，不就是为我学习吗？"

媛媛气愤地质问："我是你的女儿，所以，我就该做你的俘虏，任你摆布是吗？你能不能把我当成平等的个体，对我多一点儿尊重？"

这句话让媛媛的妈妈触动很深，后来她讲到这件事时表示："从那以后，我意识到女儿长大了，应该平等地对待她，不能再把她当成小孩子了。"

创新工场董事长兼首席执行官李开复认为，如果家长在孩子面前只是一位高高在上的长辈，把孩子当作成人的附属品，孩子就会变得保守、胆小、被动和听话。李开复说："这种孩子在30年前的企业是受欢迎的，但是在今天已经过时了，我们今天希望培养的孩子是快乐的、乐观的，是能够信任父母、能够彼此倾诉、能够爱自己也能爱别人的人。所以，我做爸爸总是告诉自己要放下架子，像一个朋友一样，拿出时间跟孩子疯玩，让孩子有话都跟我说。"

3. 想让女儿接受你的意见，你得以理服人

生活中，有些父母对待叛逆期的女儿，习惯于采取压迫性的、威胁性的语言，逼着女儿就范，这对孩子是极不尊重的做法。有个成语叫以理服人，想让孩子认同你、接受你的意见，你得拿出有说服力的理由，这样孩子才会对你心服口服。

诗蓝进入青春期后，叛逆心和身高一样猛增。在经历了几次考试成绩不理想后，她居然对父母说："我不想上学了！我要去打工赚钱！"

听了这话，妈妈急得跳了起来："你敢不上学，我就当没生你这个女儿！你必须给我好好上学！打工赚钱，想都别想！"

诗蓝说："我凭什么不能打工，我们老家不是有女孩没上学出去打工了吗？"

妈妈说："不行就是不行，废话少说！"

爸爸不紧不慢地说："蓝蓝，你知道吗？一棵树苗长1年，只能做篱笆或当柴烧。长10年可以做木材，长20年的用处就大了，可以做栋梁，可以做大柱子。一个孩子，如果不上学，他10岁就可以打工，去饭店洗碗；15岁可以做服务员；20岁可能会当上领班。但一辈子，也就这样了！"

诗蓝认真地听着，没有说话。爸爸继续说："如果上9年学，初中毕业，可以学习一些基本的机械操作，可以去流水线上当工人；如果上12年学，高中毕业，可以学习电脑，用电脑进行简单的操作。如果上16年学，大学毕业，可以设计高楼大厦……这里的差距是非常大的，相信你肯定明白！"

诗蓝说："我明白了，我不去打工了，还是好好读书吧！"

沟通是一门艺术，说服需要讲究技巧，而最好的技巧就是以理服人。通过摆事实、讲道理，用轻松的口吻闲聊，就可以让孩子认同你的观点，为何要用居高临下的口吻命令孩子不许做这个，不许干那个呢？

4. 采取耐心说服、细心疏导的方法对待女儿的反抗性

当孩子气势汹汹地对你表现出反抗的倾向时，父母心里必定是有些难过的，所以有些父母就会气急败坏地与孩子吵架，希望能重新驯服孩子。这是不可行的。对待叛逆期的女孩，父母如果一味地跟她较劲，其结果只能是两败俱伤。父母要采用更合理的方法"春风化雨"般地化解女孩的反抗性，当她反抗时，你只要耐心地了解她的内心，就不难找到问题的根源从而进行疏导，女孩自然也就不再反抗了。

5. 有意识地培养女儿的自我管理能力

对于女儿有能力做的事情，要试着让女儿自己处理。例如，学习和生活的作息时间可以让女儿自己制订，买什么样的衣服、鞋子也可以让她自己决定。

在开始学习自我管理时，女孩缺乏生活经验，思考问题不够严谨，缺少对后果的预见性，常常会因为想得不周到而出错。例如，忘记上闹钟起晚了、忘记带所需的物品，对待女孩的这些失误，父母要宽容。因为女孩从一次失误中得到的经验，要比父母讲十几次道理都印象深刻。

叛逆期的女孩，你究竟想要什么

现在的女孩，可以说是父母的掌上明珠，父母对女儿的要求真是唯命是从。吃的、穿的、用的、玩的，父母都尽最大努力满足女儿，以为这样女儿就会满足，就会幸福。

可惜，当女儿慢慢地长大后，父母却无奈地发现，女儿并没有按照自己预期的方向发展。虽然他们对女儿百依百顺，到头来女儿仍有诸多不满意。有的父母还因为对女儿的过分呵护，反而惹得女儿对自己反感。

这一切究竟是怎么了？这可真让父母们不明就里，不得不产生疑问：“现在的女孩，到底想要什么？”

下面我们就来帮父母解开这个谜团，看看青春期的女孩真正想要的到底是什么。

1. 满足女儿基本的物质需求

如果一个女孩，初一时拒绝穿裙子，一两年后，她又坚决要买很多裙子，你真的别奇怪，这是女孩正在走向成熟的信号。而往往这个时候，女孩们会在父母面前出奇地不听话。比如女孩要一双名牌鞋、书包上挂满了明星图片、经常对父母说某某同学有了新的手机……女孩学会化妆、染发，开始要求有物质上的支配权。

其实女孩们是想通过这些仪式，向成年人看齐，在小群体里标榜自己，显示自己。而成年人却感觉她们是在逞强。

所以，专家的建议是：父母既不能让女孩的物质需求膨胀，也不要苛刻地对待女孩。那么，具体该怎么做呢?

要判断女孩的需求是否正常，一般要从两个方面来看：一方面是，是否相当于同班同学的平均消费水平；另一方面就是要看家里的经济状况。如果经济状况中等或偏上，应该让女孩的生活水平稍低一些比较好。如果经济状况不太好，那么建议你千万不要让女孩去享受高消费，这种死要面子活受罪的做法，不但不会让女孩自信起来，而且容易使女孩不考虑父母的经济能力而变本加厉。

“我过12岁生日时许的愿望就是拥有一部手机，当时爸爸妈妈说了很多理由，就是不答应给我买。其实，我们班上大部分同学都有手机，他们经常在微信群里聊天。没有手机，我感觉都快没有朋友了！”薇薇非常渴望拥有一部属于自己的手机，并且给父母作了很多保证：保证先做作业，再玩手机；保证上课不玩手机；保证不用手机玩游戏……”

看到女儿主动写下保证书，薇薇的爸爸妈妈最终满足了女儿的愿望。不过，他们还是有些担心：“薇薇的自控力有限，就怕她玩上瘾了！”但薇薇很好地遵守了诺言，用实际表现证明了爸爸妈妈的担心是多余的。

在移动互联网时代，手机的普及率之高，是很多父母想象不到的。表面上看，10~16岁女孩的交际圈大都在同学之间，大家在学校里交往就行了，没必要用手机联络。实际上，除了上学时间，课余时间都需要联系，手机已经成为当下孩子基本的交往工具。渴望拥有手机，也成为女孩基本的物质需求之一。

当然，要提醒父母最重要的一点：无论是拒绝还是接受女孩的要求，都要给她一个合理的说法，妈妈给你买这些是因为什么，不给你买又是因为什么，这些都要让女孩明白。这样才能更好地和青春期的女孩交流。

2. 与朋友的交往需求

父母要明白，青春期之前，女孩依赖你们，但是一旦进入青春期，她的精神寄托就开始转移到朋友身上，最后，固定在异性身上，成家立业，进入一个新的循环。这是女孩成长的必经之路，是父母没有办法改变的过程。

所以，这时候的女孩开始交朋友，和同学一起逛街、去公园，回到家里也丝毫不在乎父母的脸色，即使招来打骂也不悔改。是什么力量让女孩们这般固执呢？这主要是女孩对朋友的心理需求带来的问题。

青春期的女孩视野宽了，不再满足于家庭和学校两点一线的社交空间，她们会出现在自己从来没有去过的地方，会遇到从来没有遇到过的问题。这时，朋友是最直接的帮助者，可以取代父母的支持和帮助。

所以，建议父母支持女孩交友，但是要提出一些具体且简单的底线要求。比如：品行不端的女孩不能交，行为不良的女孩不能交，等等，然后再讲明道理，耐心说服女孩。

那么接下来，父母该如何来了解女孩的朋友呢？

举个常见的例子：现在的女孩过生日时喜欢聚会。这时，父母可以为她们开启方便之门，做一桌饭菜，买一些饮料，让女儿邀请好朋友到家里来。一般情况下，女儿的伙伴们都会来，这样一来，女儿的好伙伴都有谁也就一目了然了，而她们喝什么饮料父母也可以帮忙选择，聚会的时间长短也便于把握，父母何乐而不为呢？

另外，女孩们往往会认为朋友是永恒的，这种情况下就要告诉女儿并非如此，要让她明白朋友之间的关系时常会发生变化，她们也有可能会因为某些事情而断交，对此要有心理准备。总之，父母首先要成为女儿需要的朋友，然后再去指导女儿交友。

3. 对异性关注的需求

进入青春期，女孩开始悄悄地关注异性。比如女孩关注帅气高大的男孩，男孩也开始注意漂亮的女孩，偶尔也会在一起用调侃的方式谈论某些女孩。其实，这只是女孩们走出家庭圈子、步入社会认识异性的开始。

而随着时间的推移，女孩们越来越明白自己喜欢什么样的异性，并希望去接近他。他们最开始的交往形式可以是打打闹闹，还可以是以班级活动为主题的工作式交流，很多女孩通过这样简单的交流，增进了对异性的了解。更多的女孩知道这不是什么爱情，只是同学间的正常交往。她们认为自己憧憬的美好爱情还没有来临，所以，更多人选择了等待，等待自己长大。

青春期是恋爱的前奏，女孩们恋爱是必然的，而父母当然希望它来得晚一些，再晚一些，那怎么才能做到呢？建议父母参考本书关于“早恋”的章节，那里会有详细的答案。

4. 获得帮助的需求

进入青春期后，女孩需要独立处理的问题越来越多，遇到的事情也越来越复杂。涉世未深的她们，面对未知的世界，充满疑问和恐惧——她们希望自己身边有一个无所不知的万事通，有一个随时为自己挺身而出的保镖，最好还要有一个鼓鼓的钱包。

但是，这一切都没有，女孩遇到问题的时候怎么办？

比如，和最好的朋友闹矛盾时该怎样来面对？如何提高自己的学习成绩？什么是幸福？我要的幸福在哪里？……女孩们有很多的迷茫，希望有人帮助她们拨开迷雾，揭开谜团。她们仍然需要父母的帮助。

女孩需要的帮助是方方面面的，从物质上的满足到精神上的引领，她们都需要。这样，女孩们才能逐步摆脱幼稚，逐步走出无拘束、无责任、无忧虑的少年时代，步入青年时代。

为什么青春期的女孩与父母关系越来越疏远

13 岁的蕾蕾一贯被妈妈当作阳光天使一样宠爱着，跟妈妈的关系十分亲密和融洽。

可是进入青春期后，蕾蕾就像换了一个人，妈妈总觉得蕾蕾的言行举止变得怪怪的。“这孩子着了什么魔，怎么总不对劲呀？”妈妈暗自嘀咕着。这一天蕾蕾放学，妈妈像往常一样做了蕾蕾最喜欢吃的红烧肉。“蕾蕾，洗洗手，吃饭啦，看看妈妈今天给你做了什么好吃的，呵呵，你的最爱哟！”妈妈笑眯眯地说着。“嗯，知道了，一会儿吃。”蕾蕾神色冷淡地说。“蕾蕾，赶紧过来吃，妈妈上了一天班了，这么辛苦地做了你爱吃的菜，你怎么这么不体谅妈妈的良苦用心啊！”好心的妈妈没想到热脸贴在了冷屁股上。只听“哐啷”一声，蕾蕾把房门关上了。

过了好半天，好不容易出来吃饭的蕾蕾，还没吃两口饭，妈妈又打开了滔滔不绝的话匣子。问蕾蕾最近学习怎么样啊，和老师同学关系怎么样啊，没想到蕾蕾竟对妈妈大吼起来，然后又跑回了自己的小屋。

妈妈百思不得其解，性格开朗的蕾蕾怎么变成了闷葫芦，不和自己多说一句话，怎么好像是陌生人一样了？这是什么原因呢？难道是自己哪些地方做得不好，使得她不开心了？她这是在刻意疏远自己吗？

例子中的蕾蕾，是一个刚刚进入青春期的小女孩，心理上有些变化也很正常。然而，13岁的她正处在青春年少、活力四射的阶段，为什么会变得少言寡语，疏远妈妈呢？

在教育如此重要的今天，老师和家长都在关心孩子的学习情况，却很少关注他们的内心世界。青春期不同于其他阶段，孩子们在成长的过程中内心发生了微妙的变化。案例中“你怎么这么不体谅妈妈的良苦用心啊”，这种看似很寻常的父母对孩子说的一句话，在孩子听来却是那么的刺耳。久而久之，会让孩子对父母产生怨恨心理，从而疏远父母，失去对父母的信任。所以，家长不了解孩子和双方沟通不畅，是导致孩子疏远父母的主要原因之一。

父母良好的沟通对孩子有着潜移默化的影响，就像诗中那句“随风潜入夜，润物细无声”一样。孩子疏远父母最重要的原因是双方的沟通少。像案例中妈妈对蕾蕾说的话，并不是一种良好的沟通，妈妈的话语中暗含着更多埋怨和指责的意味。妈妈为什么不换一种说法呢？问问蕾蕾最近因为什么事而不开心，为什么不喜欢红烧肉了？是不是想吃别的菜……这样与她沟通一番下来，就可以了解蕾蕾的真实想法了，蕾蕾也会认为妈妈这是在关心自己。

唠叨和责备往往不能起到好的作用，恰恰会事与愿违。孩子心里会对父母更加严密地防范，故而疏远父母是必然的。有多少父母存在家长制作风，“我说你做，我说的是为你好，听我的没错……”这种作风会使孩子逐渐关闭自己的心扉。

为了有效改善父母与孩子之间的关系，这里提供几点建议供家长们参考。

1. 在共同活动中加深与女儿的感情

进入青春期的女孩独立意识渐渐增强，她们从心理上也渐渐开始有意无意地疏远父母，这种情况下父母要注意加强和孩子进行心灵上的沟通，以拉近和孩子之间的距离。比如，父母可以在节假日多抽出时间与孩子一起看新闻、看球赛，一起去郊游，等等。在共同的活动中，父母才能与孩子相互增进了解并加深感情。当然，在活动中父母可以用自己的言行潜移默化地影响和教育孩子，在与孩子互动交流中真正地了解孩子。

2. 学会做一个优秀的倾听者

孩子疏远父母并非孩子一个人的原因，父母也有责任，也应当对自己的所作所为有所反思。试问，你和孩子认真地谈过心吗？听过孩子的心声吗？倾听是很重要的一门沟通艺术，你不妨安排一个和孩子零距离接触的机会，对孩子做一次深入“采访”，耐心倾听孩子的心声。

一天放学回来，吴珍抱怨老师当着全班同学的面大声批评她。妈妈放下正在忙碌的家务事，对女儿说：“怎么个情况，你说给我听听？”然后，坐在女儿身边，静静地倾听。吴珍说了一会儿，气消了，语气平静了很多。还没等妈妈开口安慰她，她就笑着走进房间，开始做作业去了。

倾听是化解孩子烦恼和苦闷的有效手段。倾听的时候，你最好停下手里的工作，把注意力放在孩子身上。记住，用你的眼神注视着孩子，并不时地简单回应，“嗯，是的，这真是太意外了！”“哇，居然有这种情况？”“后来呢，发生了什么？”这样可以激发孩子更强烈的倾诉欲望。

3. 深入了解孩子才能拉近与孩子的距离

拉近与孩子的距离一定要建立在了解孩子的基础之上。试想，孩子心里每天在想什么你都不知道，又怎么可能拉近与孩子的距离呢？这里，我们用一个反面的例子来说明这一点。

一位伤心的母亲这样讲述自己和女儿的故事：“女儿小的时候就像是我的一个小尾巴，整天围着我转来转去，她一看到新鲜的事情就叽叽喳喳地和我说个不停。可是就在她升入初二的这半年来，感觉和我越来越远了，什么话也不和我说。每次问她的事，她总是不耐烦地敷衍我两句，问到她学习的事，她干脆就说‘跟你说了，你也不懂’来打发我。我也不知道她是从什么时候开始我行我素的，也不知道她为什么这么不再在乎我的感受。总之，只要是她的事情就从不让我管。我真的很担心她的学习和生活。”

有一天，这位母亲终于忍不住打开了女儿上锁的抽屉，她翻看了女儿写的日记，这时她才发现原来女儿有那么多不为人知的苦衷。母亲落泪了，原来她一直不了解自己的孩子。

从这个例子中我们可以看出，父母应该了解自己的孩子，深入孩子的内心，身体的疏远不可怕，可怕的是心理疏远。例子中孩子在心理上疏远父母，不愿和妈妈多说一句话，也不想让妈妈过问她的事，这是青春期孩子叛逆的典型表现。此时，父母要知道孩子的内心在想什么，与孩子进行心与心的交流沟通，这样才能拉近双方之间的距离，共同营造一个对孩子青春期有利的和谐的家庭环境。

紧锁的抽屉、听不见的电话

梅子的妈妈最近有些郁闷，她发现女儿一天天长大了，却越来越沉默了，不跟父母说话，放学一回家就把房间门关上。连吃饭都是父母叫才出来，饭桌上也没几句话。妈妈想问问梅子在学校怎么样、功课怎么样或者跟同学相处得如何等，但她都是爱理不理地随便应付两句。问多了她便不耐烦地给个白眼，不客气地说："你怎么那么多事啊？我在学校里还能干吗，不就是天天上课考试吗？你问那么多你能替我考试啊？"

妈妈有些生气：刚上初一的女孩怎么就变成这样了呢？那个可爱的、什么话都和妈妈说的女孩哪去了呢？记得小时候，梅子总是缠着妈妈问这问那，家里到处都是她清脆的童音。就是小学的时候，她也是很听话的，问什么说什么。现在眼看着她个子越长越高，心却离父母越来越远了。

其实很多父母都发现：女儿上了中学后就像变了一个人，天天一脸的阴沉，也不知道谁惹她了。女儿的心仿佛筑起了一堵墙，女儿在墙里，父母在墙外，墙里的人不想出来，墙外的人想进却进不去。

心理学家把这一时期叫作"心理闭锁期"。女孩在小的时候，什么事情都依赖父母，觉得爸爸妈妈什么都会做，而随着女孩进入青春期，心理各方面迅速发展，她会发现：父母并不是完美的偶像，他们也有很多的缺点和不足，也有很多不能解决的问题，并不能解答自己提出的所有问题。于是，女孩不再乐于把任何事情都告诉父母，什么事情都向父母请教。有时，她们更乐于跟同龄人交流。所以，父母会觉得女孩离自己越来越远。

另外，女孩进入青春期，独立意识也增强了，什么事情都想自己解决，不想再依赖父母，不喜欢别人再把自己当孩子，处处表现出一种成人感。于是开始对父母表现得冷淡，有时甚至是反抗、离家出走。

作为父母，这一时期一定不要急躁，因为女孩的心态很不稳定，如果父母还像对待小女孩那样教育女儿，往往会让女儿产生对立情绪。这时，父母首先得平静下来，了解女孩心理变化的原因，然后对症下药，这样才能与女儿保持和谐、亲近的关系。

造成女孩沉默、与父母的距离越拉越远的主要原因有以下几点：

1. 学习的压力

女孩进入中学后，课业负担加重，相比小学来说没那么容易了，作业和考试也多了起来，有些女孩一时无法适应，便产生焦虑情绪。如果是高中生，压力更大，高考像悬在头上的一把利剑，随时有可能掉下来。学习的压力是女孩无法逃脱的枷锁，在这副枷锁下，女孩表现出烦躁、对抗情绪是在所难免的。

2. 来自家庭的压力

特别是中国的父母，对女孩抱着很大的期望，想方设法地为女孩的学习添加砝码，一门心思想让女孩出类拔萃，殊不知这在无形中又给女孩套上了一副枷锁。

3. 父母的不理解

父母和女儿由于经历的时代不同，人生观和价值观都有差异，比如女儿会嫌父母守旧古板、循规蹈矩，而父母会抱怨女儿不懂事、浮躁、不可思议。这些都会阻碍彼此的交流，造成女孩不理解甚至是不理睬父母。

一天，女儿拉着妈妈的手腕，神秘兮兮地走进自己的房间，说："妈，我问你一件事。"

"干吗鬼鬼祟祟，有什么事不能大点儿声说？"妈妈十分不解。

"是女人之间的事，别让我爸听见了。"女儿有意压低声音。

"快说，什么事？"妈妈有些不耐烦。

"妈，你在中学时，有没有喜欢过班里的男孩？有没有男孩喜欢过你？你当时是什么感觉？你怎么处理这样的事情？"女儿一口气问了好几个问题。

"你是不是早恋了？快给我老实交代！"妈妈有些着急，提高了嗓音质问道。

"你先回答我，我等会儿再告诉你。"女儿笑着卖了个关子。

"你才多大啊，整天想些什么呢？快跟我说，是不是早恋了？"妈妈有些生气。

"不说就算了！"女儿也失去了耐心。

"你不说是吧？你要急死我吗？"妈妈恼怒了。

“你出去吧，我要写作业了。”女儿将妈妈推出房间，关上了房门。

原本是一次与女儿探讨早恋问题的好机会，但由于妈妈对女儿的不理解，造成了沟通受阻。在思想观念保守的妈妈看来，女儿的脑子里不应该有男欢女爱的事情。而女儿认为和妈妈聊些心里话没什么，当她发现妈妈不愿意和她谈论自己的事情，而是一味地追问她是否早恋时，她就放弃了与妈妈交流。估计今后，女儿很可能不会再尝试和妈妈聊这类的心里话了。

父母在对女孩的教育过程中，要注意分析自己孩子的具体情况，不能因女孩疏远自己而乱了阵脚。在跟女孩的接触中，父母要做到：倾听，倾听，再倾听！

因为青春期的女孩最不喜欢的就是父母的唠叨或教训，父母只有倾听，才能打开女孩的心门，才能缩短亲子间的距离。

为什么青春期的女孩情绪总是失控

初二的女生李樱告诉心理辅导老师说：“我的心情总是不好，经常大起大落，刚才还很高兴，不知道什么原因一会儿又愁云密布了。上午我在楼道里碰到以前在一个班的同学，我向她打招呼，她居然不理我，不知道因为什么事对我有意见了。可我想想也没得罪她啊，真让我生气。”

有位母亲向老师反映：她上初二的女儿最近情绪反常，经常唉声叹气，遇到不顺心的事就发脾气或焦虑不安，经常顶撞别人，情绪低落，意志消沉，学习成绩也不断下降，不知出了什么问题。她也不知该怎么办。

……

这些情况，在青春期的女孩身上可以说是司空见惯，也是她们生理和心理发育急剧变化时期的正常表现。情绪本身是随着认识活动而产生的心理过程，它具有较大的不稳定性或冲动性。随着青春期第二性征的出现，带来一系列生理和心理机能的变化，这种情绪的不稳定性就表现出来了。女孩们的情感日益丰富，对周围的事物往往表现出明确的反应，或热情支持，或极力反对，快乐和忧伤强烈但不稳定，情绪忽高忽低，忽冷忽热。当某事获得成功时，易激动，而失败时，或苦闷忧郁，或沮丧气馁。心情好时，一件很平常的事也可以使自己高兴；心情不好时，一件值得高兴的事也高兴不起来。她们好像正处在一个情绪的滑板上，随时都会由一种情绪滑向相反的情绪，心情大起大落。

而处在青春期的女孩，至少还面临着三方面的压力和挑战：

一是身体正在急剧发育，特别是性征的发育和日渐成熟，使她们积蓄了大量的能量，容易过度兴奋；二是学习任务很重，不得不面对激烈的竞争，心理压力普遍比较大；三是随着年龄的增长，她们渴望对外部社会有更多的了解，人际交往也逐渐增多，各种各样的信息纷至沓来，这就使她们要处理的问题越来越多，越来越复杂了。

这三方面的压力常常交织在一起，矛盾此起彼伏，而这时大脑的神经机制并没有发育健全，调节能力还比较差，因此面对各种压力和刺激，她们很容易产生心理不平衡。女孩又不像成年人那样善于控制或掩饰自己，常常喜怒皆形于色，便显得情绪忽高忽低，特别不稳定了。

所以，父母要明白，青春期女孩情绪的强烈和不稳定只要不超过一定限度就都是正常的事情，这并不是她们故意的，也不是她们“有病”或者“发神经”，而是青春期的心理特点之一。

建议父母这样引导和帮助女孩：

1. 让女儿正确对待青春期特征

帮助她们正确地认识，第二性征的出现是青春期生理发展的必然趋势，是客观存在的，不必大惊小怪，要悦纳自己，以减少她们心理上的神秘感。

关心照顾女孩的生活和学习，保证她们足够的睡眠。因为睡眠不足，会导致记忆力衰退、注意力降低、精神疲惫、情绪低落。

2. 教女儿正确面对压力

想要教女儿正确面对压力，父母首先要帮女儿正确认识压力。关于压力，要让女儿明白两点：

第一，没有人能逃避压力。对所有的人来说，压力都是客观存在的。对于压力，只有教会孩子理智地面对，别无他法。

第二，压力是长着魔鬼面孔的天使。压力不全是坏事，正如孟子所说："生于忧患，死于安乐。"日本松下电器的董事长松下幸之助说过："想想当年，再想想怎么会有今天，连我自己都感到很奇怪。精神上缺乏紧张感，对身心都有非常不利的影响。"

那么，怎样面对压力呢？我们不妨先来看个案例：

初中时，华莹的成绩在班级里数一数二，一直是父母的骄傲。在进入初三下学期后，有一次，华莹生病了，住院半个月。随后的考试中，她的成绩有了较大的下滑，这让她有了前所未有的压力。

面对女儿的焦虑神情，爸爸及时与她进行了思想交流。爸爸说："爸爸知道，你考得不好与这半个月的缺课有关，你只需按部就班地把这半个月的学习内容补回来，你的成绩就会回升。爸爸建议你忘记成绩排名，重拾信心，乐观对待接下来的学习！"

在爸爸的开导下，华莹调整了自己的心态，很快就进入正常的学习状态，成绩也提了上来。

面对压力，父母要教女孩调整好心态。父母还可以跟女孩讲述自己是如何面对压力的，通过分享相关的故事，把自己面对压力的经验传授给女孩。

3. 教女儿学会宣泄感情

告诉女孩，当感到压力太大时，应当学会主动疏导发泄，比如把自己的体验、想法讲给亲人、同学、朋友，让郁闷释放出来。也可以在适当的场合哭一场，因为哭是一种有效的解除紧张、烦恼与痛苦情绪的方法。

还可以让女孩转移注意力，积极参加文艺或体育活动。放声歌唱或大声喊叫，进行剧烈的运动，写写日记，做深呼吸，等等，这些都是宣泄感情的有效方法。

4. 教女儿主动控制情绪

除了通过外界的事物或环境的辅助来使情绪得到一定程度的调控，还有一种最根本的调控方法，那就是借助自己理智的力量去控制不良的情绪。

可以用自我暗示、自我激励、心理换位等方法，将消极的情绪与头脑中的闪光点联系起来，将不良情绪转化为积极的行动。

5. 对犯错误的女儿要巧妙疏导、循循善诱

雅琴从小在父母和爷爷奶奶的宠爱中长大，上初中了，每天早上起床还要大人喊她。有段时间，爷爷奶奶回乡下看望亲戚了，碰巧那段时间妈妈也出差了，爸爸又忙于打理公司的事务。有一天早上爸爸忘了叫雅琴起床，结果她睡过了头，上课迟到了。

那天晚饭后，雅琴向爸爸抱怨道："今天你怎么不叫我起床啊？害得我上学迟到！还被老师批评一顿，真丢脸！"

女儿迟到了不从自身找原因，却把错误归咎于他人，如此蛮不讲理，让爸爸意识到问题的严重性。不过，爸爸并没有批评她，而是心平气和地说："你现在是个大孩子了，像按时起床、整理房间这样的事情，应该成为一种习惯，要学会自觉去做，而不应该依赖别人的提醒，你觉得是不是呢？"

或许之前女儿只是随便抱怨一句，听了爸爸这句话，她马上意识到自己错了，然后向爸爸道歉，并表示以后自觉按时起床。

面对犯错误的女孩，父母对其缺点、错误不要直接批评，要晓之以理、动之以情，寻找她们闪光的地方，消除她们的怀疑和对立情绪，减轻她们的逆反心理，以避免其情绪上的大起大落。如果情况严重，还可以采用心理咨询的方式，辅助治疗，来培养她们的健康情绪。

“更年期”遇上“青春期”

47岁的刘女士终于忍不住去看心理医生，诉说她一年来的烦恼：进入更年期的她，这一年来一直和处于青春期的15岁女儿乐乐矛盾不断。女儿即将迎来中考，她知道不能和女儿闹矛盾，以免影响她的备战，但她就是控制不住自己，而女儿仿佛知道似的，更加故意和她作对。

刘女士说，以前女儿很乖巧听话，现在却处处表现得不尽如人意：女儿说没衣服穿，我给她买回来，不料女儿只看了一眼就将其撂在一边；女儿没跟我打声招呼，就和同学在外面剪了个我不喜欢的发型回来；一回来不抓紧时间看书，却拿着电话和同学煲电话粥……说到伤心处，刘女士忍不住流下眼泪。

而她的女儿乐乐是怎么想的呢？心理医生从乐乐那里听到了不同的声音：“不管我做什么，妈妈总对我不满意，虽然自己成绩在班级能排前10名，可妈妈总不满意，每次考试卷子一出来就开始埋怨，总之在她眼里我就是不合格，有次她竟然动手打了我。”回忆跟妈妈冲突的每一个细节，乐乐都备感无奈：“妈妈进入了更年期，就可以不讲理了吗？”

“两个更年期，敌不过一个青春期。”看来这句网上流行的妙语在现实生活中确实具有一定的普遍性。青春期的女孩敏感、易怒、任性，处于更年期的父母也同样要应对特殊时期的生理难关。两相“对峙”，只能给家庭造成伤害。

处于青春期的女孩，在通过竞争增强自信心的过程中并不是找自己同龄的优秀生，而是喜欢挑战权威。而在女孩心里，这种权威主要是父母和老师。父母此时最好能表现出有原则的示弱，从而适当帮助女孩增强这种自信。同时，也要给予女孩更多的尊重和自由，比如尊重她们的特殊喜好、允许女孩宽松交际等。随着女孩的渐谙世事，她们对父母也会多一分理解和体贴，双方关系会重新走向亲密融洽。

良好的亲子关系胜过刻意的教育。父母什么时候与女孩关系好，对女孩的教育就容易成功；什么时候与女孩关系不好，对女孩的教育就容易失败。而建立良好的亲子关系，关键在于“定位”。

1. 不要审判女儿

有些父母看到女儿出了问题，便迫不及待地当起了“法官”，这是很危险的。女孩的内心世界丰富多彩，父母要积极地影响与教育女孩，不了解其内心世界便无从谈起。而父母了解女孩的第一要诀是呵护其自尊，维护其权利，成为其信赖和尊敬的朋友。

云菲回家后，抱怨老师当着全班同学的面批评她。妈妈说：“我敢肯定你当时很尴尬，因为老师在同学面前批评你，让你感到很没面子。”

云菲说：“当然了，如果说我真的做错了什么，老师批评我，我也认了。可事实上，我只是帮左边过道的同学递一支笔给我右边的同学，这一幕恰好被老师看到，老师以为我上课不认真听讲，就批评我……”

妈妈用很同情的目光看着女儿，说：“那真是够冤枉的，你有没有向老师解释？”

云菲说：“解释有什么用，事情都发生了，我身正不怕影子歪，有什么大不了的，我不会把这次不愉快记在心上的。”

“嗯，真是个懂事的孩子，你这样想妈妈就很放心了。”

父母不该当审判长，而应该当律师。在孩子出问题的时候，要像律师对待自己当事人一样，了解其内心需求，并始终维护其正当权益，引导她解决问题，消除烦恼。

2. 做一个"啦啦队长"

在人生竞技场，女孩只能自己去努力。父母既无法替代女孩，也不该自作主张去当"裁判"，而应该给予女孩一种保持良好竞技状态的力量，即"啦啦队"的力量，这样更能帮助女孩建立自信心，而这也正是家庭教育的核心任务。

3. 做女儿的一面"镜子"

女孩只有认识自己才能战胜自己，但她们通常只能依据他人的反馈来认识自己，这时父母的反馈即"镜子"的作用就很重要了。父母学做"镜子"，才能帮助女孩提高自我意识，才能让女孩不害怕父母的权威，转而和父母沟通。

4. 关注女儿的精神世界，并给予适时的指导

青春期女孩身心的快速发育，给女孩心灵带来的振荡是巨大的。她们既有面对剧变不知如何应对而陷入孤独之中的一面，同时又有渴望得到别人谅解、关怀、指导的一面。心理学家斯普兰格曾经说过这样一段话："没有任何人会像青年那样深深地陷入孤独之中，渴望被人接近和理解；没有任何人像青年那样站在遥远的地方，向人们呼唤着……"因此，父母们要正视女孩这一精神需要，克服封建意识和难为情心态，主动承担起舒缓女孩情绪压力的责任。通过家教的方式向女孩讲授有关青春期知识，已被证明是一种较好的途径。即使女孩在这一时期出现"早恋"倾向，父母切忌用简单粗暴的方式去处理，要冷静地去理解她、体谅她，耐心倾听她的述说，然后循循善诱，让女孩知道这一问题为什么会产生，明白它可能造成的不良后果有哪些，如何正确对待和处理这一问题，从而帮助女孩顺利走出情感的迷惘期。

5. 掌握批评的艺术，保护女儿的自尊心

俗语说："玉不琢，不成器；人不教，不成才。"当女孩有了过失行为时，父母不可放任不管，要通过批评的方式去纠正，但必须掌握批评的分寸和原则。批评的最高境界在于既不伤害女孩的自尊心，又能使女孩为自己的过失感到难过和内疚，进而从内心深处萌发改正错误的愿望。因此，父母的批评要公正，要注意场合，切忌在众人面前批评女孩，也忌讳用挖苦、讽刺、翻旧账的方式批评女孩，批评时避免使用伤害女孩自尊心和人格的语言。

有一种“三明治”式的批评策略，易被女孩接受：父母批评女孩时首先要肯定她的长处和优点；然后针对具体事情提出批评意见，必要时还可征询女孩对此批评意见的看法；最后，给女孩一定的鼓励和期望，相信女孩能改正错误并在下次做得更好。当然，这样做时，父母如采用委婉、和蔼的语气表达出来，效果则会更好。

总之，调适这一时期的亲子关系，父母应把握的一个大的原则是：善于尊重和理解青少年心理发展的核心特点——独立意识和“成人感”，既要看到她们想独立和趋向成熟的一面，又要看到她们还不太成熟，需要严格要求和适当指导的一面，对女孩既要表现出尊重和信任，又要及时给予帮助和指导。

“我也想穿名牌让她们瞧瞧”——虚荣

在这段时间里，妈妈发现已经上了初二的女儿晶晶“中邪”了，她无论是在饭桌上，还是在帮妈妈做家务的时候，甚至有叔叔阿姨来家串门时，都会有很多的“新闻”要播报：什么某某同学的自行车很漂亮，感觉她骑在上面就像一个端庄典雅的公主；某某同学又换了一款刚刚上市的手机，不仅外观时尚，而且功能很多；某某同学过生日的时候是在五星级酒店过的，据说她还收到了十几万元的贺礼，等等。

另外，妈妈还发现晶晶越来越喜欢谈论有关穿着打扮的话题了。她经常会和家里人谈论哪个同学新买的衣服非常时尚，哪个同学穿的衣服很像某某明星开演唱会时穿的那套衣服等。

一天晚上，她的几个好伙伴来家里玩，大家还没聊上两句，晶晶就将话题扯到她希望自己能有一套什么样的衣服、什么样的鞋子等之类的话题上来了。这时，号称“莉莉公主”的莉莉说道：“几大美女，快看看我穿的鞋子吧，是昨天在李宁专卖店买的，花了680元钱呢，还是打了八折后的价格呢。”

这时一向清高的祝霞瞟了一眼莉莉的鞋子，不屑一顾，只是“哼”了一声。晶晶知道祝霞的意思。因为，祝霞所有的用品都是高档次的，而且都是进口的名牌，就连一双袜子也要100多元。莉莉的一双鞋子怎么会吸引祝霞的眼球呢！

想到这里，晶晶不由得低下了头，感觉到自己有些无地自容，因为她穿的所有衣服在专卖店里是找不到的，与所谓的“洋货”更是不沾边，在同学眼里就是彻彻底底的地摊货。

“哎，我什么时候能像她们那样，也穿上名牌在大家面前显摆一下啊。”晶晶叹息道。

面对晶晶的变化，妈妈决定找个时间和她好好谈谈。

晶晶是一个处于青春期的女孩，她的这种不甘人后的心理很自然地使其产生“别人有的，我也要有”的愿望。由于自己穿的衣服都不是名牌，在盲目攀比中无法“胜出”，一直处于劣势的她，甚至会觉得自己处处不如他人，从而产生巨大的心理压力，甚至产生挫败感。其实，晶晶的一声叹息，正表明她的那颗虚荣心在作祟。

提到虚荣心，很多父母会将其与自负、嫉妒、欺骗、招摇过市、哗众取宠等词语联系起来，还有的父母甚至会认为有虚荣心的女孩将来很可能会是一个一事无成、浮躁之人。其实，很多父母对虚荣心的理解是片面的。任何事情都要讲究适度，适度的虚荣心会给女孩带来很大的动力，激发她奋进。然而超过这个度，就会带来很多不良影响。比如虚荣心过强会让女孩失去主见。试想故事中的晶晶，是一个总是做别人“跟屁虫”的女孩，时间一长她怎么还会有主见呢？

也许有很多父母感到疑惑：生活中，为什么有那么多跟晶晶一样虚荣的女孩呢？其实，这与价值观和性格品质有很大的关系。

价值观的偏离会影响到女孩的虚荣心。这个年龄阶段的女孩毕竟处于青春期，所有的价值观还处在形成期，如果受到一些不良因素的影响，势必会导致价值观的扭曲。还有一些女孩，根本不清楚品德与人格的重要意义，不清楚最受人尊敬的往往是人格，而不是盲目追求或显示虚荣，其实她所做的一切都是为了“面子”。很多女孩认为丢面子就意味着否定自己的才能，这是万万不能接受的，于是有的女孩为了不丢面子，通过一些不恰当的方式来彰显自我。最终的结果往往是遭到大家的鄙夷，而不是受到大家的尊敬。

不良性格品质因素也会影响到女孩的虚荣心。生活中，有一些女孩，性格内向，很自卑，但又怕别人瞧不起，于是说出虚荣的话，做出虚荣的行为来。比如有一些女孩，学习成绩不好，便想通过另外的方式获得这种心理上的平衡，于是就借助夸耀自己的家庭来获取这种满足感；也有一些女孩性格比较外向，处处喜欢表现自己，喜欢出风头；还有一些女孩，由于受到不良社会因素的影响，喜欢拉帮结派来显示自己的能力等。

虚荣会让女孩变得连自己都不认识。那么父母该如何让女儿改掉虚荣的心理呢?

1.改变自己的虚荣之心，为女儿做一个好的榜样

爸爸妈妈是女儿的第一任老师，一言一行都会影响到她。女孩爱慕虚荣往往是受父母不良影响的结果。有些父母不注重个人修养，只是一味讲排场、搞面子工程，女儿也就会学着他们的样子讲面子、好虚荣。

再过两天就是爷爷80大寿了，全家人都在忙着这件事。爸爸妈妈认为老人的80大寿，不仅要办，还要办得跟邻居张奶奶生日时一样风风光光，要把所有的亲戚朋友甚至单位领导请过来，还要专门给老人买一套上档次的衣服，而且一定要在酒店里请客。要让大家知道他们是如何孝顺老人的。仿佛只有这样，他们的脸上才有光。

晚上，灿灿趴在妈妈耳边轻声说道：“妈妈，我是家里的小公主，等我生日的时候要办得比爷爷的还隆重，不仅要把所有的亲戚都请过来，还要把我所有的同学都请过来，我们要租车去市里最有名的酒店。我要让大家知道我灿灿有多气派。”

女儿的一席话，惊醒了爸爸妈妈。他们突然意识到，父母这样讲究排场、要面子，必然会给女儿带来很多不良影响。于是，爸爸妈妈决定等爷爷生日那天只是把叔叔、姑姑他们请过来，由爸爸亲自主厨，为爷爷烧菜。一家人在一起热闹一下就可以了。

由此可见，父母要摆正自己的心态，不要想通过与别人攀比来彰显自己的身份、地位和品位。这样会让自己的女儿错误地以为面子是最重要的，日后可能为了撑面子而做出不切实际的行为。

2. 父母要注意女孩心态的变化，多给女孩讲道理

由平常心过渡到虚荣心是一个逐渐发展的过程。父母平时要多留心女儿的言行举止，一旦发现她有虚荣的苗头，就要及时纠正，防患于未然。比如，女儿对衣服、文具等特别挑剔，抱怨父母不能给自己提供优越的物质条件时，父母就要耐心、细心、正确地引导女儿，告诉她，她现在的主要任务是充实自己而非其他。

有的父母为了不让女孩受委屈，往往满足女孩的各种要求。其实，我们应当告诉女孩，与别人攀比、拥有名牌并不意味着拥有了较高的地位，只有依靠自己的努力取得成功，才能获得别人的尊重。

3. 拒绝女孩的无理要求

有些父母在女儿无理取闹时，为了息事宁人，便很不情愿地答应女儿的要求。殊不知，就是这样一次次妥协，才导致了她的虚荣、任性、执拗等不良性格的形成。所以，作为父母也一定要学会拒绝女儿的无理要求。

刚上初一的萌萌每星期的零花钱都是120元，有时还会达到200元。最近，萌萌总是说钱不够用，要求每星期再增加些零花钱。爸爸妈妈感觉奇怪，就问她那些钱都干什么用了。

萌萌说："有时与大家互相请吃麦当劳、肯德基，有时与同学去逛街，看到精品店有些东西很喜欢，就买了。所以嘛，一百多块钱根本不够花。”

爸爸听后训斥道：“一个小孩子，花钱大手大脚，要想花钱，自己去挣。”萌萌不但没有拿到零花钱，还挨了批评，她心里感到很委屈。她几天下来都不和爸爸妈妈说话，与父母玩起了冷战。

一个星期后，萌萌见冷战不起作用，也只好作罢。

其实，在这个例子中，爸爸妈妈的做法是正确的，对于女儿的不合理要求一定要及时给予回绝。例子中的爸爸妈妈还可以与女儿协商。比如，女儿每个月需要多少零花钱，在哪些方面需要开支，详细列出来。每个月给她固定的零花钱，交给她，让她自己支配。如果超出预算，爸爸妈妈就不再给她。

另外，值得父母注意的是，在坚决拒绝女儿提出无礼要求时，父母不要一个唱红脸，一个唱白脸，以免产生一方护、一方管的情况，使女儿觉得有机可乘，反而助长女儿的虚荣心，使其养成不良习惯。

“谁让她学习比我好，我就不爱搭理她”——忌妒

乐乐过去一直是一个爱学习的孩子，但自从升入初三后，她学习表现不积极了。妈妈不知乐乐在学校里发生了什么事，心情急切地想帮乐乐解决问题。

周末到了，妈妈和乐乐一起到公园散步。妈妈和乐乐边走边聊：“乐乐，最近有什么不开心的事情吗？和妈妈说说，看妈妈能不能帮到你。”乐乐带着怨恨的口气说：“妈，我现在越看我们班的小雅越不顺眼了。”“嗯？怎么了？小雅不是你最好的朋友吗，她经常到咱家来玩呀，你怎么就看她不顺眼了呢？”妈妈不解地问。“是呀，妈妈，你不知道，小雅现在越来越小心眼，我俩经常在一起做作业，她从不把学习资料借给我看，更令人气愤的是她每次考试都比我考得好，所以我现在越来越

讨厌她了。”妈妈温和地说：“怪不得你最近学习积极性不高了呢。那你可以向她请教呀，虚心地学习她的优点，这样你的成绩也会提高啊！”乐乐听了没有作声。

一天放学后，乐乐高高兴兴地跑到妈妈身边，悄悄地说：“妈，现在我们班好多女生都不爱搭理小雅了！”妈妈说：“为什么呢？小雅怎么了？”乐乐得意地说：“那几个女生都是站在我这边儿的，怎么可能搭理小雅呢？谁让她比我学习好啊，我们就不搭理她。还有，还有，今天上数学课时可有趣了，小雅回答错一个问题，我们几个笑了起来，弄得她满脸通红可不好意思了。”乐乐说完哈哈大笑起来。正在做饭的妈妈，本以为经过上次谈话后，乐乐会调整好心态，没想到事情越来越严重了。这样下去该怎么办呢？

忌妒心理是人的一种正常的心理，但的确是一种有害的心理，尤其是长期具有这种心理，对身心健康和人际关系都会有严重的负面影响。这种心理是由个体之间的差异和竞争造成的，没有差异和竞争就没有忌妒心，当然没有任何忌妒心的人很少见，除非个人修养达到了很高的程度。对青春年少的孩子而言，既好面子，又喜欢争强好胜，有忌妒心也是很正常的，只要家长能帮助他们把这种忌妒心理科学转化，对孩子的发展还是有好处的。

具体而言，青春期的孩子独立且要强，看不惯别人超过自己，加上自身心理的不成熟，忌妒心理就会产生，这种情况下他们往往会孤立那些比自己强的人，甚至会联合同学打压对方。当然，他们在面对紧张的学业和升学的压力时，忌妒心往往表现得更为明显和突出。由于不懂得如何转化和调节忌妒心理，往往造成自己的心理压力越来越大，严重的情况下甚至会产生心理疾病。父母应及时、科学、有效地引导孩子学会自我调节和控制，帮助孩子塑造健全的人格。

案例中的乐乐正处在青春期，喜欢争强好胜，当她的好朋友学习成绩超过她的时候，她自然心里不舒服——她和我各方面条件相比并没有什么两样，凭什么学习成绩就比我好呢？当然，妈妈的只言片语也没有起到开导乐乐的作用，对于这一阶段的孩子来讲，什么“虚心向别人学习”“你一定能超过她”之类的话是没有任何说服力的，以致后来乐乐联合同学一起孤立超过自己的小雅。在中学时代这样的事情太普遍了，父母只有学习相关的心理学知识，掌握正确、有效的教育方法，教孩子树立正确的竞争意识，加强孩子的道德修养，才能帮助她把忌妒心理转化为正常的竞争心理。

下面我们来看具体的指导建议：

1. 父母应教孩子树立正确的竞争意识

竞争意识是一种健康的心态，而忌妒心理是一种不健康的心态。这两种心态都是希望自己比别人强，但是前者是通过正当、合理的手段达到超过别人的目的，后者害怕别人比自己强，甚至不惜使用一些非正常手段来打压别人。当孩子的同学或同伴超过她，而引起她的忌妒心理时，家长一定要想办法引导孩子通过正当的方法来赶超对方。

一年一度的期末考试又到了，这一次小宁信心十足地走进考场。“小宁，加油，这次一定要给妈妈拿张奖状回家啊！”小宁暗自鼓励着自己。10天后，考试结果出来了，小宁是班里的第6名。她高兴地跑回家，告诉妈妈自己得进步奖啦！可是，就在学校举行颁奖礼的那天，小宁哭了，因为老师把进步奖颁给了同班的另一位女生。“为什么不是我呢？明明我的成绩比她还要好啊？”小宁伤心地哭了。

小宁回到家后，妈妈看到她眼圈红红的，不知道发生了什么事儿。还没等妈妈开口，小宁就狠狠地把书包摔在沙发上抱怨道：“我们班的小丽不知道耍了什么手段让老师把进步奖颁给她了，小丽暗地里怎么是这种人啊？我恨她，是她用卑鄙的做法得到了那个奖！”妈妈看着小宁气愤难平的样子，无奈地摇了摇头。

案例中的情况在日常生活中经常发生，两个学生成绩都非常优异，为什么发奖状的时候发给了别人而不是自己呢？这也是很多孩子都感到疑惑的问题。即便父母看到了孩子难过，也改变不了事实，但是父母可以引导孩子要正确面对现实，既然老师把奖状发给了别人，那肯定是自己还有做得不好的地方，还有可以提高的地方。如果只是一味地抱怨和忌妒对方，甚至揣测别人是靠了不正当手段才获得了奖励，那么这种心态只能使自己变得更加落后。

父母要教孩子找到自己失败的原因，要正视自己的缺点并改正，而不是一味地忌妒。学校也是一个存在竞争的小世界，面对竞争，父母应教会孩子扬长避短，发挥自己的竞争优势，既不能打击他人、抬高自己，也不要任凭忌妒之火在胸中燃烧，要树立正确的竞争意识。

2. 父母应教孩子发现自己的长处

每个人都有自己的长处和短处，孩子也不例外。平时家长应当注意发现孩子的长处，并及时指出来。当然，父母还要教会孩子自己发现自己的长处，这样有利于增强孩子的自信心，减轻忌妒心理。

姗姗一向被家人娇生惯养，只要是她想要的，没有不给买的。可以说，姗姗就是家中的小祖宗，但是小祖宗也有小祖宗的悲哀。上了中学后，姗姗忌妒心非常强，别人跳舞得奖了，钢琴过级了，她都看不顺眼，总会在背后说人家坏话，有时还会到老师那里打小报告等等，回到家还和妈妈说起这些人的不是。

心怀忌妒是一回事儿，姗姗还因此变得非常自卑，觉得自己什么都不如别人，她甚至不愿多和人说话，在学校里也没什么要好的朋友。

妈妈认为姗姗一直这样下去肯定会出问题，当得知自己的女儿是被忌妒之心所困扰时，妈妈及时地“发现”了女儿身上的长处，比如善解人意、头脑聪明等等，并且常常有意无意地“夸奖”女儿一番，甚至拿女儿的长处跟她所忌妒的人相比较，这使得姗姗的心理渐渐恢复了平衡。

案例中的姗姗面对比自己强的同学，内心充满了忌妒，甚至因此产生了严重的自卑心理。当孩子忌妒别人时，父母应帮助孩子发现自己的长处，正像例子中姗姗的妈妈那样。当然，父母也应该帮助孩子把心中的忌妒之火释放出来，这样可以防止孩子心理失衡。

"我觉得我谁都比不上"——自卑

12岁的小霞性格内向，有很强的自卑心理，她常常把自己关在屋子里望着窗户外面发呆。

爸爸妈妈很纳闷，真不知道一个才12岁的女孩到底在想什么呢？

一天，妈妈在打扫她的房间时，发现她忘记把日记本锁起来了，于是妈妈随便看了一下。结果被其中的一段文字吓坏了。有一段话是这样写的："自从进了四年级重点班后，我心里常被一些说不清楚的感觉困扰着，并且越来越严重。有时心里空荡荡的，没着没落的；有时又乱哄哄的，不知应该做些什么。在自习课上，很多同学都在认真地学习，可我却懒得学习。我常常在想，像我这样一个什么都不是很突出的学生将来能做些什么？考大学，我肯定考不上的。做买卖，我哪有这样的胆量啊？我真心希望自己将来能有所作为，至少成为一个能自食其力的人，可我又总是缺乏把一件事坚持做到底的信心，因为我不相信自己有做好一件事的能力。在同龄人面前，我总感到自己还不如一个一年级的学生，我的学习越来越吃力，有时很简单的问题都回答不上来，每到这时总感觉到大家都在鄙视我。像我这样的人，生活在这个世上还有什么必要吗？还真不如死了的好……"

小霞的日记如同晴天霹雳，妈妈怎么也没有想到，自己12岁的女儿竟然如此的自卑。

由于受生活和学习环境的影响，很多女孩子都存在着自卑心理。心理学家提醒家长，女孩的自卑往往是由于自我评价过低导致的。一些性格自卑的女孩，通常会认为自己哪方面都不如人，这也不好，那也不行。比如例子中的小霞，就把自己贬低得一无是处。而事实上，她既然能进重点班学习，说明她的学习成绩还不错，可她却偏偏看不到这些，反而迷失在自卑的情绪里。一个人认为自己是怎样的人比他实际上是怎样一个人更重要，因为每个人都是按他认为自己是怎样的一个人而行动的。由于小霞还是一个小女孩，无法全面、客观地评价自己，通常会拿自己的缺点和别人的优点相比，当然越比越觉得自己不如人，越比越泄气，比来比去就会产生自卑感。又因为看不到自己的“长处”和“过人处”，却对自己的短处和缺陷妄加评判，从而形成消极的心理。

女孩产生自卑心理主要与个人的性格特点、生活环境、意志品质有关系。那些气质抑郁、性格内向的女孩，大都对事物的感受性很强，对事物带来的消极后果有放大趋向，而且不容易将消极体验及时宣泄和排解出来。由于自我认识不足，总是觉得“我不行”这样一种消极的自我暗示在作祟，就会抑制她们的自信心，增加她们的紧张感，使其造成很大的心理负担，以至于她们在学习和交往中，不敢放开手脚，水平发挥受限，学习效果必然不会很好。还有一些女孩在经过一番努力后尚无明显效果，便会泄气，认为自己不行，这种消极心理会影响到以后的行为，导致更糟糕的结果出现，从而造成一种恶性循环，使自卑感进一步加重。

另外，女孩产生自卑心理还与不能够全面、客观地认识自己，不能辩证地看待别人和自己的关系等有关。很多女孩往往有很强的自尊心和抱负，自我评价很高，但是当在学习和生活中由于自己方法不当或缺乏处世能力而陷入困境时，自尊心就会受到严重损害，优越感就会严重丧失，于是那个自尊自信的女孩就变成了一个完全失去自信的人。“金无足赤，人无完人”的道理她心里也很清楚，但就是无法积极地正视自己的优点，更多的是把目光盯在了自己的缺点上。她们无法正确地与人比较，在看到自己不如人之处时，无法看到自己如人之处或过人之处。也就是说，这样的女孩并不懂得最重要的比较是“自己跟自己比”的道理，不懂得每个人应根据自己的兴趣、爱好、能力、特点等来确立自己的事业和人生道路，为此发奋努力，不断进步，最后实现人生的价值。

面对自卑的女儿，作为父母该如何做呢？

1. 让女儿建立自信，父母首先要有“三心”

自卑不是一朝一夕形成的，同样克服自卑心理也不是一朝一夕就可以完成的，也需要一个过程。父母应该有信心、有耐心、有恒心。在平日里，一定要多给予她精神鼓舞，在父母坚持不懈的努力下，女孩一定会逐渐克服自卑，建立自信，更加乐观健康地成长。

很多人都想象不到在1958年和1962年蝉联巴西世界杯足球赛冠军的加林查，竟是一个小时候患小儿麻痹卧床不起的病人。他之所以能够重新站起来，走进足球场踢球，完全是他父母不丧失信心、坚定乐观、爱心哺育的结果。

加林查出生在巴西里约热内卢的一个小镇上，不幸的是他在6岁时患上了小儿麻痹症，他不得不整天卧在床上。父母伤心极了，小加林查不住地问父亲：“爸爸，您说我还能站起来吗？我什么时候能站起来啊？”听到儿子的问话，父母的心都要碎了，尽管他们异口同声地回答“能”，可是心里却没有任何把握。他们知道，在这种情况下小加林查需要的是乐观和信心，否则可能会使病情恶化。

为了给小加林查治病，父母变卖了全部家产，带着加林查四处求医，他们来到了里约热内卢，去找医术最高明的医生。在医生为加林查进行了6次手术后，奇迹发生了——加林查站了起来。他拖着虚弱的身躯迈出了一步、两步……看着加林查蹒跚起步，全家人都有说不出的高兴。

小加林查问母亲：“我能踢球吗？”母亲坚定地说：“能！当然能了！战场上有瘸腿将军，足球场上就会有瘸腿运动员，以后让你爸爸带着你踢球。”母亲的话给了小加林查巨大的鼓舞，激励他为能够走上运动场努力与疾病做斗争。父亲也深知儿子的心思，从此父子二人密切合作，开始了足球生活。

踢足球是又苦又累的运动，不仅需要技巧，还需要有健壮的身体和顽强的拼搏精神，就是对正常人来说也不是一件容易的事情，而对于做了手术、刚刚会走路的小加林查来说就更加困难了。每当父母看到小加林查摸着受伤的脚犯愁时，父亲总是乐观地给予他热情的鼓励和安慰，告诉他不要怕苦，不要退却，要坚持锻炼。父母的乐观和鼓励给了加林查勇气、信心和力量，在父亲的陪伴下，他坚定了踢球的志向，克服了常人难以想象的困难，十几年以后他终于以高超的球艺赢得了人们的称赞。

在加林查 19 岁那年，被批准加入了里约热内卢的波达弗戈足球俱乐部，这是他人生中的一个转折点。从此他更加严格要求自己，刻苦练习，22 岁时终于成为巴西足球队的一名主将。在赛场上飞快地奔跑、巧妙迂回的加林查引起了观众的注意，人们称他是一把不可多得的尖刀。加林查的奇迹来源于他的大勇大智，而他的这种大勇大智则是父母用爱心和积极乐观的精神铸造出来的。

加林查从患小儿麻痹症卧床不起到世界足球冠军，靠的就是父母和他本人的自信、乐观，靠的是父母教给他面对困难、失败和挫折的大无畏精神，靠的是父母给予他的毫无保留的爱。正是这些支撑让他渡过了重重难关，取得了人生的辉煌。当我们面对自卑的女儿时，一定不要忘了要想让她自信、乐观，我们首先就该做到这点。

2. 要让女孩坦然面对挫折，学会寻找心理平衡

很多自卑的女孩心理防御机制是不健全的，自我评价认知系统多数偏低。自卑的女孩一般也都比较敏感脆弱，一旦遭受挫折，就很容易意志消沉，怨天尤人，自卑感增强。因此，在平日里父母一定要多开导孩子，无论生活还是学习，目标都不要定得过高，这样就容易实现，避免挫折的发生。这样，女孩也就更容易找到心理平衡了。对于女孩而言，每次取得的成功体验，都是对自己的一种激励，是十分有利于恢复自信心的。

信任，帮女儿度过“心理断乳期”

有心理学家认为，人的一生有两个重要时期：第一个是生理断乳期，大约是 1 岁；第二个是心理断乳期，大约是 12 岁。这两次断乳对儿童、青少年心理的震撼是巨大的，甚至可以说是疾风暴雨式的。

有人说，信任是人与人之间的一种道德关系。朋友之间、同事之间贵在信任；在家庭里，父母与子女之间，也同样需要信任。追求信任，这是一种积极的心态，也是一个人奋发进取、积极向上、实现自我价值的内驱力。信任的心理机制对女孩形成良好的心理品质具有积极的鼓励作用。

家庭教育是在父母和子女的共同生活中，通过双方的语言交流和情感交流来进行的。父母与子女的相互信任是成功家教的重要因素。一些教育专家在家庭调查中发现，子女对父母有特殊的信任，她们往往把父母看成是自己学习上的老师、德行上的榜样、生活上的参谋、感情上的挚友。她们认为，只有父母的信任，才是真实、可靠的。父母的信任意味着压力、重视和鼓励，这是真正触动她们心灵的动力。信任可使女孩感到她们与父母处于平等的地位，从而对父母更加敬爱，更加亲近和服从，更乐于向父母倾吐心里话。这既增进了父母对子女内心世界的了解，又使父母教育子女更能有的放矢，获得更好的效果。

反之，若父母对女孩持不信任或不够信任的态度，就无法了解女孩的愿望和要求，女孩的自尊心和自信心必然会因此而受到伤害，她们对父母的信赖也势必减弱。

秦女士视女儿为掌上明珠，女儿都 10 岁了，还不肯撒手让其独行，甚至离家几步之遥的地方都不让她自己去，因为怕女儿过马路时会被车碰着、遇到突发事件不会处理等。女儿有几次挣脱她的手，想独立地办自己的事，都被她硬给拽回来了，女儿眼中含满了泪水。她之所以这样，是对女儿处理这些事情的能力缺少信任，确切地说，是对女儿本身缺少一种信任。

有一次，女儿想自己去书店看书，秦女士没有答应，女儿非常正式地跟她说："妈妈给我一次机会，相信我吧，肯定不会有问题的。"面对女儿近似乞求的语气，她决定给女儿一次机会。两个小时后，女儿高高兴兴地从书店出来了，一种自豪的表情挂在脸上。从此以后，女儿能自己处理的问题，秦女士就放手让她去做，有时还把一些重要的事情交给女儿办，女儿做得都不错，也感觉到了妈妈的信任，变得懂事多了。

家庭教育专家曾指出，教育的奥秘在于坚信女孩"行"。每个女孩心灵深处最强烈的需求和成人一样，就是渴望得到赏识和肯定。父母要自始至终给予女孩前进的信心和力量，哪怕只是一次不经意的表扬、一个小小的鼓励，都会让女孩激动好长时间，甚至会改变她的整个精神面貌。

在教育史上，有一个著名的实验后来被称为"暗含期待效应"。其原理就是信任，这种效应被广泛运用于现代教育中，培养了孩子们的积极性，让孩子在别人的鼓励和信任中不断地进步。

信任女孩、做女孩的朋友，能够激发女孩内心的动力，她们会在父母充满信任和友善的目光与言语中，自己从摔倒的地方爬起来，一步一个脚印地走向成功。

那么，父母怎样才能做到信任女儿，成为女儿的好朋友呢？

1. 培养女儿的自信心

父母要引导女孩尊重别人但不迷信别人，要用科学的态度对待别人的成功与失败，相信自己，正确看待自己的进步。

2. 正确对待女儿的缺点

当女孩有了错误时，不要用偏激的言辞去斥责，而要循循善诱，晓之以理，和女孩一起分析事情的来龙去脉，指出女孩犯错误的原因以及造成的危害，然后，帮助女孩改正错误。

3. 为女儿提供施展才能的机会

日常生活中，对女孩的一切，切忌热心包办和冷淡蔑视。凡是女孩能做的事，只要是有益的，父母都应该创造机会，让她们去做。

由于工作的关系，爸爸要经常出差，每次出门就是一个星期。出门之前，他总是对女儿晓蒙说："晓蒙，你现在上初中了，是个大人了，要学会照顾你妈！爸爸出差这段时间，你要帮妈妈做些家务，减轻妈妈的压力，知道吧？"

在爸爸出差的日子里，晓蒙非常积极地承担力所能及的家务。比如洗菜、拖地、晾晒衣物、收拾房间等，把家里打理得井井有条，让妈妈感到轻松了很多。当爸爸出差回来，妈妈总是这样告诉他："这段时间女儿做得很好，让我享受到了女王一样的待遇！"

这位父亲的做法值得我们每一位家长借鉴，试着把女孩当成大人看待，适当放手，给女孩机会施展才能、承担责任，这不仅能培养女孩的独立意识，还能帮女孩建立起强烈的家庭责任感和关爱家人的意识。

4. 对女儿宽严相济

要做女孩的朋友，既要对女孩严格要求，善于从日常生活中发现问题，随时给女孩引导和指引；又要将女孩作为平等的伙伴，与女孩一起学习一起玩乐，尊重女孩的一切。

因此，不能只在嘴上对女孩有信心，还要表现在行动上，尤其是那些学习成绩不理想的女孩的父母要特别注意这个问题。因为任何女孩都希望自己是最棒的，有些女孩成绩上不去，屡遭挫折，心里很压抑，心情十分烦躁，她们非常希望父母说几句鼓励的话，以减轻心里的负担。如果父母不理解女孩此时的心情，偏要在女孩身边一遍遍唠叨此事，即使父母的用意是好的，招来的也只能是女孩对父母的反感，而且会因此伤害女孩的自尊心，导致女孩自卑、怯懦、缺乏进取的勇气，甚至厌学。

相反，如果父母对女孩有足够的信任，即便女孩遇到了困难，她们也能够充满自信，积极发挥主观能动性，有效地进行自我调整，把困难转化为促进自己努力进取的动力。这不仅有利于激发女孩的学习兴趣，保持良好的学习情绪和心理环境，从而提高女孩的学习效率和学习成绩，而且也锻炼了女孩的自主性、创造性以及对自己和他人的责任心。

如果父母还没有和女孩建立起平等尊重的朋友关系，不妨现在就和女孩坐到一起，开诚布公、推心置腹地沟通和交流，把彼此的想法告诉对方。你慢慢地就能体会到，同女孩做朋友其实是一件非常有趣、非常快乐的事情。

请记住：父母是女孩最信赖的好朋友。女孩的内心世界很丰富，要了解女孩，只能以心换心，用信任赢得信任。父母的信任将成就女孩的人生。

第三章

女孩叛逆期，妈妈如何扮演好自己的角色

生活是个大舞台，每个人都需要扮演好自己的角色。作为妈妈，当女儿进入青春期后，你就更需要扮演好自己的角色。找准自己的位置，调整自己的心态，布置好温馨的家庭——一个优秀的女孩，在于妈妈的掌握。

女儿是父母的影子

一位父亲下班回家进门后，用脚一踢把门关上了，3岁的小女儿见状，马上也用脚踢了一下门。家里人都很诧异，不知道女孩在干什么，随即想到她这是在模仿爸爸的动作。谈笑之余，父母随即反省：孩子虽然小，但他们却把父母的行为清清楚楚地看在了眼里，并去模仿，看来以后的言行举止一定要注意。

美国教育学家珍尼女士指出："孩子降临时就像一张纯净的白纸，对这个世界的认知能力要经过学习才可以获得。女孩最初是处于惊奇和陌生的状态之中，先观察周围人的一举一动，然后再去模仿他们的行为。"

模仿是女孩的天性，父母有什么样的语言与行为，都会在孩子身上像照镜子一样反射出来。因此，可以说女孩就是父母的影子，父母就是女孩的老师。

俗话说："榜样的力量是无穷的。"女孩不仅在言语、行为方面模仿父母，就是情绪、性格、秉性方面也会在很大程度上受父母的影响。

我们常发现，女孩身上的种种情绪问题、行为问题都有家庭和父母的烙印。如果女孩每天面对的是爱唠叨、爱发火、焦虑、紧张的父母，其情感发育肯定是很糟的。这是因为父母及其他长辈的情绪行为构成了家庭的心理环境，对女孩的影响是潜移默化的。

子曰："其身正，不令而行；其身不正，虽令不从。"要想女孩乖巧懂事，父母就要处处以身作则，使自己的一言一行成为女儿的表率，这样不仅可以树立和提高父母在女孩心目中的威信，而且可以使父母牢牢地把握住教育女孩的主动权。

卡尔·威特在《儿童早期教育》中说："让孩子幸福，你就必须处于幸福状态；让孩子自信，你必须自己自信。"

在具体的日常生活中，父母要时时刻刻严格要求自己，事事为女孩做一个优秀的表率。要求女孩做到的，父母首先要做到；要求女孩好好学习，做一名好学生，父母首先要在本职岗位上兢兢业业，做出一番成绩来；要求女孩在思想品德上团结同学，尊敬师长，父母自己首先要与邻里和睦相处，孝敬老人。

列夫·托尔斯泰说："全部教育或者说千分之九百九十九的教育都要归结到榜样上，归结到父母自己生活的端正和完善上。"

如果父母能始终如一地严于律己，就会给女孩以耳濡目染、潜移默化的影响，从而教育出一个优秀出色的好女孩，并得到女孩发自内心的尊敬和爱戴。

了解女儿是一切教育的前提

很多父母往往会发出这样的感叹："女儿越大，就越难以了解！""我家女儿小时候不是这样呀，现在怎么变了呢？""我和女儿之间的代沟越来越深了！"

很多父母也会发出这样的疑问："为什么我的女儿这么不听话？我说东，她偏向西，处处和我对着干！她到底想怎样？""为什么我的女儿有什么话都不和我说，把委屈和苦恼都藏在心里？她想要我怎么做？""为什么我的女儿总是不高兴？我已经给了她那么多，她究竟还想要什么？"

……

父母焦急、困惑，就是不知道女孩究竟想要什么，只好无奈地感慨道："女孩真是太难懂了，比世界上最深奥的学问还难懂！"

其实能认识到女孩难以了解的父母，就已经走到了教育的大门前。他们只要知道了如何了解女孩，就等于找到了打开教育之门的钥匙。

教育专家孙云晓在主编《少年儿童研究》杂志时，就以此确定了办刊格言："教育孩子的前提是了解孩子，了解孩子的前提是尊重孩子。"

当孩子小的时候，我们以为自己很成熟，孩子也以为我们很了不起、很神秘。当孩子大一些时，我们猛然发现，自己已经和孩子越走越远，代沟也越拉越宽，越拉越深，孩子看起来和我们是那么格格不入，我们正确的思想和经验已经无法逾越这道鸿沟传递给孩子，最终导致教育的失败。

多一分了解，就少一分误解。父母一定要抽时间常与女孩、女孩的伙伴以及女孩的老师多多沟通，尽量对女孩在家庭和学校中的表现有一个全面的把握。这样一旦女孩真有不当行为，父母也能明白应该如何去管教她。

那么，父母应该怎样了解女孩，怎样填平与女孩之间的沟壑呢？

1. 了解女儿的身体健康及发育状况

丽颖最近一段时间的表现有些反常，有时候神秘兮兮，有时候闷闷不乐。上厕所的时候，以前3分钟搞定的事情，她现在却能磨蹭10分钟。妈妈问她怎么了，她总是说没什么。为此，妈妈多次批评她："上厕所不能蹲太久知道吗？这对身体不好！你这孩了，怎么不听话呢？"

有一次，妈妈又批评丽颖，结果丽颖委屈地流下眼泪。妈妈觉得不对劲，经过一番细问，才知道女儿最近几个月来了月经。每次来月经时，她就非常害怕，躲在洗手间清洗，这才在洗手间里待了很长时间。

了解女儿是教育女儿的前提，这包括了解女儿的身体状况。因为有时候，女孩的行为表现与其身体状况密切相关。比如，女孩身体不舒服时，她的表现就可能比较反常。作为父母，切勿在未了解原因的情况下盲目地批评孩子。

想要了解女儿的身体健康状况及发育状况，就应该养成定期带女儿去医院体检的习惯。通过定期检查，可以了解女孩身体的变化以及身体的不良状况，及时对症下药。

2. 了解女儿的智力水平

智力水平包括理解力、记忆力、判断能力、创造性思维能力、想象力、解决问题的能力。每个女孩的智力发展水平是不一样的，也是不均衡的。因此，父母应全面了解自己女儿的智力状况。

3. 了解女儿的心理健康状况

一项调查表明，我国少年儿童存在的心理问题超过了成年人。我国有40%以上的女孩有程度不同的心理问题。发现女孩出现心理障碍，如果不及时做调整、矫正，女孩的个性就不能和谐地发展，并且会影响身体和智力的发展。因为心理健康是人的内环境，当它受到扰乱而发生故障的时候，就会损坏人的自然免疫系统和新陈代谢系统的机能，从而导致各种疾病的产生。所以，联合国卫生组织有个口号："人类健康的一半是心理健康。"女孩出现心理问题时会有一些症状，例如胆小、自私、忧愁、孤僻、任性、忌妒、撒谎、暴力等。父母要做到及时发现，及时解决。

4. 了解女儿的爱好

了解女孩的爱好并不是硬塞给女孩一种技能，而是真正了解女孩的天赋和性格，观察女孩，尊重女孩的选择，培养其爱好。同时，父母培养女儿的爱好要讲究科学性，要遵从三个原则：多鼓励少批评，多肯定少否定，多支持少打击。

通过对女孩不断地深层次地了解，你们不但会成为朋友，也许你还会发现一个跟以前迥然不同的她。

“理解”“尊重”——女儿叛逆期需要更多关注

不知不觉，发现女儿的身高快赶上妈妈了，这个时候，是否有些感慨呢？

其实当你注意到了这个细节时，正是父母应该改变对女儿态度的时候了——不能再像对待小孩一样对待她，而要理解和尊重她。

小茹从清华大学毕业后，就职于一家全球顶尖金融集团。母校邀请她回校向学弟学妹们谈成长心得：

“……有了今天的好成绩，其实要感谢我的妈妈，是她陪我走过了最艰难的一段时期。在座的女孩可能会跟我有同样的感受，那就是叛逆期的女孩有着脆弱的内心和敏感的神经，心事特别多，特别不容易学进去，还总觉得父母不理解自己。我也是这么过来的，但所幸的是，我有妈妈的理解和尊重。”

小茹深情地望着台下的母亲。

“她并没有像其他父母一样，逼着我学习，总是盼望我成才。相反，她总是劝我量力而行，能够过好今后的日子，能够开心是最好的。当我情绪不好时，她会叫我出去散心，路上我们一人一个冰激凌，轻松地聊着天，我的情绪也慢慢平复下来。妈妈正是用这种细节化的小事温暖着我，包容着我，使得我在进步的过程中，体会到了理解和爱护。正是因为有这样的妈妈，才有这样的我……”

可是真正做到理解和尊重孩子，对中国的很多父母来说却不是一件容易的事情。因为国情和环境的原因，大多数父母观念比较陈旧，有些父母期望高而责任低，把教育推向了学校和老师；有些父母不尊重女孩的隐私和权利，认为父母的爱可以是对子女任何不合理要求的借口。其实，每个人都有自己那代人的价值观，每个时代的人都有权利按照他们自己的价值观来生活，你必须站在女孩的立场上来看待她的行为，比如染发、穿破洞裤等，不理解就会产生代沟。父母必须打开女孩内心的管道，才能找到事情真正的原因。找不到原因是没办法改变她的。比如，14 岁的女孩抽烟，她可能认为这是酷的表现，你就可以从观念上纠正她。包括上网、看电视、打电子游戏等行为，你都可以站在女孩的立场上去和她探讨，平等地做她的知心朋友。

父母要真正理解和尊重女孩，必须先洗刷掉陈旧的教育观念，学会重新审视女孩，把女孩作为独立的个体来尊重，为女孩的思想和生活腾出一片任其自由开垦的田地，这对父母来说也是一次洗礼和磨砺。作为青春期女孩的父母必须知道：

（1）青春期是一次令人兴奋的冒险，但是有时令人生畏。

（2）青春期将在短时间内将女孩从孩提时期带入成人时期。

（3）青春期关系到三个重要的发展任务：有了寻找自我的意识；处理更成熟的关系；走向独立并与父母分开。

（4）青春期的特点会导致亲子间的冲突。女孩常常会通过敌对、不合作来表明独立，而且顽固地对抗成年人——尤其是自己的父母。

（5）尽管父母仍在女孩的生活中扮演重要的角色，但女孩越来越容易受到同龄人的影响。

（6）父母与青春期女孩间的关系需要改进。

只有了解了这些，父母才可能理解自己的女儿，理解她的那些青春期的表现究竟是怎么回事；只有了解了这些，女孩才能亲近父母，与父母分享她的快乐或苦恼，父母才能正确、高效地培养出一个完美的女孩。

窥探女儿秘密的最佳途径

女儿有了隐私，许多父母总是千方百计地去侦察，如翻抽屉看日记、拆信件，甚至训斥打骂。殊不知这种做法会伤害女孩的自尊心，给女孩造成沉重的精神压力，有的女孩甚至会产生敌意和反抗情绪。家长采取各种不当措施窥探孩子的秘密是导致亲子关系恶化的导火索之一。

下面我们来看一下一位妈妈的讲述：

10岁的女儿正在读四年级。孩子越来越大了，可是我对她却越来越不放心了，尤其是她每天晚上写作业时都把房门关得紧紧的，更加剧了我的担忧。

有一天晚上，我发现她一个人又关着房门写作业，于是敲门进去。她连忙用手把本子遮住，怯怯地说道："妈妈，你是不是要检查我？"我微笑着没有说话。

其实我并不是想"检查"她，有时纯属好奇，只是想看看她在干吗，但是她这种"不让看"的行为，反而让我有点小怀疑。于是我开玩笑说："啊！我的宝贝女儿也有小秘密了！不想让妈妈知道！"她觉得我说得很好玩，就跟我一起哈哈大笑起来，完全一副小女孩的天真相。事后，我也没有去翻她的本子偷看，因为我害怕一旦被她发现，会造成不可弥补的后果。

但是我的好奇心太强了，种种担心涌上心头，终于有一次我战战兢兢地翻开了女儿的日记本，正当我全神贯注地沉浸其中时，不知什么时候女儿已经站在了我的身后，那冰冷的目光让我不寒而栗。

女孩的隐私常被侵犯，父母又不善于补救，其结果必定是女孩对父母反感、不信任。一旦双方形成隔阂，再对女孩进行有效教育就困难了。

那么，女孩的隐私父母就不能过问了吗？当然不是，只是过问时需明确指导思想，讲究方法。隐私有一定的相对性，自己的私事对一些人是隐私，对另一些人可以不是；隐私可以转化，不信任你时是隐私，信任你了可以不是隐私。父母要争取女孩的信任，使女孩主动、自愿地披露心中隐私。理智的做法是尊重女孩的隐私权，也就是尊重女孩的人格，给她一个自由的空间，但并非放任自流，对女孩的隐私要给予充分的关注和积极的引导。

首先，父母要主动以平等的姿态与女孩多交谈，谈自己与她同龄时的一些想法和经历，甚至谈一些当时的隐私，倾听和征求女孩的意见和建议，使自己成为女孩可以信赖的朋友。一段时间后，相信女孩会愿意把自己心中的秘密告诉父母。只有这样，父母才能了解和掌握女孩的隐私，给予她必要的引导。

其次，父母要培养女孩的自我教育能力。即便从女孩的隐私信息中发现一些不良因素，父母也不必大惊失色，斥责打骂，而是可以与女孩一起讨论理想、事业、道德、人生观、价值观等问题，引导女孩自己悟出为人处世的真理，提高女孩按规范要求调整自己行为的能力。有了这种自我教育能力，女孩一些隐私中的危险倾向，都有可能自我解决。

同时，父母也应该做到为女儿保守秘密。

巧妙化解女儿的逆反心理

父母应认识到：逆反心理是女孩自我意识、独立意识增强的一种表现。作为一种好奇心、探索欲、独立意识，适当的逆反还是一种好的心理品质。但是，不适当的、过分强烈的或是扭曲的逆反心理是有害的。

因此，父母应该学会用新的办法教育女孩。随着女孩进入青春期这个人生的特殊年龄段，家庭关系也必须做出相应的调整，改变以往那种由父母决定一切、女孩只是服从的局面；父母需要多从女孩角度考虑问题，努力与青春期的女孩建立一种相互平等、相互尊重的关系，而这种关系的建立需要以相互理解为基础，以沟通为保障。交谈是可以使双方互相沟通的，只有沟通了才能相互理解。但是，交谈必须建立在双方平等的基础上，如果父母能以朋友的身份与女孩“平行交谈”，那么往往能引起热烈回应。这种谈话方式会让父母和女孩都感到轻松自在。父母与女孩的谈话内容，最好是多谈一些如何学会掌握知识、学会做事、学会共处、学会做人等。在交谈中，父母还要注意遵循从事情到关系、从事情到感情、从一般到特殊的原则，这样才能使女孩渐渐变得与父母无话不谈。

1. 放下家长的架子

爸爸刚出差回来，忘了给女儿买礼物了，女儿生气不吃晚饭。爸爸的火气也大了起来："不就是没给你买礼物吗，学习怎么没见你像这样用心呀？"

生活中，我们经常会遇到这样的场景。当女孩情绪不好时，父母马上摆出一副家长的气势，指责、恐吓，甚至打骂女孩。虽然现在很多父母已经认识到这种教育方法的不恰当，但还是无法从内心尊重女儿，把女儿当成一个独立的个体来对待。这势必会使自己与女孩之间的沟通障碍越来越多。所以，父母一定要放下家长的架子，站在女儿的角度想想，跟女儿平等对话。

2. 跟上女儿的节拍

许多父母只知道要求女孩好好学习，每天与女孩交流的话题也只限于她的学习，却忽视了她的情感等需求，以至于女孩和父母没有共同话题，甚至无法交流。比如：

女儿问："妈妈，你知道周董是谁吗？"妈妈摇摇头。

女儿跟爸爸说："爸爸，《我很萌》那套漫画，你帮我买一套吧。""萌？"爸爸一脸茫然。

就这样，在女孩眼里，父母成了"老古董"，于是沟通也变得越来越困难了。而有的父母就做得很好：

一位爸爸说："我知道女儿喜欢周杰伦，有时间我就会与她探讨：'周董最近又出什么新歌了？听说又拍新电影了？'每次与女儿的沟通都很愉快。"

为了与女孩有共同的话题，父母不妨做个时尚老爸老妈，多关注一下她们关心的事物，从而轻松地走入她们的内心世界。这样，跟女孩的沟通自然没有问题。

3. 多问快乐，少问学习

如果问父母："女儿在学校最重要的事情是什么？"几乎所有的父母会异口

同声地回答："当然是学习！"

其实，女孩在学校最重要的事不是学习，而是快乐。快乐不仅仅反映了女孩的情绪变化，也间接反映了她的社会适应能力和社会交往能力。不仅仅是书本知识，还有更多的社会常识需要女孩在成长中学习。学校的课程中没有这些，父母不教谁教？女孩不快乐了，父母不问谁问？特别是青春期的女孩，处在成长迅猛期，她们关注的不仅仅是学习，父母更应该多询问一下她们的心理情况。

"今天在学校怎么样？快乐吗？"

"学校里有什么高兴的事情吗？"

"今天看上去情绪不太好啊，发生什么不愉快了吗？"

"有什么需要爸爸帮忙的吗？"

……

这样的话父母要多说，女孩听到这样的话通常会很高兴，并且她也乐意跟父母说自己的事情。

4. 远离指责

"你多大了，怎么就不知道学习呢？你什么时候才能让我省点心啊？！"

"你就知道闯祸！我上辈子造了什么孽呀，让我有你这样的女儿！"

……

我们经常能从父母那里听到这样的指责，殊不知，这样会让女孩的自尊心受到严重的伤害。并且，父母在女孩心目中的形象也会大打折扣。

只有那些不了解女孩、不知道教育方法的父母才会盲目地使用这些批评、责骂等负面的沟通方式，而理智的父母都会采取引导、启发等来和女孩进行有效沟通。远离指责是父母首先要做到的。

聪明妈妈，不要拿女儿与别人做比较

许多父母都喜欢拿自己的女儿与他人比较，并且会不知不觉地用其他女孩的优点来比自己女儿的缺点，因而嫌自己的女儿不够优秀。

> “你看你的同学亮亮多好，回回都考第一名。”
>
> “你瞧小茜多听话，从来不让爸爸妈妈操心。”
>
> ……

这些话语也常常出自父母的口中，说得多了，女孩的内心就会受到伤害，使得她认识不到自己的优点和长处，树立不了自信心，而且对父母表扬过的同学非常憎恨。无形中，女孩的心灵被扭曲了，这样的后果是非常不好的。

做父母的，没有谁不爱自己的女儿，这一点毋庸置疑。经常拿别人与自己的女儿相比，也是出于善心，希望女孩能以他人为榜样，学习别人的优点，超越别人，为父母争光争气。但是，有时候善心也会做坏事，爱女儿，就不要拿自己的女儿与他人做比较。拿自己的女儿和大人物的童年做比较，拿自己的女儿和别人去比，希望自己的女儿能像大人物童年时或别人家的女儿那样刻苦、那样聪明。用心虽好，但往往由于对女儿要求过高，导致教育的效果并不理想，有时还会引起女儿的反感。

俗话说：“人比人，得死；货比货，得扔。”这话虽然说得直白，却有很深的道理，可惜常常不被人们重视。试想，人的个性差异如此之大，有些事不是谁都做得了的，所以最好不要拿自己的女儿和那些出类拔萃的人相比。

美国学者戴维·刘易斯的《教育孩子四十条》中，有这样一条：“从来不对孩子说，他比别的孩子差。”当然在女孩的成长过程中，父母发自内心，想让女孩以出类拔萃的人物为榜样，向她学习，这对女孩的发展自然是十分有益的。但用挖苦、嘲讽、埋怨的口气，拿他人的长处来贬低自己女儿的做法却是完全不可取的。女孩尽心了，切不可一味地苛求她。因为，每一个女孩都有她自己的个性，每一个女孩也都应该按照自己的天性发展，而不是做别人的复制品。

因此，家长正确的态度应该是根据自己女儿的特点进行教育。例如，自己的女儿脑子迟钝一些，就教育女儿笨鸟先飞，勤奋一些，有了进步就应该鼓励。只要女儿付出了努力，已经尽其所能，父母就不要提出过高的要求。

用幸福温馨的家温暖女儿的一生

吴彤是家里的独生女，按说应该很幸福，然而她却说："我天天处在折磨之中。"因为吴彤的爸爸妈妈几乎每天都吵架。她小时候，看到爸爸妈妈吵架就会跑到爷爷奶奶那里去，说自己很害怕；再大一些的时候，会劝说爸爸妈妈别吵了，然而他们并不听她的。虽然事后妈妈抱着她哭诉，向她道歉："彤彤对不起，是妈妈不好。"然而过不了多长时间，他们还是照样大吵不止。有一次，吴彤实在没办法，竟然在爸妈吵架的时候拨打了 110，这让父母很惊讶，他们此后稍有收敛。可以说，吴彤是伴着争吵声成长的。她 14 岁的时候，简直无法忍受这个家庭了。有一天，当爸妈再吵架的时候，她说："好吧，你们吵吧，也别要我了，现在我告诉你们，如果你们继续，我就从楼上跳下去，反正我早就不想活了。你们选择吧。"说着打开了阳台上的窗子，爸妈一下子呆了，吓得不敢吭声。

家庭和睦、夫妻恩爱对于女孩的健康成长至关重要。

在夫妻恩爱、和睦温馨的家庭中，女孩过着无忧无虑、天真烂漫的幸福生活。父母经常给女孩讲故事，带女孩郊游、散步、逛公园、看球赛、听音乐、参加锻炼等，这有利于女孩接受多方面的知识，培养女孩的兴趣与爱好，使她们热爱生活，对周围的事物充满好奇心和求知欲。和睦幸福的家庭是女孩温暖又安全的生活港湾，在这里，女孩会拥有更多的拼搏、进取的力量，而且智能发展也相对较高。美国一位心理学家对4000名独生儿童研究发现，“家庭气氛和睦、常有笑声的家庭中的孩子的智商比不和睦家庭的孩子更容易提高”。

反之，如果夫妻感情不和，经常吵嘴打架，甚至闹离婚，家庭气氛就会变得很紧张。这种状态下，父母无心照料女孩，或是父母把女孩当出气筒，或当作再婚的包袱而加以虐待，则会导致女孩感情上遭受痛苦，精神上受到压抑。孩子生活在这种环境里，如在大海上漂泊的小船，惊惧、迷茫、忧郁、惶恐、胆小、自卑，活泼的天性黯然失色，从而形成孤僻、消极的性格，全无学习上进的热情，甚至悲观厌世，其智力和健康也自然会受到不利的影响。

因此，做父母的一定要给女孩营造一个幸福美满的家庭氛围。

在网络某论坛上，有这样一个帖子：

我就是出生在一个不幸福的家庭里，父母吵了一辈子的架。近50年的婚姻，他们做的最多的一件事就是吵架。他们整天生活在相互的指责和怨恨中，对我的教育和未来无暇顾及，虽然我的父亲还是一名教师。他们忽视了孩子的存在，母亲甚至对我们姐妹几个产生厌恶，骂父亲要这么多孩子干什么。

他们影响了我们姐妹几个人的性格。我们姐妹性格都很忧郁、激烈、极端。这都是我的家庭带给我们的不良影响。而这些负面的东西又分别带入了我们各自建立的家庭中，因为我们没有从父母身上学到应如何处理夫妻关系。

最先清醒的是我，当我开始从我的成长环境来认识自我的时候，我痛苦万分。我走过许多弯路，我经历了许多不该经历的痛苦。我开始改变，我不想让这种非生理性的东西“遗传”下去。我发誓我不再在家里吵架，无论发生什么。

我基本做到了，我现在的生活很幸福。我的孩子聪明可爱，在幸福的家庭中快乐地成长。可是，我的姐妹们以及她们的孩子却还在经受磨难，经受着由上一辈带给她们的不良影响。

“父母是孩子的一面镜子，孩子是父母的影子。”人的最初道德观念、为人处世的准则是从家庭中得到的。女孩没有与社会接触交往的经验，首先教她们认识周围的人和事的是父母。父母怎样对待生活、工作、学习，怎样对待社会、同事、邻里，怎样为人处世等，都会在女孩的头脑中留下深刻的印象，影响她们的认识和行为。所以，如果希望女孩具有什么样的品质和修养，父母首先应该具备这些品质和修养。

一个女孩的健康成长，需要一个和谐、平等和充满爱的环境。家庭成员之间的和谐与融洽，会让女孩学会与同伴之间互助、互爱以及相互合作，并能让女孩从中获得安全感和成长的快乐。

那么，怎样改善家庭环境，创设和谐的家庭氛围呢？

1. 建立恰当的父母角色，形成和谐的夫妻关系

所谓“严父慈母”，这句俗语表明，父母必须要在家庭教育中掌握好自己的角色，也就是建立起具有一定信服力、亲和力的家长形象。在教育女孩的过程中，如果父母相处和谐，形象可亲可敬，教育起来自然事半功倍。

2. 建立和睦的家庭氛围和良好的亲子关系

父母要和女孩一起游戏，一起学习，发展共同的兴趣，和女孩共享经验和成果，增进父母和女孩之间的感情和了解。父母要把女孩作为平等的人，尊重女孩的爱好，给她一定的自主决定与选择事情的权利。有些事情可以和女孩商量，征求女孩的意见。

3. 注重亲子沟通的态度

青春期女孩情绪起伏大，有时会独自开心地哈哈大笑，有时则会莫名其妙地伤心落泪。作为父母，面对女儿阴晴不定的心情，应该多加强与其沟通。值得注意的是，在沟通时一定要注意沟通的态度。

美琳最近不知道为什么，情绪不是很好。爸妈说什么她都不耐烦，叫她做什么也不愿意做，而且不说明缘由。面对这种情况，妈妈想到女儿可能有什么烦心事，也可能是处于青春叛逆期，所以没有盲目批评女儿，而是心平气和地和她谈心：“女儿，最近有什么事吗？无论发生什么事情，妈妈都会与你一起分担的。”

美琳看到妈妈如此温和地对待自己的暴躁，有些内疚地说：“妈妈，对不起，其实也没什么烦心事，就是莫名其妙地烦躁，我也不知道为什么。这些天我对你和爸爸的态度不好，请原谅！”

妈妈听女儿这样说，就告诉她：“妈妈知道你处于青春期，这个时期情绪容易起伏不定，不过不要紧，每个人都会经历这个阶段，很快就会过去的。妈妈建议你多出去和同伴玩玩，这样你的心情会好一些的。”在妈妈的鼓励和引导下，美琳很快调整了情绪，又变回以前那个快乐的女孩了。

当女儿的行为表现出现异常时，当女儿的言语对父母偶有不敬时，父母应保持冷静、平和，放低姿态与女儿平等沟通。只有这样，才能打开女儿的心扉，了解女儿的心思，从而有效地引导女儿。

4. 建立父母子女互相学习的家庭环境

有一次，女儿跟刘华要钱：“老爸，能不能再给点钱？”

刘华说：“不能，你每个月的零花钱是固定的，不能随便给你加钱。”

女儿没有继续恳求，而是说：“不给我加钱就算了，我自己想办法！”

刘华很好奇，就问：“你能想什么办法？”

“我把自己用过的东西放到网上卖，反正这些用过的东西，我现在不想用了。”女儿自信地说。

“你指的是什么东西？”刘华问。

“比如，手表啊，旧的随身听啊！”

刘华一听就乐了，“你这破东西谁要啊？网上谁都不认识你，怎么会给你寄钱来？别太天真了！”

女儿很自信：“不信就算了，我试试看！”后来，她把这些东西拍成照片，发到朋友圈里，果真，有人对她的这些东西感兴趣。最后，她成功卖掉了，换回了300元钱。

“真的没想到，你有这个头脑。爸爸非常佩服你，爸爸要向你学习！”刘华对女儿说。

“好啊，那就拜我为师吧！”女儿开玩笑道。然后，父女俩哈哈大笑起来。

每个女孩都是聪明可爱的天使，她们身上有很多大人没有的优点。比如，她们思维开阔，头脑灵活，经常能做出惊人之举。这种创造力和敢于尝试的精神，就值得父母学习。再比如，女孩对新事物了解较多，父母也可以放低姿态，向她请教。通过请教、交谈，可以拉近与女儿的距离，减少两代人之间的代沟，使亲子之间打成一片，其乐融融。

第四章

早恋、性、网络——这样引导最正确

10~16岁的女孩如清风中的花朵，迎风招展，娇嫩欲滴，这是她们一生中最难忘的阶段，也是最美好的阶段之一。这样美好的阶段，也容易出现早恋、网络和性方面的问题，面对这些问题，女孩很容易迷失自己，那么父母又该如何去把握呢？花季护航，当然要睿智的父母才行！

女儿大了，就会有情愫产生——如何对待孩子的早恋情结

下面是一位母亲的求助：

作为一个初中女生的母亲，我感到特别的无助。我的女儿初中快毕业了，可是这段时间她学习就是进入不了状态。老师反映她上课注意力不集中，神情有点恍惚。我经过仔细观察和了解，发现女儿竟出现了早恋现象，现在正处于失恋状态。作为一位母亲，我感到无比的心痛和忧虑。我从侧面耐心地给她讲了早恋的危害和中学生应该把学习放到第一位，可我看得出，道理她都明白，但做起来比较困难。马上快考试了，

时间不等人啊！我真是焦急万分。我该怎样才能让女儿尽快地走出来，投入到学习中呢？

女孩早恋引起家长焦虑的例子不在少数。其实如果父母掌握了女孩的身心发展特点，并运用正确的教育方法，就很容易解决女孩早恋的问题。调查显示，90% 的青少年最希望跟父母沟通。

据专家研究，青春期异性交往发展特点分为四个阶段：

第一个阶段是“朦胧期”：女孩从 9 岁到 11 岁，男孩从 10 岁到 12 岁。此时男女生理机能尚未成熟，但已确认了自己的性别角色，对性别差异敏感。男女生在一起感到拘束、害羞，往往采取疏远和躲避的态度。而对成年的异性，又往往表现出过分的亲昵和依恋。

第二个阶段是“爱慕期”：女孩从 11 岁到 13 岁，男孩从 12 岁到 14 岁。此时，男孩女孩在一起觉得有意思，异性之间互相观察、欣赏的兴趣增加，开始注意异性的谈话、表情、动作，也开始注意自己的服饰、举止，想给异性留下好印象。对于异性之间的接触，往往自觉不自觉地在性爱上浮想联翩。然而，此时异性之间的好感是泛泛的，没有具体对象。

第三个阶段是“初恋期”：女孩从 13 岁到 15 岁，男孩从 14 岁到 16 岁。这时，男女生的性机能都已成熟，对性的体验明显增加，内心开始萌发初恋的“幼芽”。在年龄相近的异性中，发现较喜爱的对象，会给予特别的注意与关心，寄予特有的期待。感情上希望多接触、多交往，而理智上又有种种顾虑。有的女孩，此时的注意力可能在几个异性身上徘徊。这一阶段，女孩更加注意自己的外貌和打扮。

第四个阶段是“钟情期”：钟情，就是很专一地倾慕、爱恋某个异性。这个阶段一般在高中时，男孩比女孩晚一些。此时，往往出现“痴情男女”，一旦倾心相爱，便不顾一切。由于涉世未深，对人生没有充分认识，她们往往会陷入庸俗低级的趣味之中而难以自拔。一旦受挫，会意志消沉，产生厌世心理，有的甚至走上放纵自己的道路或者轻生。

以上是青春期异性交往的普遍性发展特点，而每个女孩会有自己的特殊性。父母应该随时观察和了解女孩的表现，及时给予正确的引导。也可以根据不同年龄段的特点，超前教育和引导，防患于未然。

对于处在朦胧期的女孩，要引导她们正视自己的性别角色，在与异性同龄男孩的交往中要大方、诚恳，克服拘束、害羞心理。而与成年异性交往，不宜过分亲昵。

对于处在爱慕期的女孩，父母要教育其尊重异性和自我尊重，注意自身的仪表和文明礼貌，多关心班集体的事情，为集体出力，男女生坦诚合作，不随便盯看异性同学。这时期正是性渐渐成熟的时候，要配合学校进行科学的性生理教育，正确对待性生理现象，避免因生理现象而出现盲目紧张和盲目好奇。父母要认认真真、大大方方地给女孩讲有关知识和正确对待的方法。

对于处在初恋期的女孩，父母要教育引导她们多参与群体活动，尽量减少与异性同学单独接触的机会，特别是不要跟某一位异性同学过多地单独接触，避免萌发初恋之情，牵扯精力，影响学业和全面发展；教育女孩与异性交往注意自己的言行，不随便逗闹，不动手动脚。

对于处在钟情期的女孩，父母要教育她们全身心投入学习和集体生活，用意志力克服自己与异性交往的感情需要，树立高尚的人生目标，做有远大抱负的青年；让女孩懂得“战胜自己，超越自己”是成人成才的关键；要正面地、严肃地对女孩进行婚恋观的教育，以排除其不正确思想意识的干扰。

父母应把女孩与异性交往的问题纳入家庭教育计划，认真学习一些相关的知识和理论，思考教育引导的具体方法和措施，坚持正面教育为主；有时候，可以把自己少年、青年时期的经验教训讲给女孩听，引导女孩走好人生之路。

积极面对，妥善处理，早恋会成为女孩一生中一段美好的回忆，而不是一段不堪回首的往事。

引导女儿正确与异性交往

不知怎的，我近来一看到那个男孩，就不由自主地脸红心跳。我害怕遇到他的目光，就像小偷躲避警察一样，但又禁不住想多看他几眼。我不知道为什么会有这种感觉。他已经占据了我的整颗心，白天上课的时候，时不时地看他几眼，我就觉得心里特别舒服。我都没有精力去学习了，好像失去了他就像失去未来一样。我像一只没有目的的飞蛾，到处乱飞……

一个初二女孩在日记中这样写道。

向往异性是青春期女孩的一种正常生理反应和心理现象，是人的情感世界中美丽而珍贵的内容。男女同学相处，是青少年社会交往不可缺少的内容。人类异性间的交往，也是最富有魅力、最激动人心的，尤其对青春期的男女来讲，更具有极大的吸引力。

青春期是一个美好而懵懂的年纪，女孩从幼稚逐渐走向成熟，从家庭走向朋友圈，再走向社会。在这个过程中，女孩会经历很多事，会遇到很多人，其中有很多异性。怎样引导女儿与异性交往，成为父母不能回避的问题。

那么，父母应如何引导女孩与异性同学正常交往呢？

1. 在交往范围上，广而不狭

青春期女孩的异性交往范围很广——班里那么多男生，还有同年级以及不同年级的男生。众所周知，爱情具有排他性，但友谊则不该如此，它应该具有包容性。所以，父母应引导女儿与众多异性广泛交往，而不应该只与某个男生交往。

2. 在交往程度上，淡而不深

古人说，君子之交淡如水。在男女同学交往方面，这句话也适用。

艾美上初中后，与男生华帅成为同桌。两人在学习中相互请教，相互帮助。在生活中，也相互关心。很快，两人就从同桌变成好朋友，再加上日久生情，两人的关系更加亲密，慢慢地，彼此对对方产生了强烈的依恋感。

后来，华帅因爸爸妈妈离婚，法院将他判给爸爸，而爸爸在外地公司，他只好随着爸爸去外地上学。于是，艾美与华帅就分开了。这件事给艾美很大的打击，从此，她变得沉默寡言，不喜欢与异性交往，因为她心里总惦记着华帅。

一般来说，淡交是没有任何所图的，既不奢求从对方那里获得过多的情感，也不会把自己的情感全部给对方。10~16 岁这个阶段，女孩的心理还不够稳定，对事物的理解还很肤浅，且随着身份、地位的改变，而不断变化。如果感情在某个异性身上陷得太深，一旦某天中断，将会给她带来很大的伤害。所以，父母应引导女儿与异性保持淡交，以平常心对待与异性的交往。

3. 在交往关系上，疏而不远

疏，指的是保持一定的距离；不远，指的是保持的距离不宜太远，即该真诚交往还需真诚交往，而不能给人一种高傲不可亲近的感觉。如果女孩能把握好这个原则，那么在与异性交往时，就可以从容进退。

4. 在交往感情上，喜而不痴

2015 年 11 月的一天，哈尔滨的某一小旅馆来了一对小情侣。看着两人稚嫩的脸庞，店员一眼就看出他们是中学生。两个孩子一开口，把店员吓了一跳，因为他们只开一间房。

按照规定，开房要登记身份证。当店员要求他们出示身份证时，他们都说没有身份证。没有身份证，就没办法开房。见状，两人决定去别的旅馆。

店员担心两个孩子误入歧途，出于好心，便对他们说："把你们的姓名留下来，我跟经理通融一下，看能不能开房！"就这样，两个孩子留了下来。

> 店员把这件事告诉了经理，经理在与两个孩子的交谈中得知，他们是附近一所学校的中学生，于是把这一情况汇报给辖区派出所民警。在民警的帮助下，两个孩子的父母迅速赶了过来，这才避免了一场不该发生的事。

10~16 岁的青春期少女，在择友时都有一个原则，那就是对对方有好感，至少不讨厌对方。可随着交往的增多，这种好感很可能慢慢变成一种痴情、迷恋，这就很容易把朋友关系发展成恋人关系。因此，父母一定要引导女儿在与异性交往时做到喜而不痴，即喜欢对方、对对方有好感即可，而不能过于痴迷对方。

关注女儿的情感需求，发现她的早恋信号

我们先来看一个青春期女孩的日记：

> 像以前一样，家里还是那么冷冷清清的，爸爸常年出差在外，妈妈的工作也很忙，所以我总是一个人。一个人随便吃点东西，一个人看电视，有些秘密也只能对着这本日记倾诉。不过现在我有了他的陪伴，心里会觉得暖暖的。他说有了他送我的小猴子就不会孤单了。对于我来说，他更像一个大哥哥，在我不开心的时候哄我开心，在放学的那条路上，他还第一次牵了我的手。他说明天早上还会接我一起上学，电话响两下，那就是他在楼下等我的暗号……

青春期早恋了，往往不是缺少恋爱，而是缺少关爱，一个人在现实生活中得到的爱、关心、关注不足，成就感不足，就会从其他的地方寻求，早恋的女孩也多出现在问题家庭。所以，父母碰到女孩早恋，采用“棍棒政策”，远不如先反

省自我。

下面我们再来看看一名初二女学生的日记：

> 我出生在一个普通家庭，妈妈是普通职工，爸爸是出租车司机。在我的记忆里，爸爸妈妈经常吵架，很多时候，我都是在他们的吵架声中完成作业的。爸爸脾气特别不好，喝完酒之后总是冲妈妈大嚷大叫。
>
> 高二上学期，班里有个男同学经常主动帮我买早餐，送我礼物，每天都嘘寒问暖，我渐渐地对他也有了好感。后来，我们就恋爱了。国庆节放假的时候，我不想回家，就住到了男朋友家里。但后来还是被发现了，爸妈把我带回了家，还告诉了我的班主任。
>
> 为了拆散我们，爸妈不让我住在学校了。刚开始的几天，我情绪非常不稳定，在家里和他们大吵大闹，成绩也大幅度下滑。可他们的态度非常坚决，无奈之下，我只得妥协。他们以为我想明白了，便放松了警惕。实际上，我每天晚上都在房间里给男朋友打电话。然而，几天后的一个晚上，妈妈起床上厕所的时候，听到我房间里有说话的声音，把我狠狠骂了一顿，还说要没收我的手机。
>
> “你要是把我的手机没收了，我以后就不去上学了！”我知道不上学是他们最担心的。妈妈最终没有没收我的手机。从那以后，我虽说不打电话了，但夜里依然看不进去书，就躲在房间里给男朋友发短信。只有在和男朋友联系时，我才会觉得心里特别踏实。

其实，青春期的男孩女孩都一样，父母这边总在指责她、总在否定她，而外面有个人总在欣赏她、关心她，她怎么可能不慢慢地跟着走呢？不要说女孩，就是大人，也会过不了这一关的。

所以，要想让女孩不早恋，父母必须要做的，就是爱女孩！可能有很多父母会说：“我让她好好学习，不是爱她吗？”其实，爱可以有要求，但不能以要求为主题；爱可以有一部分谴责，但是不能以谴责为主题。假如每天跟女孩说一百句话，如果百分之八十都是要求、谴责，女孩肯定会远离你。而此时，如果有一个吸引她的因素出现，她就可能会跑出去，早恋就随之而来。

父母的理性引导，让女儿远离早恋

一些青春期女孩与异性交往过于密切，父母往往抱着一棍子打死的态度全盘否定，动不动就给女孩扣上“早恋”的帽子，而由于青春期女孩叛逆情绪等原因，对于她们来说，父母的敏感态度往往使原本纯真的感情变味。所以，父母应该理性地对她们加以引导，必要时教给女孩一些交往知识，让女孩学会交往，使其把对异性的好感发展成为真诚而纯洁的友谊。

1. 鼓励女儿藏起对另一半的爱慕

下面的故事也许已经被大多数人所熟知：

一个饥渴的旅人在山洞里歇息，意外发现洞里有个宝瓶。带走它，自己已经疲惫不堪，没有这个能力了；放弃它，心头又觉得太可惜了。怎么办呢？最后，他想了一个办法：把它埋藏起来，并做好标记，等到将来有能力时，再来把它挖出来。

“埋藏起来”，是个两全其美的明智之举。这个旅人的做法，难道不值得父母借鉴吗？

一个各方面都很不错的16岁高一女孩，认真地与同班的男孩相恋了，女孩的妈妈得知后与她进行了一次属于两个女人间的谈话：

妈妈：“女儿，你是不是觉得他是最好的男孩？”

女儿：“嗯。”

妈妈：“妈妈相信你的眼光。但是，你现在才上高一，你认识的男孩有多少？”

女儿：“可是我心里只有他。”

妈妈：“你说你要上大学，将来还要出国深造，想成为一名律师或金融家。你知道你将来会遇上多少好男孩？其实，妈妈并不反对你现在谈男朋友，但是，妈妈最反感的是见异思迁。这位男孩是你到目前为止认识的最好的男孩，可是，你将来会有更多的机会，到那时你该怎么办？你会不会后悔？”

女儿：“可是，现在让我离开他，我很痛苦。”

妈妈沉默了一下，转移了话题：“那我问你，你初三时买的随身听呢？”

女儿：“前两天，您给我买了个更好的，我就把原来那个送给别人了。”

妈妈：“这是一样的道理。你如果把握好每一个机会，你以后的成就只能比今天大，你面对的世界只会比今天更宽阔，到时候你的选择也只会比今天更好，而且更适合你。如果你现在与这个男孩真有那份情，到时候再让它开花结果多好。女儿，一个人一生不可能不做些让自己后悔的事，但是，人生大事只有几件，做错了，就会遗憾终生。”

女儿：“妈妈，我懂了……”

从那以后，女孩把对男孩的特殊感情像一颗种子般深埋在心里。她明白，即使爱的种子发芽了，也还没有长成参天大树，更不可能结出甜美的果实。而在这之前，她只能做一个默默灌溉的园丁，等待果树的成熟。

所以，这个女孩无疑是幸运的。首先母女之间存在着朋友式的信任，女孩才敢把深藏内心的秘密告诉妈妈；其次，妈妈知道后，没有责骂，也没有居高临下地教育，而是对女儿的恋情娓娓道来，有理解，有启发，有暗含规劝的比喻，使女儿心服口服，迷途知返。

2. 试试和女儿“谈情说爱”

在处理女孩早恋的问题中，有很多聪明的父母都会采取柔软的态度，来“以柔克刚”。这样一来，既磨掉了青春期女孩的棱角，又能有理有据地说服她从早恋的旋涡中走出来。

下面就来看一位教师母亲写的博客文章：

作为一名母亲，我和女儿是无话不说的好朋友。

有一天周末，我和她坐在沙发上聊天，女儿突然问我：“妈，你和我爸谈恋爱的时候，他吻过你吗？”我一时发愣，不知该如何回答。片刻，我稳定了一下情绪，然后解嘲般地笑了起来，“你这孩子，怎么突然问这个？”女儿也跟着笑了起来。

又有一天，我和女儿在楼下散步，女儿突然又郑重其事地问我：“妈，如果我交了男朋友，你会怎么样？”这次我吃惊不小：女儿才上初二啊！我极力掩饰自己的情绪，故作镇静地对女儿说：“妈妈相信你不会的，你是个聪明的女孩，有远大的理想，不会因为这种现在不该做的事情而不顾前程，但是如果真的是这样，妈妈也不会反对。”

这下女儿瞪大了眼睛，“你，你说真的？”

“是的！”我肯定地点点头。

“我才不相信你！肯定有问题！”

于是，我笑着说：“女儿，你想想，今年你才 14 岁，妈妈怎么会同意你谈恋爱呢？学习肯定会受一些影响，可能还会影响你的未来。可是，妈妈不能不让你去学校啊，也不能左右你的想法，只能鼓励你为了喜欢的男孩好好学习，为他，和你自己创造一个美好的未来。”

女儿感动地说：“妈妈，您说的这些我信。”

这次谈话之后，我心神不宁地过了好一段日子，担心女儿真的有什么“行动”。但是接下来的几天，女儿好像有所感悟，所有的业余时间都扎进了书房，学习成绩不断提高。看到这些，我心里十分高兴。

但有一天她放学回来，没有像往常一样去温习功课，而是神情沮丧地坐着发呆。在我的追问下，她才告诉我。原来放学路上，女儿意外地碰到了那个男孩，正当她用欣喜的目光向他行注目礼时，却听见他用污秽不堪的语言对一位行人破口大骂，起因是那个人走路时不小心踩脏了他的鞋子。女儿的目光里流露出深深的悲哀。是啊，她心目中的“白马王子”自己破坏了完美的形象。

从那以后，我发现女儿更专注于自己的事，并不轻易和男孩交往。如今，女儿成长为一个各方面都很优秀的女孩，屈指算来，距离我们第一次“谈情说爱”，已经5年有余。

在女儿成长的路上，我一直用心灵把握着她感情的脉搏，向她传递一种信息：爱是一种很神圣的情感，任何人都不可以轻率触摸，因为一不小心就会伤害它、玷污它。只有把这种感情小心地珍藏起来，到了收获的季节，才能真正地拥有。

处理女儿早恋问题的3个关键词

“初恋”这个词，父母都比较熟悉，是美好和难忘的代名词，但是这两个字要过早地用在自己的女儿身上，那问题可就来了。

以下问题，如果超过半数发生在你的女儿身上，父母就该格外留神了——你的女儿很可能已经早恋了，即使没有正在恋爱，也一定有了早恋的倾向。

女儿突然变得很爱打扮，在镜子前左看右看，还时常要求父母买一些时髦的衣服；

放学不按时回家，学习成绩也有所下降，问其原因，总是支支吾吾回避话题；

回家或者周末写作业的时候心不在焉，不停地看手机或者找理由出门；

活泼好动的女儿变得沉默，回家后喜欢一个人躲在房间里，无缘无故与家人生疏起来；

说一些父母一眼就能看穿的谎言；

情绪起伏大，有时兴奋，有时忧郁，有时烦躁不安；

家里常有异性打来的电话，还经常有一些来路不明的小礼物；

无意间谈起公园、溜冰场、音乐茶座等一些场所；

对电影、电视中的爱情镜头特别关注；

……

处于早恋之中的女孩，往往表现出这些反常现象。很多人都觉得，现在的少男少女们真的是跟以前大不一样了。不管父母和学校怎么回避、怎么阻拦，早恋还是封杀不住，有时反而弄巧成拙。

1. 冷处理

如果女孩真的出现了一些早恋迹象，父母一定要冷静、宽容和理解，不能心急，更不能公开批评所谓早恋的对方、扩大知情人的范围，甚至采用硬性手段，扩大事态，以免弄假成真。因为这些做法无意中会造成对女孩负面的刺激，她们的心理会更加逆反，甚至走向反面。所以，遇到这种情况，父母一定要在弄清楚事情的原委后，再顺势引导，以理服人。

2. 做榜样

夫妻之间感情和谐又不失互相尊重，不说带有性别歧视的话，诸如“女人头发长见识短”“男人都不是好东西”之类的话；在实际行动中，表现出对对方的真诚关心与人格的尊重；在女孩面前，不做过分的亲昵动作；不穿过于暴露的衣服；在与家庭以外的人接触中，作风正派，注意道德规范。

3. 讲方法

其实在处理儿女早恋的问题上，作为父母是要有些方法的，更要讲究点语言艺术。

首先你要和女儿做朋友，这样，女儿就会和妈妈一起谈这个问题。

比如，一个女孩收到男同学给她写的小纸条了，女孩就说："妈，你看，有男孩给我写小纸条了。"这个时候你应该怎么办呢？有些父母的反应就是："啊？传纸条？快点撕掉！现在的小男孩学什么不好，偏学这些！以后不要再和这种同学说话了！"

其实，这时候父母要避免早恋的问题出现，最佳的方法不是过激地制止，而是要让女孩把她的心事说出来，然后对症下药，想办法淡化这些问题。

父母把这种事正常化、淡化是避免女孩早恋的语言艺术，同时暗示女孩更好的在未来。父母每天都要尽量花时间和女孩在一起，时间长短并不重要，重要的是和女孩谈心，学会倾听女孩的心声。无论多忙，关心女儿都应该是父母的首要任务。

女儿性意识的觉醒，父母早知道

你有过这样的经历吧？在幼儿期到小学低年级阶段，男女同学亲密无间，学习上相互讨论，课间一起玩耍。可是到了小学高年级以后，男女同学之间就出现了"三八线"，男生碰女生一下都要遭到白眼，你知道这是什么原因吗？

一般女孩在10~13岁，男孩在11~15岁时进入青春期，伴随着性生理的变化，男孩和女孩对性知识产生了强烈的需求，尤其是女孩，开始非常关注自己周围伙伴的发育变化，心中有很多疑惑等待找到答案，很想知道发生在自己身上的变化是否正常。所以，常常有意识地通过一些途径来寻求性知识，如翻阅相关书刊、网上查找相关资料、暗中与他人比较等。

在青春期，当她们看到异性间亲密交往的现象时，内心会产生激荡和一些新奇的感受，从而倾向于与异性接近。但是，出于对性别差异的敏感，女孩对两性关系所持有的神秘感和戒备感也陡然上升。所以在两性交往中出现了更多的回避、疏远、排斥等现象。

初三的杨杨最近发现自己对男生有了莫名的好奇，其他女生也有这种感觉。于是，大家开始私下里讨论班里哪个男生帅。

当大家聊到杨杨暗中喜欢的男生刘辉时，杨杨的心怦怦直跳，感觉脸都在发烫。不过，她还是强装镇定，言不由衷地说："刘辉啊，别说他了，看到他就讨厌，长得帅有什么了不起，整天吊儿郎当的样子。"

同学彭月说："刘辉那是开朗，不是吊儿郎当，而且他学习成绩好，对人又热情，女人缘可好了！"

"不会吧？他的女人缘真的很好吗？"杨杨不由自主地有些担心，赶紧问了一句。

海燕好像知道杨杨喜欢刘辉一样，故意半开玩笑地说："你紧张什么嘛，是不是怕刘辉被别的女生抢走了啊？"

杨杨马上脸红了，假装生气地说："胡说什么啊，不跟你说了！"然后，掩面离开了。其实，她心里别提有多高兴了。

女孩重视与同性间的情谊，羞于与异性接近，唯恐遭到嘲笑或议论，有的女孩还表现出蔑视或反感异性的行为。这是青春期的正常性心理的一种表现。妈妈要重视女孩的这种心理变化，帮助女孩健康地成长。

随着年龄的增长，女孩的性意识开始觉醒。由此带来的有关变化主要表现在：

（1）"两小无猜"的时代已一去不复返，性别界限的社会帷幕悄悄拉起，异性成了一个不可进入的阵营，成为一个神秘的世界。

（2）女孩开始自觉地认识自己的性别，开始从"好女人"的角度来塑造自己和用"好男人"的角度去期待对方。

（3）两性关系意识开始觉醒与发展，并由此产生对异性在认知和情感上的需要、兴趣和探究行为，最主要的表现就是早恋的萌芽。

（4）女孩性意识的觉醒与发展是人生发展过程中十分正常也是十分必要的事情，成为青春期自我意识发展中的一个重要方面。从此，女孩的自我意识的各个层面都和她们的性意识联系在一起。她们开始真正将一个女性的自我在社会中呈现出来。她们对社会中的他人也开始真正以一个女性的角度来对待。这时，连教师和父母在女孩们的眼中也开始有了新的意义。可见，女孩性意识的良好发展是她们在青春期必须完成的重要发展任务。

（5）青春期开始，男孩和女孩生理上的差别日益明显，会产生一些不安和害羞的心理，由此出现了短暂的疏远。即使因活动需要也尽量避免接触，更忌讳个别交往，怕引起非议。同时，由于男女性格差异，女孩会讨厌男同学粗野、淘气、不懂事。但是在性意识发展过程中，男女同学逐渐又会产生一种彼此要求接受、互相吸引的心理，如希望引起异性的注意和好感，比如女孩开始变得腼腆、矜持，有的女孩开始修饰和打扮自己，为了引起异性的注意，连说话的语调和走路的姿态也变了。

作为父母，要知道刚进入青春期不久的女孩还非常幼稚，不成熟，还不懂得什么是爱情，更不可能驾驭爱情这种深沉而复杂的感情。父母要帮助女孩把对异性的好感发展成为一种真诚纯洁的友谊，告诉她在同异性接触中要注意分寸，要自尊、自爱。

什么时候可以谈性

到底什么时候适合和女儿谈性呢？专家的说法是没有一定年龄的限制，只要是女孩提出问题时，都是好的教育时机；并且强调在跟女孩讲这些事情时，一定要用“正确的性器官称呼”。

专家指出性教育可分为幼童阶段（0~6 岁）、童年阶段（7~10 岁）和少年阶段（11~14 岁）。应该说，女孩到了 3 岁时应该对自己的性别有了明确的认识，能清楚地认识到自己是男孩还是女孩。3~7 岁是性角色意识的重要培养阶段，女孩会从日常的家庭生活中进一步加深对性别、性角色的认识。7岁之前的性教育，父母的作用无疑是最重要的，父母是女孩性教育的启蒙老师。因此，一旦女孩无法从父母那里得到帮助，便会产生这样那样的问题。

12岁的小珊不知不觉发现自己和朝夕相处的男孩身体外形开始截然不同了。为此，她感到惶恐不安，甚至害羞，但又不敢问父母。尤其在男同学面前，她不敢抬头，不敢直视对方，不敢挺胸，连说话都支支吾吾，好像做了亏心事一样。她偷偷用穿紧身衣、束胸的办法，掩饰胸部的变化。有时候，还刻意在服饰、发型、言谈、举止等方面，扮成一个“假小子”。

高一的阿志和同学小香谈起了恋爱，可对爱情懵懵懂懂的两人都不知道谈恋爱应该是什么样子，对性知识的了解更是少之又少。一天，阿志吻了小香，但接吻之后，两人便后怕起来。“我这样会不会怀孕呢？”小香惴惴不安。“应该不会吧，我也不太清楚。”阿志对此并不确定。从此以后，小香总担心自己会怀孕，一有身体不适，便以为自己怀孕了，背着思想包袱，学习成绩一落千丈。

多数父母认为，性教育就是告诉女孩有关性交、怀孕和生育的“真相”，即解释与孕育下一代有关的过程以及对性的感受。其实所谓“性认知”，应当是从女孩对个人及他人（包括自己的身体和别人的身体）的认知开始的。父母抚触、搂抱女孩的方式，以及父母间的亲昵接触，都是传递性的最原始信息。一旦女孩能理解别人的意思了，就可以开始跟她谈性了。

1. 女儿对你询问时正是好时机

当女孩开始对自己的身体好奇，并且问父母“我的身体为什么是这样”时，告诉女孩，她的身体是上天所赐予的珍宝，性器官同身体中的其他器官并没有任何区别；无论是何种体形、肤色，基本上都是美好的。这种健全的意识，将可以为日后青春期及青年期的性认知奠定良好的基础。

至于身体各部位及其功能，应该给予明确的解释，同时冠上正确的名称。如果在你自己的成长过程中，性是个隐讳的问题，这时你可能就要求助于书报、杂志、网络或图书馆了。

2. 父母是女儿最好的老师

所有父母都希望女孩长大后具有健康的性观念和性行为，但很多父母都不知道该怎样去教。怎么说得出口呢？他们想，要是有一个这方面的老师就好了！

其实，这些父母没有认识到——自己就是女孩第一任且是最好的性教育老师。别担心自己没有经过专门训练，知道的不多，不能很好地教女孩，因为比性知识的教育更重要的是性榜样的树立。如果父母每天的言谈举止是相亲相爱、温馨和谐、相互赞赏，这无疑就是对女孩最好的教育。因为女孩们理想中的异性原型对应的正是她们的父母。擅长察言观色的她们正好借此深刻领悟到父母之间的幸福、美满的男女关系，并在长大后如法炮制。

3. 该给女儿什么样的答案

至于答案，简单易懂就行，不要长篇大论向她讲述“生命的起源”，因为她对综合性的知识讲座毫无兴趣。如果你对这种简单回答也有点束手无策的话，现在书店里有很多适合不同年龄女孩性教育的书籍和家教杂志，建议你购买一本，选择有关能回答她提出的问题的文章读给她听，把那些能帮助她理解生命现象、男女性别的差异等问题的插图给她看，加上你的实际经验进行系统讲述。

最后，在任何情况下都不要让女孩看见父母在进行夫妻生活。防胜于治，父母的房门务必有锁或闩。别怕女孩会不高兴，这除了保证你们的“安全”之外，还可以让女孩从小就了解到：任何人都有隐私权且必须得到尊重。

遏制女儿“早食禁果”的冲动

女孩早恋中发生性行为，大多由于性无知、性好奇而引起，在这一点上父母负有很大的责任。防止早恋中的性行为，第一道防线是父母。父母平时应通过平等谈话等方式适时地对女孩进行性知识教育，开诚布公地讨论性问题，使女孩明白：性爱是非常珍贵的，第一次不要轻许。要让女孩学会用成熟和理智的方式去控制性欲。同时还要让女孩明白性行为可能会导致的后果，让女孩知道这样不仅会影响自己，也可能会伤害对方。

青华和李乐在高二陷入情网，他们一直小心地不露蛛丝马迹，老师和父母依然把他们当成好学生、乖宝宝。正是这样一对成绩在年级都排名前 10 的少男少女，却因为偷食禁果犯下大错，最后导致青华怀孕。

纸是包不住火的，青华终于向妈妈坦白了他们俩恋爱的事，在家人的陪同下做了人工流产，但却使得青华身体越发虚弱，终于因为不能正常学习而休学。李乐也好不到哪儿去，他的内心备受煎熬，充满了罪恶感，在随后的高三学习中，总是不能集中精神，心里想的依然是经受了重创的青华，最后他也没能考入理想的大学。

当这件事被青华妈妈知道时，她哭泣着问女儿："你难道就没想过后果吗？"

青华低声嗫嚅说："我们俩当时接吻了，他很冲动……我也没控制住自己，结果就……"一时的冲动让青华悔不当初。

性欲的产生是由人的意识所支配与控制的，是人的高级神经活动的结果，而并非是受本能的生理机制所支配。因此，父母要引导女孩通过必要的性健康知识的学习和自身修养的加强，培养良好高尚的道德情操，从心理方面来调节转移、控制自己的性冲动，具体如下：

1. 引导女孩净化自己的交际圈

青春期是个特殊时期，这个时期女孩对交友有着强烈的渴望。作为父母，应意识到朋友圈对女孩的影响力。俗话说："近朱者赤，近墨者黑。"引导女孩与品行端正的异性交往，与作风正派的同学交往，才能确保女孩不受品质恶劣的交际对象的影响。

张洁放学回家，跟妈妈讲了一件令她气愤的事："妈妈，今天有一件事让我很生气。放学的时候，我和陈楠恰好一起出来，走在回家的路上，他突然从身后摸我。"

"摸你什么地方？"妈妈急忙问。

"从我身后还能摸我什么地方？当然是屁股！"张洁显得很生气。

"你是怎么处理的？"

"我当时大声对他说，请放尊重点，小心我告诉老师！他见我生气了，马上道歉，说不是故意的。"

"哦，你对这件事怎么看？以后还和他来往吗？"妈妈问。

"我知道他就是故意的，班里有女同学说陈楠经常对女生动手动脚的，我以前还不相信，今天我算是看清了他这个人，以后再也不和他来往了！"张洁说。

"嗯，就应该这样，对待品行不端的人，你应该远离他！绝不交这样的朋友！"妈妈肯定道。

性冲动是青春期少男少女的一种本能，但作为一个品行端正的人，无论男孩还是女孩，都应该克制自己，调整自己，而不应该做出不尊重他人的行为。父母应该告诉女孩，发现品行不端的人，一定要远离他，坚决净化朋友圈，不让歪风邪气影响自己。

2. 避免有关性的错误引导

要让女孩看健康的书刊、画报、电影、戏剧、舞蹈等，陶冶女孩的情操，女孩不要看富有性刺激性的东西，如情色电影、裸体画、庸俗的舞蹈等，这些不健康的东西往往对某些女孩的性欲起着不良的刺激作用，使这些女孩不能控制自己的性欲，从而放纵起来，甚至走上犯罪道路。

3. 让女儿把精力放在学习和兴趣爱好上

中学时代是学习的黄金时代，处于立业时期，所以这个时期的孩子应把主要精力集中在学习上，专心致志，奋发图强。只有积极向上的心理状态，才能对青少年的性欲起到积极的疏导作用。

最近，雪菲向妈妈透露了一个心事，说："妈妈，我喜欢班里一个男生。"

"真的？你喜欢的男生，肯定特别优秀吧！"妈妈虽然吃惊，但却很平静地问。

"是啊，他是我们班的学习委员，成绩很好，长得也帅，笑起来可迷人了。有时候我上课时偷偷看他，以至于上课分神，无法专心地听课……"女儿说出了这个甜蜜的烦恼。

妈妈听后，并未批评女儿，而是笑着说："你这个傻丫头，你应该把精力放在学习上，只有你足够优秀了，你才能吸引住对方，是这样吗？"

"是啊，我知道，可是我有点不受自己控制！"女儿长叹一声。

"很简单，你只需要转移注意力，比如，课后去和其他同学交往，去做自己喜欢的事情，课堂上做应该做的事情，那就是专心听讲！"在妈妈的引导下，雪菲明白了应该怎么做。

课余时间积极参加有益于身心健康的文体活动，把旺盛的精力集中在努力学习上，发展兴趣特长，追求上进，转移和淡化性幻想，从而淡化性欲望。

4. 认清自己的权利和责任

性成熟后，人有满足性欲的权利，但在满足性欲望的同时，还要对自己的性行为承担责任。否则，可能会给自己、他人或下一代造成伤害。

青春发育期的男女青少年由于性成熟而有性冲动是正常的。作为父母，引导他们认清自己的权利和责任，引导他们既不要让思想过度集中在性问题上，影响正常的学习和工作，也不应过分地自责和压抑，以免产生焦虑、抑郁和其他不良心理情绪。

骗你没商量，女孩应该知道的 5 个网络陷阱

网络给孩子带来了全新的学习方式，但网络也会给孩子带来危害。当前，不少中学生已经习惯于在网吧或在家中上网，相对而言，他们很少利用网络学习，比如查找资料、观看课程视频、阅读有益文章，他们在网上做的主要是聊天、玩游戏、看视频或追剧。

据分析，中学生沉溺于上网，一方面与学习压力过重有关，另一方面也与父母缺少与他们交流有关。中学生杨梅说，学习生活枯燥无味，跟父母交流又少，上网跟网友聊天，可以天南海北地聊，感觉很轻松。有些话题，与父母不好意思说，但在网上则可以毫无压力地聊。

青少年教育专家指出，10~16 岁的女孩正处于青春期，她们渴望友谊和交流，网上聊天给了她们倾诉的空间和对象。但网络也有很多陷阱，对于思想单纯、涉世不深的女孩，特别是一些爱幻想、充满了好奇心的女孩，稍不留神，就会掉入网络陷阱。下面，我们就来介绍女孩很容易上当受骗的几种网络陷阱。

1. 网络游戏

网络游戏不是青春期男孩的专利品，有些女孩同样会沉迷其中无法自拔。

12 岁那年，芳芳进入了青春期。当同龄女孩开始追求穿着打扮时，她却迷恋上了网络游戏。网络游戏是要花钱的，芳芳年纪小，没有太多零花钱，怎么办呢？最开始，她总是偷偷从抽屉里拿家里的钱，由于爸爸妈妈工作忙，很少去检查，一时间没有发现。

一天，芳芳在 QQ 空间看到一则代充游戏币的广告。对方声称，只要先给对方发 100 元的红包，对方就能给她的账号里充 200 元的 Q 币。芳芳当时也没多想，就给他发了 100 块钱的红包。然后，把自己的游戏账号发给了对方。很快，对方就给芳芳发了一张截图，显示她的游戏账号已经充值成功了。

芳芳心想：有图有真相，肯定假不了，就没有去网上核实。就这

样，她陷入了骗子的圈套中。接下来，对方以“第一次刷取物品”“游戏 IP 被绑定”等种种理由，不断要求芳芳付款。当芳芳表示不会操作时，对方还帮芳芳进行远程操控。就这样，芳芳先后被骗取了 1000 多元，才意识到自己上当了。

对于沉迷网络游戏无法自拔的青春期女孩，父母最担心的往往不是孩子被骗钱财，而是沉迷游戏的现状。对于这种现象，父母该怎样教育孩子呢?

（1）控制女孩上网游戏的时间。只有逐渐减少网络游戏的时间，才能让孩子慢慢走出网游。控制上网游戏的时间是有技巧的，家长可以下载相关控制软件，软件内置有时间管理的功能，家长设置好电脑使用时间，时间一到，电脑自动锁屏，孩子便无法继续游戏了。通过这种智能化的管理方式，能够有效地减少孩子上网时间，帮孩子走出网瘾的泥潭。

（2）管好钱财，关注女孩的零花钱是怎么花的。上网游戏是要花钱的，如果女孩没有钱，那想玩网络游戏也是不可能的。因此，父母一定要管好家里的钱财，切勿让女儿轻易得到钱。每个月，给女儿一定数额的零花钱，并关注她的零花钱是怎么花的。对于不合理的花销，应及时指正和教育。通过这种办法，让孩子自然而然地减少上网游戏的时间。

2. 色情网站

伴随着网络的普及，电脑病毒、垃圾短信、虚假信息等充斥着网络，更让家长担心的是，色情网站对女孩的精神毒害。一项调查显示，有 34.6% 的青少年网民承认自己曾经浏览过色情网站，有 4.9% 的人承认经常去看，这其中不乏青春期女孩。对此，父母应注意：

（1）经常检查家里的电脑，打开电脑的浏览器，找到其中的最近浏览的网页，检查女孩是否浏览过色情网站。如果发现女孩浏览色情网站，可以在杀毒软件中将该网站的网址输入进去，对其实施禁止。这样，女孩就无法打开色情网站了。

（2）经常提醒女孩，要上健康的网站。对于色情网站的危害，父母应与孩子进行交流，让女孩意识到色情网站对青少年心灵的毒害，从而自觉地远离。

3. 成人骗色

青春期女孩上网聊天时，总是怀着一颗热忱之心对待网友，天真单纯的她们很容易被一些居心叵测的成年人欺骗。当网上聊天已经不能满足彼此交往需求时，对方便会提出实地见面。如果女孩轻信对方，就很容易掉入对方设下的陷阱。

2016年的一天，女中学生小玉在上网时，一个陌生男子加她为好友，小玉以为是同学便通过了验证。该男子自称“雨轩”，是当地人，由于母亲患病，他只好辍学。单纯的小玉对他十分同情，两人聊得非常投缘，很快就超出了普通网友的关系。

三个月后的一天，“雨轩”约小玉出来见面。小玉没有多想，立即答应了对方。来到对方说好的地点——某宾馆的207号房间。结果，她看到的男子是一名40多岁的大叔。大失所望的小玉想要离开，但很快被对方控制，然后被迫发生了性关系。

对方用手机拍下小玉的裸体照片，并威胁小玉：“如果你报警，我就把你的裸照发到你们学校的网站，把你的裸照洗出来贴到你家大门上。”

在对方的威胁下，小玉不敢有任何反抗。几天后，对方再次约小玉去宾馆见面。小玉不答应，对方继续威胁说要把照片发到网上去，结果小玉无奈地屈从。就这样，小玉多次被对方性侵，直到有一天小玉爸妈发现不对劲，问出了事情的原委，然后打电话报警，才将坏人绳之以法，使小玉摆脱了坏人的魔爪。

青春期女孩思想单纯、社会阅历有限，在网友的花言巧语下，很容易坠入自认为的“爱河”。一旦意识到自己爱上了对方，就很容易任对方摆布。因此，父母要教女儿防骗：

（1）告诉女儿：不要相信网上陌生人的甜言蜜语。

偶尔加一些网友，和对方聊聊天，未尝不可。但父母要教女孩保护自己，不可泄露自己的信息，比如家庭地址、邮箱、所在学校和班级、真实姓名等。对于陌生网友的甜言蜜语，听一听即可，切勿相信。

（2）不要好奇，绝不接受网友见面的请求。

无论网友的性别是男是女，家长都应提醒女孩："不要好奇，不要接受对方的见面请求。因为有些网友可能是男性，但却用女性的身份与你聊天。越是这样的网友，越是心怀不轨，切勿掉进他们设计的陷阱中。"如果女孩能做到以上两点，就不会遭到成人骗色了。

4. 暴力视频

近年来，网上经常流传一些暴力视频，更令人震惊的是，视频中的施暴者居然是一些在校学生，且以青春期的中学生居多，其中不乏青春期女生。她们聚众打架，或围殴某个女同学，手段极端、下流，丝毫没有同情心。经常上网的女孩，难免会受到这类暴力视频的影响，从而对人性的善恶产生怀疑。身为父母，应及时开导教育她们，让她们看到人性美好的一面。

（1）教女孩常怀善良之心。

当女孩看到暴力视频时，或父母听闻某些暴力视频时，不妨在茶余饭后和女孩交流这种现象。告诉女孩："做人要保持一颗善良之心，切勿以暴力行为解决问题。"要让女孩明白，如今是法治社会，凡事都应讲道理、讲法律，而不是讲暴力。待人处事，要以诚为贵，以善为先。

（2）引导女孩多与善良的人交往。

为了避免暴力行为对女孩造成不良影响，父母可多引导女孩与善良的同学交往。对于班里某些崇尚暴力的同学，应提醒女孩远离他们。

5. 网络诈骗

虽然层出不穷的网络诈骗主要是针对成年人的，因为成年人有经济来源，但是没有经济来源、经常上网的青春期女孩同样深受其害。

刘清是一名初三学生，学习之余她喜欢上网交友，与网友聊天，或玩一玩游戏。爸爸妈妈经常劝她少玩电脑，她却理直气壮地说："作业写完了，上网怎么了？"但是，最近几天，爸妈发现刘清不对劲。不经意间，爸爸看到刘清与一位网友的聊天记录。对方每天和女儿聊一些暧昧的话题，还让女儿帮她充话费、充会员等。

爸爸非常生气，把家里的网断了。刘清知道后，对爸爸嚷嚷，让爸爸把网络开通，如果不开通，就去网吧上网。她还强词夺理，"我和那个网友是好朋友，他对我也很好，我不开心的时候他能哄我。我给他充话费、充会员有什么大不了的？"

爸爸对刘清说："你傻啊，那是骗你钱的，那个网友就是在诈骗，你别那么单纯好吗？"可是无论他怎么说，女儿刘清就是不听，"如果是诈骗，他干吗费尽口舌，每次骗我几十元上百元，而不是一下子多骗一点？"

10~16 岁女孩思想单纯，把世界想得太美好，面对悄然而至的网络诈骗，她们很容易上钩，却浑然不知。哪怕父母告诉她们那是诈骗，她们仍然相信那不是真的。对于这样的女孩，父母应该怎样帮她们避免上当受骗呢？

（1）让女儿明白，诈骗不能以数量定性。

诈骗是怎样定性的呢？它并非按诈骗钱财的数量来定性。一次骗你几百万元是诈骗，一次骗你十几元也属于诈骗。父母应告诉女儿："你是学生，对方知道你没有很多钱，所以才会每次骗你一点，让你不知不觉地上当。如果一次要求你给他很多钱，一方面你没那么多钱，另一方面你也容易觉察出问题。"

（2）茶余饭后和女儿聊聊当下的诈骗手段。

网络诈骗手段多种多样，经常是一段时间流行几种，对于新出现的诈骗手段，父母应经常跟女儿聊。比如，吃完饭后，跟女儿讲个身边人被诈骗的例子，或是从朋友圈、网上看到的新的诈骗手段，以给女儿敲响警钟，提醒女儿注意防骗。

（3）不要给女儿太多零花钱。

对于以骗钱为目的的诈骗行为，如果家长每月不给女儿太多零花钱，仅仅是够女儿花销，那么，她也不会有闲钱去被人骗。这就好比一个人口袋里只有几块钱，他走在路边看人摆摊诈骗，他也是没机会参与的，因为他连被骗的本钱都没有。

社交软件，女孩青春期的一把隐形利器

随着科技的进步与发展，手机的功能越来越丰富，手机的普及率越来越高，10~16岁的孩子拥有一部自己的手机已经是非常普遍的事情。现在的中学生已经不把手机当成通信工具了，而是当成掌上电脑。

在手机上上网，聊QQ和微信，玩游戏，玩陌陌，网购，甚至看黄色视频……越来越多的青春期女孩带着手机上学。虽然手机极大地方便了家长与女孩联系，但也严重地影响了学校的管理和学习，而且为女孩掉入网络陷阱埋下严重的隐患。

初三女生薇薇因好奇而在手机里安装了社交软件陌陌，并上传了几张个人生活照。很快，她就吸引到男性的注意。当天，就有多名男性加她为好友，并且很殷勤地与她聊天。其中一个名叫“志高”的男子吸引了薇薇的注意，赢得了她的好感。

经过几天亲密的聊天，志高主动约薇薇出来喝茶。见面后，薇薇发现志高是个身材高大、长相帅气的青年，一下子对他产生了爱慕之情。两人聊得投机，除了喝茶，两人还喝了一些啤酒。其间，志高趁薇薇去洗手间，在啤酒里下了迷药。然后，把昏昏沉沉的薇薇带到宾馆，对其实施了性侵……

不可否认，QQ、微信、陌陌等聊天软件有助于青春期的孩子与人沟通，结交朋友。但是世界那么大，人是那么复杂，人心是那么深不可测，加之女孩单纯天真，稍不注意，就可能被坏人引诱。因此，父母应该告诉女孩，不能只看到这些聊天工具带给自己的便利，更应看到其中隐藏着的各种风险。

下面，我们就来介绍一下这些软件对青春期女孩的危害，父母一定要将这些危害告诉女孩，让她们意识到网络聊天工具潜藏的风险。

危害 1："网吧"进校园，沉迷手机上网

以前智能手机尚未普及的时候，孩子上网需要到网吧，或在家里用电脑上网。而有了手机之后，加上各种社交聊天软件一应俱全，手机就成了一台移动的电脑。带手机去学校，无异于网吧进校园。孩子除了上课，有很多时间接触手机，在手机上聊天、玩游戏。如此一来，孩子们哪还有精力和时间上课，做那些枯燥无味的习题？所以，手机成为当下孩子精神污染的主要来源，其中的社交软件更是罪魁祸首。

危害 2：影响学习和休息，降低学习效率

10~16 岁的青春期女孩自制力有限，手机里面好玩的东西那么多，她们很难禁得住诱惑。有些孩子甚至在上课时偷偷玩手机、聊微信、看小说，对讲课内容一无所知。多数孩子上课不敢玩手机，而是在课余时间玩手机，甚至上个厕所都要带着手机去玩。特别是一些住校的孩子，晚上寝室熄灯后，他们还躲在被窝里聊微信、聊陌陌、看电影、玩游戏，这会严重影响他们正常休息，导致第二天没有精神学习。

危害 3：早恋的"帮凶"

早恋的危害相信很多家长都心知肚明，而智能手机的普及，却成为青春期女孩早恋的帮凶。在手机上聊 QQ、微信、陌陌，隐秘性好，完全不会感到不好意思或被人发现。一些难以启齿的话，若是面对面可能说不出口，但在手机上聊天，就完全不必忌讳。一些女生本来是好好学习的乖孩子，但有了手机之后，一些示好、求爱信息和骚扰电话纷至沓来，女孩想安心学习也安不下心来。

危害 4：色情传播，毒害女孩心灵

在手机上聊 QQ、微信或在陌陌上交友，很容易接收到一些黄色信息。有些网络黑客甚至故意制作黄色信息，通过社交软件传播，只要用户一点击，就会跳出黄色页面，想关闭都关闭不了。而且很多黄色网页带有病毒，点击之后手机就会中毒，或手机信息被盗取。这不仅严重影响女孩的身心健康，还会对女孩的人身、财产造成危害。

危害 5：网络诈骗信息泛滥

前文说过，网络陷阱到处有，女孩稍不留神就会上当。手机就是一台移动的电脑，用电脑上网能遇到的网络陷阱，在手机上同样能够遇到。所以，这会给女孩造成很多安全隐患。

那么，面对 QQ、微信、陌陌等手机社交软件，父母怎样做才能让女儿避免伤害呢？

1. 尽量不给女孩买智能手机

客观地说，对于上学的孩子来说，手机并非必需品。因为学生的交际对象通常是学生，上学的时候有很多交流的机会。如果女孩不是特别想要手机，父母最好别给她买。即使女儿强烈要求买手机，父母也应该尽最大努力说服她不要买。如果出于与家人联系方便的考虑，可以给孩子买学生用的非智能手机，这样既方便孩子与家人联系，又避免了孩子使用社交软件，从某种程度上降低了社交软件带来的风险。

2. 用买电脑代替买手机，满足女儿的上网需求

互联网时代，每个家庭最好配备一台电脑。一方面，可以有利于家长了解网络信息，上网查阅相关资料；另一方面，也有利于孩子通过网络学习知识，学习电脑操作技巧。因此，如果你家还没有电脑，而女儿吵着要买手机时，你可以答应先给她买电脑，以满足她的上网需求。因为电脑一般只能在家里用，便于父母监督孩子的使用情况。

3. 即使给女儿买手机，也要定期检查手机里的软件

有时候，父母拗不过孩子，当孩子表现出“你不给我买手机我就不罢休”的姿态时”，父母不忍心女儿失望，只好满足她的要求。但在满足之前，可以与女儿约定手机使用规则：只能周末玩，放学玩，上课不许玩手机。或者，与女儿商量：父母有权定期检查里面的软件，对于成人社交软件，比如陌陌等，要坚决清除。

同时，对于手机的花费、流量也要有严格的控制，因为这涉及一笔不小的开销，一定要防止女孩随心所欲地使用手机上网。当然，既然答应给女儿买手机，那也应该尊重女儿的私人物品和隐私权。未经允许，不可私自翻阅女儿的手机聊天记录。

全民上网时代，让网络成为女孩的学习工具

在全民上网时代，网络带给全世界的人们极大的便利，已成为人们学习的基本工具之一。下面，让我们看几个借助网络达到良好学习效果，并产生了积极的社会影响力的案例。

> 有位名叫 Amira Willighagen 的荷兰女孩，利用唯一的教学素材——YouTube，自行学会了唱歌剧。在一次表演中，她的歌声使全场评委都震惊了。她说，她学习的方式主要是看网络视频 + 不断实践。
>
> 有位名叫 Julius Yego 的肯尼亚男生，发现自己对标枪感兴趣后，虽然身边找不到老师指导自己，也找不到同伴互相学习，但是他没有放弃，而是通过在 You Tube 上观看视频，自学标枪，并拿到了奥运金牌。
>
> 有位名叫 Jack Andraka 的 15 岁美国少年，对 13 岁时就患有胰腺癌的叔叔十分心疼，他利用互联网 Google 和 Wikipedia，革新了胰腺癌检测，并震惊了整个医学界！
>
> 中国女孩丁铭，12 岁成为渐冻人。病痛没有打倒她，她自学刺绣、写作、布艺，还利用网络自学课程，与网友一起讨论音乐、美术、文

学，分享自己的生活。她还曾去《听道》讲坛进行演讲，与观众分享自己一路的所思所感；而她所著书籍《颤抖的音符》，更是走进了上海书展，激励了大批读者。

如果说这个世界上有很多不公平，那么，互联网的信息资源却是唯一对每个人都公平的。不论你的女儿出生在哪里，不论你家的经济条件如何，不论你女儿的肤色、长相、身材怎么样，只要你能给她提供网络学习的机会，她就可以利用网络学习到有益的知识。

如今，电脑硬件与无线网络早已高度发达，农村与城市都有了廉价的电脑和网络设备。互联网的普及，打破了农村与城市的隔膜，缩小了世界各地孩子之间的差距。身为父母，对于青春期女孩爱上网的事情，不应一味阻止，而应看到网络带给孩子有益的一面，引导女孩借助网络工具学习知识，不断充实自己、提高自己。

1. 父母要当好利用网络学习的榜样

每天为了家庭奔波忙碌，回到家里，到网上去放松一下，听听歌曲，玩玩游戏，看看电影，看似无可厚非，可这在无形之中，会给孩子造成不好的影响。孩子会觉得："大人下班了可以玩游戏，可以看电影，为什么我放学之后，做完作业之后，不可以玩游戏、聊天呢？"

宋先生是一家化工厂的工人，以前他下班后，吃了晚饭，总会忍不住上网玩一个小时游戏。后来有一天，他发现上初一的女儿一有空闲，就打开电脑玩游戏、聊 QQ，于是批评教育女儿。不料反被女儿"教育"一通，女儿说："爸爸，你的工作是上班，我的工作是上学，你下班了之后可以玩游戏，为什么我放学了不可以玩游戏呢？再说了，我也没耽误学习。"

宋先生从女儿的话中，认识到自己的行为对女儿造成了负面影响。从那以后，他慢慢减少了玩游戏的时间，增加了学习时间。比如，他经常去网上搜索化工原料的制造工艺，并观看专业网站上的视频课程。通过这种方式学习，他的专业技能迅速提高，深受企业领导的器重，还被提拔为生产部主管。

与此同时，女儿受到爸爸的影响，也慢慢开始利用网络平台学习课程知识，阅读有益的文章。有时候，女儿遇到了疑难问题问宋先生，宋先生说："网上有你想要的答案。"鼓励女儿去网上搜索相关知识。通过这种方式，女儿的知识面扩大了很多，学习成绩也有了明显的提升。

家长是孩子的第一任老师，对孩子的影响是潜移默化的。父母怎样做，孩子往往有样学样。家长希望孩子利用网络学习，那么最好自己要先做到。正所谓，正人先正己，家长先做到了，才有资格教育孩子，说出来的话才有说服力，孩子才会从心里信服。

2. 和孩子一同在网络学习中进步

网络把世界变成了一个地球村，看似把人与人之间的距离拉近了，其实让心与心之间少了几分温暖。身为父母，应重视利用网络平台与孩子交流，和孩子一同在网络学习中进步。比如，网上有很多有益的视频节目，父母可以和孩子一起观看，观看的时候，可以相互分享自己的感受，表达自己的想法。

父母还可以和孩子各自开通博客，或共同开通亲子博客。每天抽出一些时间，和孩子一起写博客。父母写一篇，孩子写一篇，然后进行评比。看谁的博客写得更好，又有哪些不足需要改进。这对提高孩子的写作能力是十分有益的。

网络是知识的海洋，里面有数不尽的瑰宝，只要父母肯去发现，肯与孩子一起学习，就能从中获得无穷的知识财富。假如父母每天能够抽出半个小时和女儿一同利用网络共同学习。那么，一个月下来，就可以学习 15 个小时；一年下来，就是 180 个小时。日积月累，父母和孩子的知识储备、阅历和见识，都将获得长足的进步。

第五章

情商，父母送给女儿一生的礼物

情商教育是近几年才提出来的一个相对智商而言的心理学概念。美国哈佛大学教授丹尼尔·戈尔曼认为："情商是决定人生成功与否的关键。"而对于女孩来说，情商对她们未来的发展更重要，所以呼吁那些关心女孩教育的父母：为培养高情商的女儿加一把力吧！

谁的青春不迷茫，引导女孩认识她自己

很多女孩进入青春期后，会有一段迷茫期，她们开始关注自己的形象，在乎别人对自己的评价。比如，她们会时不时冒出这样的念头：如果我再瘦一点就好了，如果我的皮肤再白一点就好了，如果我的鼻梁再高一点就好了，如果我的英语成绩再好一点就好了……

为什么青春期的女孩会迷茫呢？因为随着生理上的发育，她们的心理也在不断成熟，她们开始对很多事物有了自己的想法，会去思考很多的问题。而在思考中，当她们发现很多问题自己又难以解答时，就会感觉失去了方向，不知道未来的路该怎么走。

对于这种迷茫的心理，有些家长会开玩笑地评价她们："整天胡思乱想，不

知道你都在瞎想什么？”其实，这并非孩子在胡思乱想，而是他们对于自我、对于人生、对于理想、对于未来等诸多问题的一种积极的思考。通过这种思考，可以帮助她们更快地走向心理成熟。

作为父母，应多与女儿聊聊相关的话题，而不应该对女儿的迷茫表现出不理解。有位母亲就做得很好，当她发现女儿进入了青春迷茫期后，很认真地给女儿写了一封信：

亲爱的女儿：

我写这封信给你，基于以下三个原因：

第一，你正处于人生的节点上。当你回首往事时，发现童年已经逝去；当你往前看时，发现青春正在开启。

第二，有些话，我不跟你说，估计没人会跟你说。

第三，我们有个约定：我和你爸好好工作，你好好读书学习，咱们谁也不给谁找麻烦，谁也不让谁操心。

基于以上三个原因，我想和你谈谈以下几个问题，我想这些问题正是当下让你感到迷茫的。

问题 1：关于目标

人可以没有伟大的理想，但不能失去明确的目标。如今一考定终身，不管你平时怎么努力，多么用工，如果考砸了，就会被淘汰，这就是现实。你应该明白，作业多、书包重、没日没夜地学习，不是父母逼迫你的，而是现实的需要。因为今天你不努力学习，明天就要付出更多的辛劳。

问题 2：关于定位

在家里，你是独生女，是小公主，但在学校里，“小公主”和“小皇帝”太多，没有人会把你当回事。除非你各方面表现非常突出，老师才会关注你。将来的社会也一样，你能否出人头地，取决于你对自己的定位。定位好了，你就应该朝着那个方向去努力。

问题3：关于学习

你是学生，主要任务是学习，但学习不是唯一，学习好，身体差，那也白搭。所以，在学习的同时，妈妈建议你积极参加体育活动，拥有健康的身体，你才能更好地学习。

问题4：关于未来

未来怎么样，那是很遥远的事情，也是你现在猜不透的事情。所以，妈妈建议你不要去想太多，走好当下的每一步，做好每一个阶段该做的事情，你的未来肯定不会差。

问题5：关于自己

人这一生，都要学会爱自己、照顾自己。不要寄希望于别人照顾你，别人在乎你。你现在是个大姑娘了，应该学会独立，学会坚强，学会追求自我。

问题6：关于朋友

交朋友就像投资，投资要考虑好项目，还要关注回报。所以，妈妈建议你多与积极进取的同学交朋友，多与对你好的同学交朋友。当然，你也要学会帮助他们，给他人最需要的帮助。这样你们的友谊才会长久，你的友谊才会有回报。

问题7：关于恋爱

也许今天跟你谈这个话题，有些为时过早。但是在中学生早恋不再是什么新鲜事的今天，妈妈决定跟你聊聊这个话题，因为早晚有一天，你也是要谈恋爱的。我以过来人的身份告诉你：花前月下的浪漫总是美好的，甜言蜜语总是迷人的。可是别忘了，这一切背后还有风霜雨雪。爱情那点事，无外乎你爱他，他不爱你；你不爱他，他爱你；或你们彼此相爱。但是作为一名学生，应该做自己该做的事情，早恋绝不是你该做的事情，希望你能够认识到这一点，爱惜自己，尊重自己。

青春期的迷茫，并不是什么可怕的事情。相反，青春期不知道迷茫的人，只能说明还未进入心理断乳期。对于青春期女孩的迷茫，父母应重视起来，要向上面那位母亲学习，与女儿开诚布公地谈一谈几个重要的话题，引导女儿认识她自己。

1. 父母要正确认识女孩的自我评价能力

女孩随着年龄的增长，对自己的认识逐渐加深，慢慢对自己有了独立的看法。一般来说，自信的女孩容易高估自己的能力，自卑的女孩则容易低估自己的能力。对于不同性格的孩子，父母应采取不同的方式对待。

赵女士有一对双胞胎女儿，两人都进入了青春期。大女儿略有自卑，小女儿则较为自信，甚至有些自信过头。对于两个女儿的自我评价，赵女士和丈夫总是采取不同的方式去对待。

有一次，小女儿说："这次考试没问题，我都准备好了，肯定能考出好成绩，我相信自己！"赵女士笑着说："还是不要把话说得太满了，虽然你很有实力，但妈妈还是提醒你认真对待这次考试，小心答题。"

结果，考试成绩出来了，小女儿的成绩不理想，面对女儿的沮丧，赵女士说："不要太失落，记住这次教训，下次记得不要自信过头了，做足准备才对。"

同样的事情发生在大女儿身上，大女儿往往会说："这次考试准备得不够好，我担心考不出好成绩。"赵女士总是给她加油打气："自信一点，妈妈相信你没问题的。"结果，大女儿考得往往比较理想，这时赵女士则说："看吧，你其实很棒的，自信一点嘛！"

青春期的女孩虽然对自己的认识加深了，但也难免会给自己不恰当的评价。对此，父母需客观地对待，切勿因孩子不能客观地评价自己而批评她，打击她的积极性和自信心。正确的方法是通过有效的引导，使女孩慢慢学会客观地评价自己，从而更进一步地认清自己。

2. 善于通过成功或失败的例子来引导女孩认识自己

在女孩成长的过程中，尤其是青春期这个阶段，当她通过努力实现了某个目标，或因失败而沮丧时，都是父母引导女孩认识自己的好时机。我们知道，人在成功的时候，多少会有些得意，甚至有些忘形，这就难免会错误地评价自己，主要表现为高估自己的能力。在失败的时候则相反，很容易自卑消极，这时会低估自己，看轻自己。

青春期女孩也不例外，当她们成功或失败时，也会有类似的错误的自我认识。作为父母，应在恰当的时候，委婉地提醒女孩客观地认识自己。比如，女孩成功了，父母要帮她分析成功的原因，是靠自己的实力取得的，还是靠他人的帮助或运气成功的。同样，女孩失败了，父母也应该这样去分析失败的原因。这样有利于女孩客观地认识自己。

3. 父母要客观公正地评价女孩

对于青春期女孩而言，虽然她有几斤几两自己也能够掂量，但在某种程度上，她对自己的全面认识依然要借助外界的评价，尤其是父母的评价。因此，父母应该注意自己的言行，尽量给女儿客观公正的评价。因为客观公正的评价，往往既肯定了女孩的优点，同时也指出了她身上存在的不足。通过这两方面的评价，女孩才能真正地认清自己。

别让不良情绪成为女儿的定时炸弹

很多父母逢人就会抱怨：我女儿太不听话了，老是动不动就发脾气，管不住。其实，父母不要认为女孩故意与你作对，在这背后隐藏的是女孩渴望你理解、渴望你尊重的深层原因。

小雪 11 岁了，是个学习很不错的小女孩，与老师的关系很好。可小雪的妈妈一直在向老师抱怨：“这孩子这段时间也不知怎么了，动不动就发脾气、摔东西，而且还常常与我作对，我让她向东，她就偏向西。”

后来，老师找了一个合适的机会与小雪谈心：“最近老师看你情绪不好，是不是有什么心事呀？”

小雪委屈地对老师说：“老师，不知为什么，最近我的烦恼事很多。尤其当爸爸妈妈把我当小女孩一样对待时，我就感觉特别的烦。我已经是大女孩了，饿了我自己会去找东西吃，冷了我自己知道加衣服……如果父母连这点小事都认为我做不好，我就会故意与父母作对，我希望他们能从我的行为中读懂我的意思，理解我，尊重我……”

10岁左右时，女孩将经历一个情绪、情感突变期。这时候如果父母不理解、不尊重她，女孩就会常常发脾气，与父母对着干。其实，女孩们是在以这种消极的反抗行为，期待父母的反省和改变。

有时候女孩会觉得自己说什么都是正确的，所以不太能接受父母的观点，如果父母教育女孩时不讲究方法，态度太强硬，女孩就会更加不能接受，以致越来越叛逆。

女孩的情绪“突变”期，也是培养女孩情商的最佳时期，那么这一阶段父母应该如何引导她呢？对此我们总结了几种方法，以供父母们借鉴。

1. 做女儿的榜样，学会控制自己的情绪

怎样培养女孩控制自己的情绪？其实，父母的榜样意义重大。你的行为就是女孩活生生的教科书。你不妨问问自己下面几个问题：

工作一天后，我劳累而缺乏耐心，这时，我在女儿面前是怎样表现的？

当自己生气、很想发脾气的时候，是怎样控制怒气的？

当女儿犯错的时候，我是怎么处理的？

在争论过程中，我能停下来说：“让我平静一会儿”吗？

我能约束自己的欲望吗？比如打麻将、疯狂网购……

父母就是女儿的一面镜子，所以，请慢慢地提高自己的情绪自控能力吧！你的女儿在看着。

2. 引导女儿释放压力

“我女儿昨天告诉我，她功课压力很大，觉得前途渺茫……”

“我女儿抱怨自己长得不够漂亮，不像同学 ×××，大家都喜欢她。”

……

你碰到过来自女孩的类似的困扰吗？你是怎么处理的？

建议父母可以以同理心疏导女儿的想法和感受，如“这次输了，你觉得很难过”“你是不是觉得压力很大”等等，引导女孩将情绪和压力发泄出来，不论女孩是哭泣或是不满。

当女孩倾吐完心声后，内心就会如同一个倒空的杯子，这时候再与她讨论解决问题的方法，常令父母感到意外的是，许多女孩要么是雨过天晴，要么就是自己找到了问题的原因，甚至解决的方法。

当女孩不想和你说出压力的时候，就由着她，给她一些空间。当你觉得你的女儿很失落，很压抑，或者这一天过得很不好，但又不想说出来时，你可以跟她一起做点事，如散步、看电影等。

总之，作为父母，我们要随时以一颗理解的心来对待我们的女孩，让女孩在无法摆脱的繁重学业之余能得到我们合理的引导，从而化解她们学习上和成长中的压力，这是培养女孩运用情商的能力之一，也是她们适应将来生活的基础。

3. 建立一个全家人都适用的“家庭情绪守则”

父母可以与女儿共同建立一套家庭守则，每位家庭成员都要控制住自己的情绪，至少要表现出控制自我情绪的努力。这是每个人应该承担的责任。

这个方法能让女孩有效地控制自己的情绪，在这里推荐一位聪明父母的做法：

在我们家，有一个约定：任何一个人情绪激动时都不允许说话，如果感觉到情绪实在不能控制时，就大声地喊“暂停”；然后用其他的方法去发泄情绪，比如做做深呼吸、到另一个房间里去安静一会儿、出去散散步等。当然，当有人大喊“暂停”之后，家庭的其他成员绝不要去问她原因，而是等她情绪稳定了，由她自己告诉大家她情绪变化的原因。

自从有了这个约定之后，我们爱发脾气的女儿再也没有情绪失控过。

仔细想想，这个方法妙就妙在，它允许女孩在不伤害他人的情况下，把自己的情绪表现出来，同时又通过恰当的方式把这种负面情绪发泄出去。所以，如果你家的女孩自控能力特别差，或者情绪起伏不定时，建议父母试试这个方法。

还可以一家人商量，找一些发泄情绪和压力的其他办法，然后共同尝试，并相互探讨，比如出去散散步、听听轻松的音乐、家人一起出去唱歌，等等。

培养自信女孩的 4 个技巧

索菲亚·罗兰是个私生女，1934 年出生于意大利，她小时候的生活非常贫苦，因为饥饿，罗兰发育极其不良，身体瘦弱，胸部扁平，她常常为此而自卑。

直到她 15 岁那年，事情发生了转机，晚熟的罗兰突然变得丰满起来，渐渐出落成一位丰满动人的少女。对自己女儿充满信心的母亲立即为她报名参加了当地的一个选美比赛。从未受过专业训练的她，居然入选为 12 名“公主”之一，获得了“海洋公主”的称号，并获得了一张通往罗马的火车票。

罗兰的母亲更有了信心，她坚信罗兰将来一定会成为一名巨星。出于对电影的热爱，罗兰和母亲来到了罗马，向往在电影界发展。

然而第一次试镜头时，索菲亚·罗兰却备受挑剔，摄影师不是说她鼻子太高，就是说她臀部太大，认为她一点也够不上美人的标准。导演告诉她，若是想要在电影界做一番事业，她也许该考虑做一些变动。

但是罗兰坚决地拒绝了导演的这一要求，她绝对不愿意去动自己的鼻子或是把臀部削减一点。罗兰不甘示弱地对导演说道："我的脸确实与众不同，但是我为什么要长得跟别人一样呢？我的臀部确实有点大，但那是我的特色。我愿意保持我的本来面目。"

这番自信的话语，让导演真正地认识了索菲亚·罗兰，了解了她并且欣赏她。后来，这位导演成了罗兰的丈夫，在他的帮助下，罗兰成为电影史上最具盛名的传奇女星。

1962年，她以《烽火母女泪》获奥斯卡和坎城双料影后，从而成为国际巨星，并开始向好莱坞进军。

1992年，她获得奥斯卡颁发的"终身成就奖"。

美国一位学者说过："自信是能力的催化剂。"信心能把人的一切潜能调动起来，并将身体各部分的功能调整到最佳状态。这种调动和发挥如果不断持续，它将能巩固成为人的一种习惯，从而使人终身受益。一个人的成长路线如果沿此积极前进，那么其成就便是必然的。撒切尔夫人等许多成功的女性身上，就有这种自信的力量。她们在自信力的推动下，不屈不挠、奋发向上，不断提出更高要求，即使失败也不气馁，并鼓励自己继续努力，直至取得成功。

要培养女孩的自信心，必须使她首先具备一定的能力与自我认识，下面是培养女孩自信的具体做法：

1. 适当放权，给女孩一些"自豪感"

小雪10岁了。她在家里自然形成的习惯是，数学不懂问妈妈，作文修改找爸爸，打球、下棋找哥哥。家里似乎每一个人都是小雪的老师，大家都可以做小雪的主。爸爸妈妈觉得这样的环境，对小雪独立个性的发展，以及树立坚强的自信心都不利。

怎么办呢？

小雪上初中了，成了一名中学生。初一开始学习英语，几个月后，她就掌握了每个字母的发音，而且很多日常要用到的单词，她都能正确拼写了。妈妈终于找到了小雪的优势，在一个全家人都高高兴兴聚在一起的日子，便郑重其事地宣布：家里决定展开“全民学英文”活动，小雪则是家里英语的权威。所以在我们家里，谁遇到想了解的单词、读不准的音或者拼不对的单词，都要向小雪请教，她是全家学习英语的老师。

小雪当然大为振奋，高兴得手舞足蹈。于是，妈妈又告诉她：“当老师责任很重，不可以随便弄错呀！”小雪使劲地点头。此后她学习就更加用心了，测验几乎都是满分。无论班上同学还是家里人，都经常向她请教。

一个十几岁的女孩，在她能够帮助大人时的那种自豪感，那种实实在在的自信，是任何夸奖、表扬都难以比拟的。

所以，培养女孩的自信，父母必须选择她能有所成就的事件或方面，而且父母应当加大她的“权利”范围，允许她做更多的决定，这有助于发展她的自制力。如果女儿能决定怎样安排自己的时间、穿什么样的衣服、参加什么兴趣小组，等等，她就会觉得自己享有了自主权。她明白父母信任她有能力做出正确的决定，也明白自己的决定会有什么后果。相反，如果父母或者别人帮她做了这些决定，她会感觉无助、被动，开始怀疑控制自己命运的能力。

2. 引导女孩注重保持自我个性，不要太在意别人的看法

生活中很多女孩因为过于在意别人的想法而失去了自信，更逐渐失去了自我。她们每天在犹犹豫豫和患得患失中痛苦地徘徊，生怕招致别人的不认同和不理解。

对此，父母应该开导女儿：

无论穿戴打扮还是言谈举止，只要自己觉得好，认为是恰当的，没有损害和妨碍到他人，就应该大胆自信地去做，做自己喜欢的事有什么不可以的呢？

虽然我们不可能脱离周围的人而单独地活着，但是在一定的程度上保持自己的个性是绝对应该和必要的。

我们不要太在意别人的看法，有时候也应该多关注一下自己的感受。你要成为你心目中的自己，而不是成为别人希望或想让你成为的人。

3. 培养女孩的竞争能力与技巧

当我们帮助女孩学习走路、穿衣、骑车或解决学习上的难题时，就是在帮助她在这个世界上有所表现，帮助她培养能力与自信，但这种帮助不能转为代办。好心的父母、老师或其他成人对帮助女孩表现出更大的热忱，通常比对男孩提供的帮助要急切得多，这向女孩传递了什么样的信息呢？“你需要比男孩更多的帮助，因为你是弱者。”在这种过多的关怀与照顾下成长的女孩会觉得自己没有竞争力，自信心也会受到伤害。

4. 培养女孩的个性与意志力

个性是需要后天发展的，这表现在她知道自己想要什么和信奉什么上。在传统社会中，女性处于被支配的地位，她们被鼓励去征询意见，请求同意：“你想让我干什么？”“我这样做可以吗？”而一个有个性的人喜欢这样说话：“我想要这个。”“我能做那个。”“我不支持这种观点。”这与传统中的女性行为不同。

此外，新时代的女性还必须培养自己的毅力，以便在困境中有勇气与决心克服困难，做出勇敢的选择，并坚持下去。一旦她知道自己有能力面对挑战，并且看到自己有能力解决这个问题时，她就会全力以赴，而一旦获得成功，她的自信心就会大增。如果她感觉不到自己有毅力和自制力，在遇到困难时，她很快就会去尝试新的容易的选择，从而放弃挑战。

善解人意的女孩走到哪里都受欢迎

任何父母看到善解人意的女孩，都会觉得心情愉快，进而露出会心的微笑，同时期望自己的女儿也能做到。

那么，女孩善解人意的举动是如何发展的呢？

首要前提是：具备认知对方感觉的能力，例如，“他现在应该非常伤心吧”或“他现在一定非常嫉妒吧”，诸如此类的感觉。能先察知对方的感觉，才能和对方产生共鸣，进而采取善解人意的举动。

女孩要培养出懂得体贴别人的能力，首先应具有体察别人感觉、与对方产生共鸣的能力。可是，这种能力该从何培养呢？

通过家庭关系来培养是最基本的方法，而关键就在于日常生活中，父母对自己女儿理解到什么程度，是否曾和她产生过共鸣。

曾经有学校做了一次学生问卷调查：

父母是否允许你在某些方面有独到之处，表现得与众不同？

父母对你的惩罚是否基于公平、恰当的原则？

父母是否很信任你？

父母是否允许你独立完成一些事情？

父母是否愿意和你在一起聊天、看电视、做运动等？

父母是否让你的生活更有意义和丰富多彩，比如买很多书给你、安排你去夏令营。

父母是否允许你有自己的看法，尊重你的想法和观点，鼓励你在实践中去尝试。

调查结果表明：我们的父母在某些方面做得并不能令自己的孩子满意，很多学生在回答以上问题时，都不假思索，甚至不约而同地选择了否定的答案。

而那些各方面都很出色、心理健康、做事积极的女孩，往往都选择了肯定的答案。这些女孩在家庭环境上有着惊人的一致性：家庭和睦，和父母在感情心理上沟通良好，父母对女孩学习要求并不苛刻，尤其当女孩有失误时，他们往往采取宽容和鼓励的态度。

如果您对自己的女儿没有平等交流的想法，也不够了解女儿的内心世界，建议您仔细回顾一下自己和女儿相处的点点滴滴，重新看待自己的女儿，反思自己对她的教育方式；如果您不重视女儿自己的想法，还缺乏一定的技巧，建议您多看一些如何与女孩相处和谈话的心理学书籍，这将对您改善家庭气氛和亲子关系大有帮助；如果您善解人意，和女儿的关系非常融洽，建议您继续保持这样的关系，更多地倾听女儿的想法，同时也告诉她自己的教育观念。

1. 让女孩学会站在别人的立场上思考问题

不管什么时候，父母都可以教女孩学会从别人的角度来看待问题，让女孩把自己置于别人的位置，设身处地地站在别人的角度来思考问题。

比如，女儿抱怨："我的书都借朋友好多天了，她还没有还我。"父母就可以这样回答："没关系的，她可能看书比较慢呀，对不对？你还有很多书可以看呢，别着急。"当听到女儿抱怨："我太讨厌她了。"父母就要注意了，这是个危险的信号，要适当地开导女儿，教导女儿多看别人的好处，不要把别人的缺点牢记在心里，要宽厚地对待别人，才能获得别人的爱戴与敬重，才能赢得更多的朋友，才能很好地和别人沟通和交往，才能使人际关系协调。

也许大家可以从下面这位妈妈身上"取经"：

我的女儿买了一本杂志，她一下课就拿出杂志高兴地翻阅起来。不巧，同桌起身时不小心把墨水瓶碰翻，墨水洒到了杂志上，把一本精美的杂志弄得脏兮兮的，无法继续看下去了。我的女儿很生气，不但让同桌赔她新的，还把这件事告诉了班主任老师。结果，女儿的同桌被老师批评了一顿。

当女儿跟我诉说这件事情的时候，我严肃地对她说："谁都有不小心犯错误的时候，如果你犯了同样的错误，你的同桌大喊大叫，让你赔，还让老师批评你，你舒服吗？”女儿说：“我会很难受的。”

我告诉女儿，要和气、友好地待人，不能斤斤计较，尤其是对待同学，更要大度，就像今天这样，应该大方地说“没关系”，这样，才能成为受同学欢迎的人，成为快乐的人。这次“事件”给女儿留下了深刻的印象，在我们的启发下，女儿渐渐地学会了为别人着想，学会宽容对待他人了。

2. 教育女孩用心倾听他人

许多女孩在倾听他人讲话时往往心不在焉，或左顾右盼，或摆弄东西，这时候，父母就要提醒女孩：这种方式最易伤人自尊，说话的人往往觉得自己不被尊重，因此不愿再说下去，谈话不仅无法收到较好的效果，还会影响到双方的关系。

实际上，在人际交往中，女孩不仅要学会理解他人的情绪，而且还必须要学会感受和体验他人的情绪。父母要教育女孩既要和别人分享他的快乐和成功，也要和别人分担他的痛苦和失落，这种用心与人交往的表现必然会赢得他人的好感。

有些女孩在家里受到父母的宠爱，经常在大人说话的时候插嘴，不能认真听别人说话，其实，这些不好的习惯都是大人造成的。如果女孩在家里养成了以自我为中心的不良习惯，要培养她耐心倾听的习惯就会变得很难。因此，父母既不能无视女孩的自尊，也没必要把女孩当成一家人的中心，什么事情都由着女孩的性子来。

父母要让女孩懂得，在听别人讲话时，要尊重他人，看着对方的眼睛，不要随便插嘴，安静地听别人把话说完，再发表意见，这是一种倾听他人讲话时的礼貌。

3. 抓住时机，让女孩宽容他人的过失

有一次考试，卷子发下来，小米发现老师在算分数时将一道题的分数漏掉了，没有加进去，因此她少得了2分，本来可以排第3名，现在却成了第5名。

小米很生气，并向爸爸诉说心中对老师粗心大意的不满。爸爸听后对小米说："老师有那么多试卷要批改，丢了2分有什么关系。你不是已经把那道题做对了吗？实际上你已经得到了那2分。老师有没有算进去，这并不影响你对知识的掌握。至于名次其实并不重要，所以不必计较。以后有的是机会，你下次考好了，说不定能得第1名呢，你说是不是这样呀？"

小米听了爸爸的教导，便心平气和地去做作业了，下一次考试她果真考了个满分，得了第1名。

小米的父亲就是这样，通过实例，抓住适当时机，帮助女儿学会宽容与平静地对待他人的过失，这种收获比那2分重要得多。

乐观、积极——完美女孩的必修课

女孩是鲜花，是美玉，是所有美好的代名词。人们喜欢鲜花，但无精打采的花儿除外；人们喜欢美玉，但被灰土和岩石覆盖的美玉除外。女孩如果总是消极悲观，整天沉浸在阴郁愁苦之中，是很难被人欣赏和喜爱的。正面管教，就是要培养女孩乐观、积极的个性，让女孩永远如阳光一样明媚。

乐观、积极的女孩，无论面对什么样的生活，无论遭遇什么样的不幸，都能找到重新开始的动力。即使在地狱中，也能找到通往天堂的路。面对生活中的每一次转变，女孩乐观、积极的性格，都有助于她战胜困难，找到快乐。

美国著名的潜能开发大师迪翁，是一个富有激情，极具感染力的人。他的课程总是座无虚席，他总能调动人们的积极性，促使人们开发自我潜能。他有一句非常激励人心的招牌话："任何一个苦难与问题的背后，都有一个更大的幸福！"由于他经常把这句话挂在嘴边，所以就连他的女儿也朗朗上口地随声附和这句话。

有一天，迪翁正在韩国准备一场演讲。忽然，收到一封来自美国的紧急电报：他的女儿发生了一场意外，已经送往医院进行紧急手术，有可能切除小腿！

听到这个晴天霹雳般的消息，迪翁心痛不已。于是，他赶紧坐飞机回到美国。当他看见躺在病床上，一双小腿已被切除的女儿时，迪翁的心痛得如同刀绞一般。他的情绪一下子跌入万丈深渊。他发现自己的表达能力消失了，笨得不知道该怎么安慰女儿。

然而，女儿却没有迪翁想象中那么脆弱。她察觉到父亲的痛苦，笑着说："爸爸！你不是常说，任何一个苦难与问题的背后，都有一个更大的幸福吗？不要难过呀！这或许就是上帝给我的另一个幸福。"

迪翁激动又无奈地说："可是！你的脚……"

女儿非常坚强乐观，她说："爸爸放心，脚不行，我还有手可以用呀！"

这番话让迪翁感到无比心酸，但也欣慰不已。

后来，女儿装上了假肢，只能缓步走路，再也不能跑步了。但没想到，两年后，女儿入选了学校的垒球队，成为该队有史以来最厉害的全垒打王！她是怎么做到的呢？原来，由于她双腿不能走路，就每天勤练打击，强化肌肉，这使得她能够轻松将球击出底线。

乐观积极的女孩，在人生最艰难的时候，也可以笑着面对。对一个爱运动的女孩来说，一辈子不能跑步是多么巨大的打击，但迪翁的女儿没有向命运低头，没有向现实妥协，没有向挫折说"不可能"。这就是乐观积极带给女孩的精神力量，也是每一个女孩在人生道路上不可或缺的精神品质。

1. 父母要重视言传身教

专家认为，女孩的乐观性格与父母的教育方式有密切的关系。父母乐观，自然能够以积极的态度对待女孩。同样地，女孩在父母的熏染下，也会变得乐观进取。

有一位成功女性，她待人和蔼，做事认真，经常保持开朗和喜悦的心情。她的事业发展很顺利，家庭生活充满乐趣。

记者问她怎么能保持奕奕精神和乐观进取的态度。她说："我一直以喜悦的心情去欣赏别人的言行，因为每个人都有优点和独特的个性，你就要像欣赏不同的花卉一样去欣赏，所以我时时充满喜悦，人缘也很好。"

"其实，我的乐观和进取还是得益于母亲的恩赐。"她津津乐道地说，"小时候，我的母亲无论下田工作，或者在家里缝缝补补，总是轻轻地哼着歌。我们几个女孩最喜欢跟着母亲哼几句。母亲很温柔，很少责骂我们，总是很有耐心地告诉我们怎么把事情做好。她经常做些小点心给我们吃，跟我们一起品尝，但总是问：'好吃吧？下一次妈妈会做得更好！'有一次，我的考试成绩退步了，回到家忐忑不安地把成绩单交给她。她看到我怯生生的样子后说：'一次考不好没什么了不起，我相信你下次一定会有很大的进步。'我的母亲虽未跟我说过'明天会更好'之类的格言，但是在她的精神生活上，却总是让我感觉有一种'明天会更好'的气氛。"

这位朋友所说的"明天会更好"的感受，正是积极乐观的性格，正是女孩最需要的精神财富。做父母的，必须注意多给女孩一点乐观情绪的体验，因为它能带给女孩宝贵的活力。

2. 帮助女孩学会正确地进行自我分析

随着年龄的增长，女孩的自我意识越来越强，自我分析能力也就随之产生。但是，10~16 岁的女孩通常自我分析能力弱，不能获得正确的结论：有了一点成绩，就沾沾自喜；遇到一点困难，又会垂头丧气。沾沾自喜容易形成高傲的性格，而垂头丧气又会养成悲观的性格。

所以，父母一定要注意引导女孩摆正自己的心态，正确地认识自己。

有个女学生叫任瑞，长得很漂亮，又弹得一手好琵琶，15 岁那年从外校转到市二中。刚转学那阵子，她表现得极为孤僻，班上组织去郊游也不愿去，同学们说她太娇气，所以总是不爱理她，这使她更孤僻、悲观。

班主任老师和父母一起找她谈心，才明白，她刚转学时有两次课堂提问没答对，产生了自卑感；又由于患有夜尿症，怕出去郊游时和同学住在一起会尴尬，所以不愿去郊游。

班主任知道情况后，不仅替她保密，而且一边督促父母带女孩去就诊，一边在公开场合表扬她是个不怕吃苦、多才多艺的学生。不久，这个孤僻、悲观的姑娘终于变成了活泼、乐观的好学生。

3. 允许女孩自由地表现悲伤

女孩在身处困境时，往往会表现出悲伤的情绪。父母应该允许女孩自由地表现悲伤。如果女孩在哭泣的时候，父母要求她停止哭泣，不能表现出软弱，她就会把心中的悲伤积聚起来，久而久之，就会形成消极的心理。

煜煜刚上中学不久，就发生了一件让她伤心的事情。她从小就非常要好的伙伴小艳在班上结识了一个外地转来的同学，从此，小艳与新同学的关系非常好，和她却越走越远了。

煜煜非常伤心。她向妈妈哭诉自己遇到的情况，谁知，妈妈并不理解煜煜的想法，反而呵斥道："这么一点小事值得大惊小怪吗？真是没用的人！"

妈妈的呵斥让煜煜更加伤心。从此，她变得郁郁寡欢，不管遇到什么事情也不对妈妈说了。等妈妈意识到煜煜的变化时，煜煜已经变得非常悲观了。

所以，对于女孩表现出的悲伤或软弱，父母切不可呵斥，应该让女孩尽情地发泄心中的郁闷，只有让女孩发泄够了，她才会恢复心情的平静。当然，如果女孩需要父母的帮助，父母应该及时安慰女儿，站在女儿的角度去感受她的情绪，努力引起她的情感共鸣，从而缓解她的不良情绪。

如何帮女儿摘掉“娇气”这顶帽子

很多父母都对女儿千般疼爱、万般娇宠，给女儿吃山珍海味、穿世界名牌，送女儿学钢琴、练古筝，带女儿看画展、听音乐，让女儿生活得像公主一样无忧无虑，甚至奢侈华丽。

他们深信“女孩要富着养”，真正的公主必须要有奢华的生活和娇贵的气质。他们就像童话里的王子一样钟情“真正的公主”，并一心要打造一个隔着12层褥子也能感觉到异物的“豌豆公主”。

最终，很多父母做到了，他们培养出了极其挑剔的女儿，眼光高得什么都看不上，谁都瞧不起。可是，这样的公主真的是父母想要的吗？这样的公主就一定会拥有超高的品位、超高的审美能力，进而拥有高贵的气质吗？这样的公主真的会一生幸福吗？

又是一年入学季，大学新生入学后不久，接踵而来的就是新生军训。不过，很多人都发现，今年的军训队伍和往年比有很大不同——往年军训，很少看到有女生戴首饰的，但今年，一群群橄榄绿的服装中，不难见到戴着大耳环、时尚项链等的女生“盛装”上阵。而且，有的女生还别出心裁地进行了美甲，有的女生则给短袖的军训服装加装了一副白色的防晒套袖。

教官们在军训前就已经知道，现在的女生都是家里的“小公主”，特别娇气，身体素质也不够好，因此在安排军训时，无论是在时间还是强度等各个方面，对她们都已大打折扣。可没想到，仍然有不少学生不断喊苦喊累。就拿站军姿来说，以前的学生站二三十分钟都没问题，但现在，有的女孩站了五六分钟就不行了，表情痛苦，脸色煞白，教官不得不让其暂停训练。

最令人无奈的是：父母不但不鼓励女儿坚持下去，还向学校所在地的媒体投诉，称女儿军训的条件艰苦，希望学校加以改善。还有的女孩因为受不了军训之苦而不断向家里诉苦，父母疼爱女儿，于是就千方百计弄份假病历，替女儿向学校请病假。

很难想象，这样的女孩毕业后将怎样面对自己的人生，怎样去独立生活。相信这绝对不是我们大多数父母想要的女孩。其实，真正的“公主”不一定都是娇气的，她们的生活也许和普通人家的女孩并没有多少差距，她们的性格也是独立的。

菲律宾女总统格罗丽亚·马卡帕加尔·阿罗约，是菲律宾第 9 任总统马卡帕加尔的女儿，她母亲的娘家则是坐拥万顷良田的大地主。应该说阿罗约的童年是无忧无虑的，完全享受了一个豪门千金所应享有的快乐。但出身名门，并没有让阿罗约变得娇气，她完全不像大多数富家女那样矫揉造作。

小时候，阿罗约和祖母住在菲律宾南部的民答那峨岛上。她们所居住过的房子四周全是树木和草地。阿罗约也和所有普通女孩一样，在一大片草地上和朋友以及亲戚们玩耍。同样，她也经历过普通女孩的经历——当家里最小的弟弟出生后，小阿罗约认为她的父母不再爱她了，便整日和洋娃娃一起玩，跑去拾贝壳、小石头和珊瑚，每天在一个有喷泉的游泳池里游泳。虽然父母的身份显赫，家庭十分富有，但阿罗约的童年也和很多普通小孩的童年极为相似。

阿罗约的母亲是一位为人厚道、医术高明的医生。母亲成为第一夫人后第一个生日的情景，阿罗约至今记忆犹新，当时马拉卡南宫热闹非凡，祝贺的礼物源源不断。面对庆祝的人们，她母亲有礼貌地将礼物一一退了回去。

父母正直诚恳、宽厚待人的形象就烙在阿罗约的心头，对她的成长产生了很大影响。特别是母亲的言传身教，让阿罗约从小就养成了诚实坦率、勤俭节约和大胆独立的性格。她从小行事就表现出一种“巾帼不让须眉”的气度，这让父亲看到了阿罗约骨子里的独立性。她行事果断，不乏强硬气派，被称为“刚强的弱女子”，也隐约显示了未来女强人的风采。

后来阿罗约在一次中国记者的采访中说：“作为学生，我以父母为榜样，追求崇高的道德理想，追求更高的学术标准。”

阿罗约的母亲把所有的希望寄托在女儿身上，对阿罗约要求非常严格。最终，阿罗约也没有辜负母亲的期望——学生时代的阿罗约，学业优异，中学以第一名的成绩毕业于圣母升天中学。1968 年，18 岁的阿罗约赴美国乔治敦大学攻读外交事务和国际金融专业。在美留学期间，她是班级 70 名学生中仅有的两名女生之一，是学生中的佼佼者，年年列入优秀生的名单。

所以，聪明的父母要培养女孩的高贵、优雅和大气，而不是培养女孩的娇气。

父母应该注意在生活、学习、劳动、心理等几个女孩容易表现出娇气的方面，运用合适的教育方式和方法，使女儿在成为公主的路上远离娇气。

1. 对女儿进行“实战训练”

大道理讲得再多不去实践也是没用的，教育孩子也是同样的道理。很多家长喜欢滔滔不绝地给孩子讲道理，但却很少身体力行地指导孩子去做。实践出真知，当孩子亲自去做的时候，就能体会到其中的乐趣。

10 岁的珊珊虽然不娇气，干活却不是十分主动，总是能躲避的就躲避，对一些自己从没干过的活更是敬而远之。

有一段时间，由于父母上班时间调整，经常很晚才回家，她放学以后就胡乱吃些零食，也不会做饭吃。有一天晚上回家，母亲就说她："你已经上四年级了，应该自己学着做一些简单的饭菜。"她不乐意了，"我不会用煤气，也不知放多少盐、多少味精！"

妈妈知道，教育女儿"逆商"的机会来了。妈妈微笑着摸着珊珊的头鼓励道："凡事都是从不会到会，从不知道到知道，做饭也是同样的道理啊，你只要做两次就会了，但要是不练习，你当然永远也不会做。"

经过几次实际操作，她终于能做出几样简单的饭菜了。她把这些全写到日记里，认为自己能做很多事了，心里美滋滋的，一下子自信了不少。

2. 不要包办代替，不妨给女儿一点"教训"

一位母亲准备带女儿去野外旅游，临行前，她让女儿自己收拾行李。

到了野外，女儿发现不仅自己的衣服带得太少，而且忘记了带手电筒。

母亲问女儿："为什么衣服带少了呢？"

"我以为这里的天气和家里的一样，没想到这儿这么冷，下次来的时候，我就知道该怎么做了。"

母亲说："是的，你应该先了解一下这儿的天气情况，做好准备。那么，手电筒又是怎么回事？"

女儿说："我想到手电筒了，但在出发时忙来忙去，就把它忘了。"

母亲说："女儿，你一定要记住，如果不细心地对待每件事，你就会尝到粗心的苦头。"

女儿点点头，"我明白了，以后我一定要像爸爸那样，出门时先列一个物品单子，这样就不会忘掉东西了。"

"没关系，这次我把你忘掉的东西都带来了。"母亲一边说着，一边把东西拿了出来。女儿一下子高兴起来，并过来亲吻了母亲。

美国著名教育家斯特娜夫人与女儿的这个故事流传已久。对于女儿小小的失误，作为母亲的她，并没有立即指出来，而是让它既成事实，让女儿从失败中接受教训，获得经验。

3. 父母统一认识，不能心软

女孩过于娇气，主要是大人过于疼爱、过于娇惯造成的。在家庭中，往往会出现父母对女孩严格要求，但爷爷奶奶却娇惯女孩，或是爸爸对女孩严格要求，妈妈却娇纵女孩的情况。如果家里几个大人不能统一认识，女孩的娇气就不容易根治。所以，家里大人应该对女孩的教育提出一致的要求，女孩才能有个明确的行为标准。最后，还要提醒父母，为了更好地除掉女孩性格中娇气的一面，不至于半途而废，父母必须下狠心，关键时刻不能心软。

引导女儿跟羞怯与胆小说“Bye Bye”

父母都希望自己的女儿聪明、勇敢。但是，有的父母却失望地发现，女儿表面上看来似乎是个天不怕、地不怕的小霸王，内心却是那样胆小如鼠：怕黑、爱哭、害羞……

女孩胆小，除部分原因与遗传有关外，主要跟后天的环境因素与教育方法有关。父母要帮助女儿克服胆小的毛病应从不同的角度出发，采取有针对性的措施，多给女儿锻炼的机会，让女儿认识到不良性格对自身的不良影响，彻底根除懦弱的性格。

父母也要反省自己对女儿的教育方法以及自己的行为习惯，调整自我、改变方法，尽快让女儿克服胆小的毛病。

从心理学角度看，羞怯是一种情绪，是内心深处的胆怯或自卑的一种外在表现形式，女孩往往比男孩更容易产生这种情绪。有的女孩只是偶尔会发生；有的女孩会在成长中的一段或长或短的时期里羞怯；但有的女孩到了成年后也摆脱不了羞怯，甚至形成社交恐惧症。

事实上，女孩在遇事时本应表现得更大方主动，因为女孩在人际交往方面比男孩更有天赋——女性性格特点决定，女孩更倾向于关系式的生活方式。那么为什么很多女孩会不敢和人交往，甚至患上社交恐惧症呢？

造成女孩羞怯的主要原因就是不自信。比如有的女孩因体弱多病而工作学习不够自信，因而羞怯；有的女孩因曾经在某方面遭遇过某种创伤，如受人欺负、被人打骂、被人奚落耻笑等，因而常会羞怯畏缩。

那么我们应该怎样让女儿不再羞怯，变得活泼大方呢？

1. 别给女儿贴上“害羞”的标签

每个父母都希望自己的女儿开朗大方，人见人爱。当把孩子带出去时，父母希望孩子在亲戚朋友面前落落大方、彬彬有礼，这是特别令人自豪的事情。可是，这一点并不是每个青春期少女都能做到。

进入青春期后，月如变得有些害羞，见到陌生人时，就会不自觉地低下头。有时候，跟父母去亲戚朋友家串门，她也不怎么说话。有一次，爸爸妈妈带月如去一个表婶家做客。表婶家有很多客人，月如觉得浑身不自在。

见到表婶时，月如也没打招呼，爸爸觉得面子上过意不去，就向表婶解释：“这孩子太害羞，也不知道和你打招呼，真是不好意思！”

当时月如心想：我哪里害羞呢？我只是不太适应这种陌生的环境，等下我会找机会跟表婶打招呼的。好吧，既然你说我害羞，那我干脆不说话了，反正也有了正当理由。

殊不知，父母每一次评价女儿“害羞”，就相当于一次负面强化。这样会增加女孩的心理压力，会给女孩带来不良的影响。久而久之，女孩就会觉得：爸爸妈妈都觉得我害羞胆小，那我可以不用向别人打招呼，反正爸妈也不会怪我。

其实，有时候女孩并没有父母想象中那么胆小害羞，只是因为父母不断地责备，不断地给女孩贴害羞的标签，才使得女孩慢慢认同这种负面评价，继而变得瞻前顾后，畏缩不前。

2. 让女孩自然地融入同伴交往中

在公园里，10 岁女孩王颖见几个同龄伙伴在草坪上玩游戏，就站在不远处静静地看着，眼神里流露出羡慕的神情。妈妈见状，没有逼她加入到游戏中，而是问她："颖颖，你是不是很想和大家一起玩呢？"

王颖说："是的！"

"那你可以加入她们啊。"

"等一会儿，我先看看她们怎么玩！"王颖答道。

过了大概 5 分钟，王颖慢慢走到大家身边，很礼貌地说："我可以和你们一起玩游戏吗？"

结果，大家很高兴地同意了，王颖因之前熟悉了游戏的玩法，很熟练地和大家玩了起来。

生活中，我们经常看到这样的场景：父母见孩子不敢往人多的地方凑，就逼着孩子去："你一个人待在这里干什么？快去和大家一起玩啊！"其实，逼孩子融入到同伴中，并不明智。心理学研究发现，让孩子从远处静静地观察，有助于消除孩子的恐惧心理，帮助孩子适应人多的场合。等孩子适应得差不多了，他们自然会加入到同伴的游戏中去。

3. 不要强迫女孩在人前表演

"快把你今天学的舞蹈跳给大家看看！""把你最近学会的那首歌唱给大家听听！"想必很多父母都说过这样的话。当女孩掌握了一些技能之后，作为父母，会为女儿感到高兴，也想让女儿在人前表演一番。

对于外向、开朗、喜欢在人前表演的女孩来说，这也未尝不可。因为她本来就喜欢在众人面前表演，父母也可以利用这种机会培养女孩的表演才能。但父母应该记住：并不是所有的女孩都喜欢在人前表演。对于原本有些害羞的女孩来说，父母让她们当众表演就是一场可怕的噩梦，会让女孩内心备受煎熬。因此，如果你的女儿不愿意在人前表演，那就不必勉强，切不可因女儿不愿意表演而当众责怪她。否则，只会让女儿变得更加胆小羞怯。

“好朋友”VS“坏朋友”——引导女儿谨慎交友

很多父母看到这个标题也许会说：“女儿交朋友是自己的事，我们管不了。”但是仔细想一想，您是不是有诸如“我该怎么引导女儿多交一些我认同的朋友”的一些疑问呢？您是否给女孩的成长提供过识别“好朋友”与“坏朋友”的机会呢？

下面我们就来看看一个14岁女生的日记：

今天我和高一年级的露露姐一起回家，妈妈老远就在阳台上“恶狠狠”地盯着我看。

回到家我刚开门，妈妈的声音很快就“飘”过来：“你怎么和她在一起玩？”

我莫名其妙：“谁啊？她怎么了？”

“你不知道这女孩儿不学好吗？上次人家家里人还找到小区来了，说露露骗了他家儿子300块钱！你以后不准和她在一起玩，不准和她走在一起！小心被她带坏了。”

我撇撇嘴，“知道啦！只是在路上碰见了而已。”

唉，妈妈总是这样，动不动就说我那帮朋友把我带坏了。我真的很郁闷，妈妈怎么这么限制我交朋友呢？

女孩会出现这样的疑惑，根本原因在于父母沟通的方式存在问题，下面有一些建议，希望能对父母有用。

1. 不要直接否定女儿的朋友

10~16岁的女孩，逆反心理特别强，可能父母说的一些建议是对的，但是如果你想要女孩接受的话，一定要讲究一些技巧和方法，直截了当地阻拦是不行的。

回忆一下女孩的交友经历，肯定是在不断地改变，通过新的学校和班级，通过一些新的事件，女孩都可能去认识一些新的朋友。而在女孩的眼里，新旧朋友她自己都会做一些对比。比如女孩会把这些朋友分为几个层次，有最亲密的朋友，有距离远的朋友，等等。

当她有了新的朋友，一般会愿意和父母聊天，比如“我今天新认识了一个朋友”，“她哪方面比较强，哪方面比较令人讨厌”等。这时候父母就要抓住机会，帮她分析，帮她了解。父母也可以附和女孩，比如说在你的同事里也有这样的一些人，你是怎么对待那位同事的，或者你们大家是怎么对待她的。

实际上，这时候妈妈并没有直接去讲女孩的朋友怎么不好，但是女孩听到了这些评价，自然就会引用过来，自己就会去注意。但是如果父母直截了当地说：“这种朋友你不能交，大家都不喜欢这样的人。”对青春期女孩来说，这样的做法只会引起她的逆反心理。

2. 引导女孩正确地交朋友

父母往往会有一些交友的习惯，所以也特别希望女儿能按照自己的思维方式去交朋友，如果执意把自己的方式强加到女儿身上，到最后就只能和女儿吵架。可能父母是出于好心，害怕女儿从朋友身上学一些坏习惯，但是在和女儿提出来的时候，一定要持“软”态度，听一听女儿说的，看看有没有一些道理。比如父母可以问问女儿在这个朋友身上学到的东西，是不是有父母看不到的益处。

但是父母如果发现女儿真的在朋友身上学到了一些不好的习惯，也要善意地提醒她。比如：“想一想你最近是不是爱玩游戏了？”“你是不是很喜欢没事就往外面跑了？”

10~16 岁的女孩是非观已经很强了，父母可以点到为止，大部分的女孩都能自己觉悟，而如果每天都在女孩面前说这些，很容易让女孩烦恼，亲子之间只能是矛盾重重。

3. 千万不能和女孩说的几句话

如果父母教育的方式出了问题，很可能就会物极必反，比如下面这些话父母千万不要对女孩说：

“我不喜欢你的那些朋友，瞧她们个个的怪样，不伦不类的。”

仅从外貌上来判断人，女孩就不会尊重你。应该让女孩带她的朋友来玩，你同她们认识，通过她们的言行，你就会更客观地判断她们。

“为什么别人做什么，你也做什么呢？”

这实际上在重复每一代父母所说的话：“别人跳河，你也跟着跳河？”你的意思是让女孩明白，应该成为一个有独立思考能力的人，而不是让她疏远朋友。应该用理解的语气说：“她们做什么，你也做什么，看来这些朋友对你很重要……”你这样说，会为更深入的交流打开门户。

“难道你自己没有脑子？”

这种说法尖酸刻薄。你实际上想说的是：“如果你按我说的去做，你就是有自己的想法。如果你照着你的朋友们的说法去做，你就是没有脑子。”你表明你的观点是对的，但是表达方式不合适。

第六章

女孩一生最重要的 11 个引导

父母给女儿一生的财富是什么？是美貌？智慧？金钱？都不是。对女孩来说，能引领她们面对今后生活的最可贵的力量是优秀的品质——这是父母送给女儿最重要的礼物。如何引导女儿拥有这 11 个重要品质，要看父母是否独具匠心。

孝顺——让女孩懂得回馈长辈的爱

古训云："百善孝为先。"自古以来，人们把父母抚育子女，子女孝敬父母，看成是做人的基本道德。孔子曰："夫孝，德之本也。"只有孝敬父母的人，才是一个有责任心的、高尚的人。而孝顺之心则是一个女孩善良、有爱心的体现。

孝敬父母包括子女对父母的亲爱之情、敬爱之心、侍奉供养之行。但对女孩"孝心"的教育必须根据其年龄特点，以下几种基本教育方法可供参考。

1. 身教重于言教

有这样一则广告：

一位刚下班的年轻妈妈，忙完了家务，又端水给母亲洗脚，年迈的母亲对她说："孩子，歇会儿吧！别累坏了身子。"她笑笑说："妈，不累。"年轻妈妈的言行举止被只有三四岁的孩子看到了，孩子一声不响地端来一盆水。年幼的孩子吃力地端着那盆水，摇摇晃晃地向妈妈走来。盆里的水溅了出来，可孩子仍是一脸的灿烂，把水放在妈妈的脚下，为妈妈洗起了脚。广告画面定格在这儿，广告语说："父母，是孩子最好的老师。"

孝心就是这样传递的，孝心就是在父母的榜样下养成的。因此，要想培养女孩的一颗孝心、懂得爱，父母首先要以身作则，要做孝敬长辈的楷模，因为"身教重于言教"。

2. 学会感恩

感恩源于良知，这是孝心的亲情基础。然而，感恩这种情感不是自然而然产生的，必须通过教育。做父母的应有意识地让女孩体会父母的辛苦，体会父母挣钱养家的不容易，体会父母对女孩的爱，体会父母也同样需要女孩的关心和爱。此外，父母不妨经常给女孩讲讲自己一天的情况：起床、做饭、洗衣服、整理家务、上班等，让女孩体会到自己如何关心她。如：女孩生病了，父母怎样心疼，怎样整夜地不睡觉守护女孩……细节最能感染人。知恩就要感恩，感恩就要报恩。

3. 培养女儿的孝道，得从小事抓起

让女孩养成孝敬父母的好习惯，要从一点一滴的小事着手塑造和培养。如：教育女孩要关心父母的健康，要帮父母分担忧愁，要帮助父母做家务。当女孩不会时，父母要耐心地教；女孩做错事时，不要横加指责；女孩做得好时，要多表扬鼓励。平时也要培养女孩关心父母、体贴父母、爱护父母的好习惯，如为妈妈梳梳头、给爸爸捶捶背，等等。

女孩只有在亲身实践和体验中才能体会到父母的辛苦，感受到为别人付出的快乐。当"父母养育了我，我应当为他们多做事"的观念逐渐形成时，女孩就有了一份生命的义务感和责任感。父母千万不要这样想：女孩年纪还小，主要任务是学习，只要学习好了，什么也不用干，而是要转变观念：不要以学习成绩作为唯一的评价标准，好女孩的标准是多方面的，孝敬父母就是一个重要的标准。常言道："3 岁看大，7 岁看老。"因为习惯成自然，从小养成的不良习惯长大了也是难以改变的。

4. 制订家规

国有国法，家有家规。没有规矩，不成方圆。一个家庭固然需要民主，不可父母制、一言堂，但必要的家规是不可缺少的。父母可与女孩共同商量，制订"孝敬父母"的行为规范。

这里提供几个小建议给父母：

"五要"教育：要了解父母，要亲近父母，要关心父母，要尊重父母，要体贴父母。

"五不要"教育：不要影响父母工作与休息，不要惹父母生气，不要顶撞父母，不要独占独享，不要攀比享受。

李先生是这样为女儿制订规则的：

首先女儿要记住爸爸妈妈的生日，过生日的时候让女儿唱《生日快乐》歌，并且锻炼女儿自己的事情自己做。有的时候，我们还要让女儿做一天父母来体验做父母的艰辛。

当女儿学着爸爸妈妈做家务并且管教起"孩子"的时候，深刻地知道了生活的难处和父母每日的辛劳，一天下来，女儿泪汪汪地抱住爸爸妈妈说："你们太辛苦了，等我长大了，一定要好好孝敬你们！"

5. 亲子互动

父母要与女孩多交流、多沟通，共同做游戏，共同搞活动。如，父女共读一篇关于孝道的文章；母女共唱一首歌，如《一封家书》《常回家看看》《烛光里的妈妈》《世上只有妈妈好》《妈妈的吻》《母亲颂》等；亲子共诵一首诗词，如《游子吟》等；在亲子互动的活动中，不仅可以尽情地享受乐趣，而且可以在潜移默化中使女孩养成孝敬长辈的好品德。

6. 家校配合

父母可主动与学校配合，请老师给学生出家庭调查问卷，要求学生以《父母习惯知多少》为题回家访问父母。

琳琳今天从学校拿回了一项特别的家庭作业，她一一念给父母听：

“第一题：父母一天的作息时间安排？爸爸5点下班，10点才睡觉；妈妈5点半下班，要做家务到10点半睡觉。第二题：父母回家都做了哪些家务，花了多少时间？爸爸给我做饭，要花将近1个小时；妈妈收拾碗筷还有洗衣服，每天都要劳动两个小时，妈妈真辛苦啊！第三题：你了解父母的兴趣爱好、身体状况、生活习惯吗？我只知道爸爸喜欢下棋；妈妈喜欢买漂亮的衣服……”

琳琳的爸爸妈妈很欣慰地听着琳琳的报告，并且帮助她补充答案。

第二天琳琳交了作业给老师，当老师问她有什么感想时，琳琳回答道：“爸爸妈妈每天做那么多事，还要照顾我，真是太辛苦了，我要好好对爸爸妈妈，力所能及地帮助他们。”

这种家校配合的方式能够让孩子深入体会家长的辛苦，增强孩子对父母的理解和体谅，可以潜移默化地培养孩子的孝心。

自尊自爱——完美女孩的必备品质

自尊是心理成熟的标志，女孩的自尊可看作是对她身体、能力、表现等感到满意的一种心态。不同的女孩是有个体差异的，有的女孩美，有的女孩丑；有的女孩高，有的女孩矮；有的女孩机灵，有的女孩迟钝；等等。让我们每个人对自身的一切都能如愿实在很困难，更何况女孩呢？女孩对外界的评价很敏感，所以父母的育儿工作之一便是维护和培养女孩的自尊心。

女孩的自尊受到外界环境的直接影响。当今大量伤害自尊的个案研究表明，即使是对于学龄前的女孩，如果父母对她进行言语刺激，也会伤害她的自尊心；对于年长些的女孩，父母、教师、小伙伴们对她表现上的消极反应，也很容易伤害她的自尊心。

父母在维护和培养女孩自尊自爱时，应注意以下原则：

1. 在日常生活中发现女儿的优点

女孩“坏”时希望受到注意，“好”时希望得到赞赏，这不仅能增强女孩的自尊心，而且承认她所做的事情，会提高女孩的自我价值观。即使日常生活中的一些小事，也可以提醒女孩知道她是可爱的、有能力的。

2. 抽时间单独和女儿在一起

有些父母工作忙，时间十分宝贵，尽管如此，也要抽出一定的时间与女孩单独在一起，这非常重要。要做到这一点的最好办法，是把与女孩在一起的安排列入计划，小到一起散步，大到外出郊游，这对父母与女孩之间的感情联络是十分重要的。与女孩一起玩耍时，要遵守女孩的规则，不要超出女孩的水平。对于重组家庭，父母应该考虑女孩的特殊情感需求，对于感到孤独的继女，父母更应专门抽出时间和她在一起。

3. 允许女儿做自己的事情

许多父母认为，替女孩做她感到困难的事是帮助女孩。事实上，这等于告诉女孩她自己不行，不利于培养女孩的自尊和自信。女孩需要鼓励和挑战，要给她解决问题和发现自己能力的机会。当女孩需要帮助时，指导并协助女孩去想办法，寻求答案，而不是代替她做。

4. 珍视女儿的物品

父母经常控制送给女孩的玩具和书，有时认为某件物品不适合女孩了，但事实上她可能仍然需要它，甚至这种喜欢会持续几年。因此，在处理女孩的某件物品时，父母不要擅自做主，要由女孩自己决定何时丢弃某件物品。

5. 帮助女儿正确看待身体方面的问题

女孩在成长过程中，出现粉刺、肥胖和雀斑时，父母要帮助她解决精神上的负担，并让女孩不要太在意自己的外表，意识到这些问题可能是暂时的，也是可以控制的。

“爱自己，就要爱自己的全部。”周女士是这样教育自己的女儿的。

周女士的女儿微胖，班里的同学都叫她“杨贵妃”“小浣熊”，尽管同学并没有恶意，但还是让女儿产生了自卑感，就连炎热的夏天，女儿都穿着长袖的衣服和裤子去上学，生怕被人发现自己的身材。

周女士明白，这是女儿采用的“鸵鸟式”自我防御措施，这并不能解决根本问题。

于是她一边开导女儿，一边开始女儿的“瘦身大计”。每次女儿又想套着长袖的外套上学时，周女士就拿出非常宽松的短袖 T 恤劝女儿穿上；每次女儿吃完晚饭，她不再赶女儿去做作业，而是拉着女儿去溜旱冰，去公园散步；每次女儿吃饭总要有肉的菜，周女士便用鱼肉代替了猪肉，并对女儿说：“鱼肉最美容，最时尚了！”

周女士并没有直接告诉女儿——该减肥了！而是通过改变生活方式来使女儿不自觉地减肥，既没有伤害女儿的自尊心，又让她达到了减肥瘦身的目的。

6. 女儿贬低自己时父母要干预

女孩贬低自己是在传达一种有碍自尊的信息。这时父母应表现出实事求是的态度和对她的爱，认真地倾听，然后再告诉她应有的态度。

嘉嘉总是觉得自己比好朋友差一等，什么都比不上自己的好朋友。

终于在一次歌唱比赛后，嘉嘉回家大闹了一场，原来她只以 0.5 分的差距败给了好朋友，屈居第二。

“为什么我就是赢不过她？妈妈你告诉我，我是不是真的就比她差？我的身材没她好，个子没她高，声音也没她好听，我什么都不如她，一直努力还有什么意义呢？”

妈妈摸着嘉嘉的头，说：“有一个比自己优秀的好朋友，你觉得很痛苦吗？”嘉嘉点点头。

妈妈继续说：“但我却觉得这是件好事，因为你的人生永远有目标去追逐，俗话说：‘人往高处走，水往低处流。’你不断地去努力，其实并不是为了超过她，而是为了让自己往更高的地方走，这就好像赛跑一样，很多运动员都要有陪练，就是因为在跑步时一定要有一个齐头并进的伙伴，这样才能用最强的干劲跑到终点，你想想，是不是这个道理呢？”

嘉嘉终于释怀，说：“妈妈我明白了，能有这样的好朋友，是不是证明我也很优秀呢？只是我还需要更优秀一些！”

7. 让女儿有成就感

女孩有成功的表现或得到肯定的评价，就容易建立自信心。

在开家长会的时候，老师向家长们举了这样一个例子：

一个10岁的女孩给爸爸画了一幅画像，拿给妈妈看，妈妈望着画得很难看的“素描爸爸”哭笑不得，但是她还是称赞女孩“画得还不错，很有悟性”，这对女儿建立自信心起到了重要的作用，因此这个女孩开始不断地画身边的事物，拿给妈妈看，有时妈妈也会指出一些不足，但仍然每次都不忘夸女孩“画得真好”。

后来这个女孩6次获得省级儿童美术大赛的一等奖，4次获得国家儿童美术绘画大赛一等奖，被周围的人称为“小画家”。相反，如果最开始妈妈说“你画得一点都不像”，这就会伤害女孩的自尊心，可能使女孩从此失去绘画的乐趣和信心。

8. 相信女儿，她已经尽了力

父母要相信女孩会尽力去做她力所能及的事情。如果一味督促、一味施压，要求女孩做超过她能力的事，女孩就不能产生满足感，从而影响其自信心的建立。

有一个女孩，写字很用心，父母经常鼓励她，可是因为比起同龄女孩并不算优秀，她总是得不到老师的表扬。女孩的父母并没有因此给她施加压力，而是坚持鼓励女孩，给她信心，并且坦诚地与老师交换了一次意见。后来，老师开始关注女孩的字，并鼓励女孩多多练习，从而通过写字帮助女孩建立了信心。

独立——女孩受用一生的核心能力

我们来看下面的事例：

有个女孩的父亲很早就去世了，她的母亲就十分疼爱她。当女孩 7 岁时，母亲还是整天喂她吃饭，给她穿衣穿鞋。当她长得再大一些的时候，她仍然不会自己吃饭，不会自己扣衣服上的纽扣，也不会穿鞋。而和她同龄的女孩都能把这些事情做得很好。有人告诉她的母亲，让女孩自己去做这些事情，因为像她这么大的女孩应该学会自己穿衣、戴帽、系鞋带了，可是她母亲却说：“我爱我的女儿，她现在是我的一切，我宁愿为她做出更多的牺牲。”

真是盲目的、可怕的爱啊！这种“无私的奉献”实际很自私——为了自己的精神有所寄托，为了自己照顾女儿的欲望得到满足，却忽略了女儿本身成长发展的需要。

如果这位母亲还是一如既往，不断地替女孩做事情，那么，当女孩长大后，她会发现自己这也不会做，那也不会做，从而产生自卑感，感觉自己不如别人，甚至认为自己一无是处，是个无能的人，没有勇气和同伴在一起。

日本教育家铃木镇一曾说："孩子自己能做的事，就让他自己去做，千万别替他去做。这是一个很重要的准则。"他曾对很多父母反复强调这个观点，并且在教育自己孩子的过程中，一直都按照这个准则去做。

替女孩做她能做的事，就是对她的积极性的最大打击，等于对她说："我不相信你的能力。我来替你做，因为我比你强，比你聪明，比你有经验。"如此教育下成长的女孩，虽然看上去彬彬有礼，个性却是畏畏缩缩的，缺乏勇气和能力，将来又怎么能得到担当重任的机会呢？

因此，父母一定要从小培养女孩自己的事情自己做，让她在实践中学会做事，学会独立。

1. 培养女儿自己做事的独立意识

我们的父母要培养女孩独立，也要先让女孩的头脑中有这种强烈的自主意识。可以让女孩观察爸爸、妈妈、爷爷、奶奶在家做家务的情形，慢慢地女孩就会知道在家里要做哪些家务，是怎样做的。

2. 保护女儿的动手欲望，并积极引导

婷婷上中学后，由于离家较远，所以选择住校。开学的时候，妈妈陪同婷婷去学校，并给她一个大塑料袋，说："婷婷，以后每周你换下来的脏衣服，都装在这个袋子里，周末带回家，妈妈给你洗！"

婷婷说："妈妈，我现在是大孩子了，可以自己洗衣服了，带回家太麻烦了！"

妈妈说："你从来都没洗过衣服，你哪会洗衣服啊！再说了，中学功课多，你的任务就是学习，洗衣服的事情不用自己做。"

女孩进入青春期后，随着生理的成熟，心理也逐渐成熟，她们开始有了强烈的独立欲望，这包括独立做事的欲望。作为父母，不应对女儿过度保护，压制女儿独立的欲望。相反，应该为女儿独立做事的想法感到高兴，肯定女儿的能力，放手让女儿去做事。与此同时，父母应引导女儿用正确的方法做事。如果女儿表现不好，也不应该训斥她，而应多鼓励、耐心教导。

3. 划定女孩可以自己做事的范围

虽然我们鼓励女孩要自己的事情自己做，但也不是所有的事情都要她自己做。在家中应明确哪些事情是由爸爸、妈妈来做的，哪些事情可由爸爸、妈妈帮助女孩做，又有哪些事情则必须由女孩自己做，对应当自己做的事必须给女孩一个明确的要领和范围，在不同的年龄给她制订不同难度的目标范围，父母绝不要包办代替，不能总是替女孩承担责任。

青春期的女孩即将面临成人，为了今后进入社会锻炼，父母更应该尽早让女孩产生独立意识，在未来的人生道路上自强自立。

爱心——培养一个人见人爱的天使

我们先来看下面的例子：

张女士的女儿特别喜欢吃烧鸡，尤其爱吃鸡腿。每次买来烧鸡，张女士都先将鸡腿放在女儿的面前，而自己只吃鸡头、鸡爪。一次，朋友请张女士母女吃饭，给她们母女各夹了一只红烧鸡腿，没想到张女士的女儿说：“我妈妈不爱吃鸡腿，妈妈爱吃鸡头、鸡爪。”张女士听后感到不是滋味，没想到自己对女儿的一片爱心，被误解成了自己的一种饮食爱好。后来又一次吃鸡时，张女士只将一只鸡腿送到女儿面前，自己也拿起一只吃了起来。女儿立刻瞪大了眼，大声吵了起来：“你怎么把我的鸡腿吃了？”这时张女士才郑重地对女儿说，不是妈妈喜欢吃鸡头，是妈妈爱你，才把鸡腿给你吃。可女儿并没有理解妈妈的爱心，总觉得少吃一只鸡腿很委屈。

我们不难发现，生活中不乏这样的例子。如今的家庭结构以独生子女为主，大部分的女孩从小生活在衣来伸手、饭来张口的富足环境中，她们受到长辈们过多的呵护。娇生惯养使得相当一部分女孩不懂得尊重师长、关心他人，很多女孩养成了以自我为中心、贪图享受、好攀比和懒惰、任性等不良习惯。她们遇到任何事都认为别人应该让着我，却很少设身处地站在别人的角度去考虑问题，很少去关心别人到底怎么样。可以说，这些女孩虽然集万千宠爱于一身，却舍不得对别人付出一点点爱。相当数量的独生子女养成了自私、懒惰、任性、缺乏责任感和不会关心他人的坏习惯。

父母对女孩关心的就是如何吃好、睡好、学习好，对心存爱意、关心他人、爱护集体的思想和品德教育却不够重视。有的父母认为，现在就一个女孩，只要我有能力，女儿要什么，我就给她什么，图的就是让女儿快乐幸福；也有父母认为，对女孩来说，最重要的是多学点儿知识技能，在聪明才智上超过别人，至于其他方面，用不着怎么教，只要女孩能学有所成，大人吃点苦、受点累无所谓；还有一些父母认为，女孩小时候任性一点儿很正常，大了自然会好的；更有甚者，把女孩任性、自私、霸道的表现视为女孩的聪明、好玩，而加以纵容。

爱自己的女儿，这是人人都懂得的道理，但如果对女儿一味付出而不求回报，就有可能将女儿培养成只知索取而不知奉献的人。试想：连自己的父母都不爱的人会爱别人吗?

我们教育的最终目的究竟是什么呢？归根结底，教育的目的应该是让女孩们学会关爱。苏联著名的教育家苏霍姆林斯基曾经说过：爱的教育应是整个教育的主旋律。现代杰出的教育家梅贻琦也曾说“教育的出发点是爱”。在女孩们成长的过程中，还有什么比在她们幼小的心灵当中播下爱的种子更加重要的呢?

爱心是每一个正直的人所应具有的美好品德，拥有爱心的人让我们感受到人间温暖，拥有爱心的社会让我们感受到世界的祥和。爱心是人类社会的润滑剂，很多人逐步丢失了自己的正直和善良，爱心是我们这个社会向前发展的动力。特别是现在的独生子女在家是小皇帝，在校是小霸王，培养他们的爱心是一项急切而又艰巨的任务。

那么，如何培养女孩的爱心呢？

1. 当好女儿的榜样

父母对他人的爱心言行，会潜移默化地影响着女孩。如果父母既能用有声的爱心语言（如“老人家，我来帮帮你吧！”）去强化女孩的爱的意识，又能以充满爱心的表率行为导之以行，就能使女孩产生一种积极的效仿心理。新闻报道有人缺钱做手术，生命垂危，父母带女孩去捐款，献上一份爱心……经常看到大人是怎么同情、关心、帮助他人的，对于培养女孩的善良品质是最好不过的了。

2. 接受女儿的爱，保护女儿的爱心

生活中，有时候父母由于工作忙或其他原因，对女孩表现出来的爱心或视而不见或冷嘲热讽，把女孩的爱心扼杀在萌芽之中。这是非常可悲的事情。

上四年级的女孩梅梅，看到妈妈下班回来，赶紧给妈妈倒了一杯水，并笑着递过去。没想到妈妈却说：“太阳从西边出来了？你是不是考试没考好？才给我献殷勤的？赶紧一边去，好好做你的作业！”

梅梅听了妈妈的话，立刻像泄了气的皮球，心里凉飕飕的。她想：以后再也不给妈妈倒水了，免得好心被当成驴肝肺。

知心姐姐卢勤曾说过：“孩子的爱心是稚嫩的，你在乎它，它就会长大；你忽视它，它就会枯萎；你打击它，它就会死去。”如果你想有一个富有爱心的女孩，那就请你在生活中培养她、呵护她吧。

也许以前女孩很调皮，但女孩是成长中的人。她可能会在某一个时刻顿悟，突然产生一点愧意或者悟出一个道理，而向你表达了她对你的爱。那么作为父母，一定要学会接受并珍惜女儿爱的表达。

3. 给女儿创造实施爱心行动的机会

父母可以引导女孩主动帮助左邻右舍干些力所能及的事，或在自己生日时，暗示女孩来表达对自己的爱。比如，爸爸可以对女儿说："后天是妈妈的生日了，我怎样才能感受到你对妈妈的爱呢？"而当女孩付出行动后，以微笑的表情、赞扬的语气及时地给予表扬，能激起女孩产生一种关爱他人后的愉快的心理体验，并会产生不断进取的强烈愿望，以至逐步形成把关爱她人当作乐趣的相对稳定的健康心理。

一天，妈妈接女儿放学回来的时候，看见了小区里设置了几个旧衣物捐赠箱，便对女儿说："小雅，你看我们小区有旧衣物捐赠箱，我们回家把你不能穿的旧衣物捐过来怎么样？"

小雅有些不明白："这些旧衣物捐赠给谁呢？"

妈妈解释说："在我们国家，有些偏远山区由于经济很落后，那里的大人和孩子非常缺衣物，国家通过设置这种捐赠箱，把我们不穿的旧衣物捐给他们，这样他们就能温暖地过冬了。而且，我们的旧衣物也变得有价值了。如果只是放在衣柜里，不但占地方，还不能发挥价值。"

女儿听了妈妈这番话，马上赞同道："我明白了，那我们回去收拾一下衣柜吧，把不穿的衣服捐过来！"

"好的，这种捐赠衣服的行为是表达爱心的一种途径，妈妈为你的善良和爱心感到高兴。"妈妈说。

表达爱心的机会到处都有，父母可以通过生活中的小事来引导女儿表达爱心。比如，通过举手之劳，帮助弱者，保护小动物，照顾长辈，等等。同时，父母还应引导女孩学会设身处地地为他人着想，体会他人的感受。比如当看到别人生病疼痛时，要让女孩结合自己的疼痛体验去感受并体谅他人的痛苦，从而为他人提供力所能及的物质或精神上的帮助。

节俭——女孩“小气”一点更可爱

“你的女儿是物质主义者吗？”

可能很多父母都不曾想过这个问题，甚至认为用物质满足女儿就是幸福的生活。

英国一个致力于改善女孩时期教育的慈善团体——少年儿童协会发表的一项调查结果显示：今天的女孩远比她们父母那一代人年轻的时候更注重物质享受，更易受消费趋势所诱导。

诚然，在广告商诱导不断“买！买！买！”的这样一个物质世界里，抚育女孩会更加艰难。但是家长们又无法回避，女孩在社会风气的影响下追求物质享受，主要还是由于自己的纵容和默许造成的。当父母满足了她们的任性，给她们买最好的名牌，试图通过这样的物质奖励来驱使女孩听话乖巧时，父母就在无形中给了女孩错误的引导。

想想你家女儿典型的日常行为，然后看看下面的描述，只要你的女儿具备其中任何一条就意味着她正在滑向物质主义的旋涡，是父母该采取拯救行动的时候了。

注重牌子——她追求的是名牌标志，而不是质量和价格。

重视金钱——她是个典型的消费主义者，认为无论谁有钱就可以获得一切！

追求外表——关心服装、容貌、小玩意、小饰件等外在的东西，毫不关心内在质量。

自我为中心——每件事情都必须围绕她的需求。甚至一套牛仔服抵得上你两周的开销。

不愉快——尽管你给了女孩一切你所能给予的，但是在她内心深处却不是那么满意和快乐，反而要求越来越多。

如果女孩符合上面的某一条，父母就要马上开始学习如何让女孩回归本质的秘诀了：

1. 适当时候要会说“不”

父母总是屈服于女孩的物质欲望对她来说没有任何的帮助，对于女孩无休止的心血来潮和消费要求要学会说“不”。这种做法刚开始可能会引起她们的愤怒，即便是这样也要没有任何负疚感地拒绝。而后简单地说明你的顾虑以及你准备实施新政策的原因，这里最重要的一点，就是不要屈服。

上初中的小丽是家里人的掌上明珠，爷爷奶奶姥爷姥姥爸爸妈妈，6个长辈围着转，从小过着饭来张口衣来伸手的生活，“小公主”说要什么，全家人立刻去买来什么。10多岁了，小丽已经学会变着花样向长辈要东西了，看上邻居家有什么好看的好玩的，也不依不饶地跟人家要，邻居也只好给她。结果小丽养成了大手大脚的毛病——新买的衣服，穿几天，不穿了，要买别的；高级的洋娃娃，被弄得支离破碎，然后要新的。不仅如此，当爸爸妈妈不在家的时候，小丽居然会偷偷从家里拿钱出去买花里胡哨的东西，近来还学会了电视购物，每当爸妈拒绝她的要求时，小丽就会大哭，于是爷爷奶奶赶忙来“救驾”。现在的小丽，已经成了十足的物质女孩，东西追求最新的、最好的、最贵的，通过各种手段来迫使父母买。爸爸叹气，小时候太宠着她，不拒绝她的要求，现在让她养成了这么骄横、物质化的毛病。

2. 控制物质奖赏

在现实生活中，有些家长为了达到自己的目的或让孩子实现自己的期望，常常采用物质奖励的方式来激励孩子。比如，为了让孩子考出更好的成绩，为了让孩子做一些家务，有的家长就会许给孩子物质奖励。

一天，妈妈对莉莉说：“莉莉，你已经上初一了，是个大孩子了，应该学着做些家务，为家庭做些力所能及的事情。”

莉莉说：“我才不愿意做家务呢！再说了，我也不会做家务！”

“做家务很简单，你可以跟妈妈学，你这么聪明，肯定一教就会。”妈妈尝试激励女儿。

但莉莉还是很不情愿，妈妈看得出来，莉莉这是娇生惯养的结果。为了让莉莉答应做家务，妈妈想了一招：“这样吧，莉莉，你每做一次家务，妈妈就奖励你5元钱！”

莉莉听说做家务可以得到奖励，马上答应了，然后很开心地做起来。但慢慢地，莉莉养成了做家务谈条件的习惯。有时候她不愿意做家务，就说：“我不想赚钱了，今天不做家务！”这让妈妈很无奈。

用物质奖励来激励女孩做家务，只会纵容女孩的物质欲望。物质主义的女孩总是想要更多更好的，这是没有止境的。这一刻父母的对策应该是期望她没有补偿性地做事情。事实上，无论她们做得怎样，父母都应该给予她们拥抱或是轻拍她们的肩以示赞许，而不是通过物质奖励的方式来实现。

3. 告诉女儿停止囤积东西的行为

有物质趋向的女孩一般都是囤积狂，舍不得扔东西，而且是东西越多越好。为了阻止女孩的囤积行为，父母不妨给她4个盒子，分别贴上标签“重要”（4颗星星）、“一般”（3颗星星）、“次要”（2颗星星）、慈善（1颗星）——通过对物品的分级来让女孩认识到自己物品的重要程度。鼓励她检查抽屉、壁橱和搁物架，看看哪些是真正需要保留的、有用的、要穿戴的，然后把剩下的分类放到有慈善标志的盒子里。一定要让她帮你把那个有慈善标志的盒子送到慈善组织，让她知道这个世界并不是每一个人都是那么衣食无忧。

4. 教会女儿“需要”和“想要”的区别

追求物质的女孩经常都是想要就买而不去考虑是否需要。所以无论何时，如果女孩恳求购买一些父母认为不是很必要而她却很想要的东西的时候，父母可以问她：“你真的需要呢还是想要呢？”对她的想要的应讲究方法地拒绝，而现在必需的才可以买。

5. 让女儿养成“给予”而不是“索取”的习惯

亲手给予别人帮助，是反物质主义最有效的方法。带着女孩给生病的邻居或者是救济平民的志愿者送饭；让女孩将每周零花钱的一部分给那些贫困的女孩；帮助孤独的邻居；这些都能够让你的女儿感到给予的动力。

感恩——心怀感恩的女孩最快乐

每个人活在这个世界上，都在享受着各种“恩赐”：父母的养育之恩、师长的教诲之恩、同学的陪伴之恩、朋友的信任之恩、大自然的慷慨赐予……然而，对于这些恩惠，如今不少青春期少女似乎觉得理所当然，丝毫意识不到需要感恩。这让许多为人父母者感到痛心不已。

雪雁15岁的生日那天，爸妈给她操办了一场盛大的生日派对，并将亲朋好友邀请过来。然而，父母的一片好心，雪雁却不领情，当众埋怨爸妈没有把派对搞好，指责爸妈没有让她把好朋友邀请过来。爸妈既感到没面子，又觉得很伤心。

一位长辈看不下去了，就问雪雁：“你爸妈辛辛苦苦赚钱，把你养这么大，今天特意给你举办一个生日派对，你居然没有丝毫感激之情，反而当众指责他们，太不应该了！”

雪雁说：“有什么不对吗？我是他们生的，他们不赚钱养我，谁赚钱养我？他们把生日派对办砸了，我为什么要感激他们？”

那位长辈说：“就算你不满意，看在爸妈这么辛苦的份儿上，也应该体谅他们吧？”

“有什么辛苦的？不就是打电话订个酒店，邀请一些亲戚朋友吗？”雪雁说。

"这个不辛苦，但是母亲生你，就不值得你感恩吗？"

"她们生我，不是为自己开心吗？我为什么要感恩？"

爸妈听到女儿这些没有良知的话，气得当场颤抖不已。

这是一个缺乏感恩之心的典型案例，也许它有些极端，但从某种角度来说，也反映出了社会的现状。如今，伴随着人们物质生活水平的提高，父母把一切好的东西都无私地给予了孩子。同时，又忽视了对孩子进行感恩教育。加之学校主要以知识教育为主，对孩子缺乏品德教育。所以，造成青春期孩子感恩的意识严重缺失。

很多父母不遗余力地爱孩子，把能给孩子的都给了孩子，却不计较孩子是否感恩。等到发现孩子毫无感恩之心时，才意识到问题的严重性。孩子感恩之心缺失到底有多严重呢？有句话是这么说的："人如果没有感恩之心，那与禽兽有什么两样呢？"

感恩是中华民族的传统美德，是人世间最美的情愫。感恩是生命的最基本要素，是人性的最基本良知。俗话说："鸦有反哺之义，羊知跪乳之恩。"连动物都知道感恩，何况人呢？所以，青春期重视培养女孩的感恩之心，并非品德教育的问题，而是一种良知教育。

不懂感恩的女孩，无论将来她多么出色，都是难成大事的。因为没有人愿意和一个不懂感恩的人打交道。只有让女孩懂得了感恩，她们的内心才会充实，头脑才会明智，人生才会幸福。常怀感恩之心的女孩，才是世界上最善良、最美丽、最快乐的女孩。

1. 感恩教育从教女孩感恩父母开始

在女孩的一生中，对她恩情最深的莫过于父母。是父母给了女孩生命，是父母辛勤地养育女孩长大的，女孩的成长凝聚了父母的心血。所以，教育女孩来牢记父母的恩情，感恩父母是感恩教育的第一课。

苏先生经常给女儿讲感恩的故事，通过这种方式给予女儿积极的影响。有一次，讲到台湾企业家赖东进时，爸爸说："赖东进出生在一个很不幸的家庭，他的父亲是个盲人，母亲也是个盲人且智力低下。他9岁时去学校读书，从不缺一天课，每天放学后，就去讨饭或捡破烂，讨饭回来，就跪着给父母喂饭。后来，他凭借自己的努力获得了事业的成功。在一次演讲中，他说了这样一段话：我对生活充满了感恩的心情。我感谢我的父母，虽然他们看不见，但他们给了我生命，至今我都还是跪着给他们喂饭；我还感谢苦难的命运，是苦难给了我磨炼，给了我这样一份与众不同的人生……"

女儿听到这个感人的故事后，忍不住流下了眼泪。苏先生知道，这是因为女儿的心灵受到了触动，相信她对感恩有了更深的认识。

通过感恩的故事，可以净化女孩的心灵，触动女孩内心深处最善良的神经，让女孩明白感恩父母的意义。要让女孩知道，感恩父母不是把感谢的话挂在嘴边，而是体现在尊重父母、体谅父母、关心父母、理解父母上。这一切都应该落实到生活的点点滴滴中，从一言一行，一个眼神，一个举止上，体现出对父母的尊重和爱。比如，父母下班回来，帮大人递鞋子、拿包；吃完饭后，帮妈妈收拾碗筷；与父母说话时，注意语气和态度；对于父母的爱，要铭记于心等。

2. 以身作则，为女孩做感恩的榜样

女孩是否有感恩之心，与她成长的生活环境，所接触的人密切相关。父母是女孩每天接触最多的亲人，父母的一言一行，都会给女孩造成潜移默化的影响。如果父母常怀感恩之心，尊敬老人，善待身边的人，对于他人的帮助懂得感谢，那么，女孩肯定会在无形中效仿，也变得像父母那样去待人处事。因此，父母要严格要求自己，时刻注意自己的言行，切勿把感恩不当回事，造成家风不正，影响女孩感恩之心的培养。

诚信——信誉是女孩无形的财富

每位父母都希望自己的女儿具有诚信的品质。诚信是人的立身之本，是全部道德的基础。世界上才华横溢的人很多，但才华出众的人是否都值得信赖呢？答案是否定的。才华和道德不是成正比的，只有讲诚信的人才值得信赖，诚信比其他任何品质更能赢得尊重。一个言而无信的人，是没有人愿意和他合作的。人与人之间相处，应以诚信为基础，不管是成人还是孩子，都应始终遵守这一原则。诚信是一个人最宝贵的财产，它能让女孩保持正直，光明磊落，给女孩以力量。可以说，诚信是女孩在成功之路上的另一种武器。

遗憾的是有许多女孩却有说谎的恶习，她们说的是一个样，做的却是另一个样，让父母很生气。有些父母一着急就训斥惩罚，但往往不起作用。

其实，女孩的这种行为是有原因的。比如，做错了事情，为了避免老师和父母的责骂，就会说谎。现在的大多数父母对孩子期望值过高，对孩子的优点，特别是当孩子取得了较好的学习成绩时，又是表扬，又是奖励，而对孩子的缺点和不足，多数则不管原因，不是责备，就是惩罚。这就增加了女孩的心理压力和恐惧感，导致女孩撒谎，进而缺失诚信。

所以，为减少造成女孩诚信缺失的心理因素，父母平时应多和女孩进行沟通，多给女孩一点理解，减少孩子对父母的畏惧感，提高孩子对父母的信任感。当遇到女孩成绩不好的情况时，父母首先应尊重她的人格，给她解释权，耐心听取她的解释，其次要帮助女孩查找原因，寻找对策。由于女孩心理发育尚不成熟，难免偶尔说谎话。但当她的撒谎行为被发现后，她能很快意识到自己做错了，并感到内疚和惭愧。这时父母就应该耐心地教导女孩，让她摆脱心理压力，并心平气和地对她进行诚信观念教育。如果不分青红皂白地责骂，不但不利于女孩认识错误、改正缺点，还会增加她对父母的畏惧感。

女孩是否诚信取决于父母的教育，如果父母的教育方法得当，女孩就会养成诚信的品质。

那么，父母该怎样培养女孩的诚信品质呢？

1. 父母首先要对女儿讲诚信

在日常生活中，许多父母为了诱导女儿做某件事，总是轻易地向女儿许诺某些条件，但是女儿做到了，父母却不兑现诺言。女孩的希望落空后，就会受到打击，同时她也会发现父母原来是在骗自己。这种伤害给女孩留下了深刻烙印，她就会受到不良的暗示，那就是不守信的许诺是允许的，因为父母的言行也经常不一致，所以我也可以这么做。一旦这些不良暗示转化为女孩说谎的行为，父母恐怕要后悔莫及了。

帮助女孩养成诚信的品质，父母首先要做到言行一致。所以，父母应该尽量避免爽约的事情发生，这样才能取信于女孩。

2. 满足女儿的合理需求

小琳为了得到一个漂亮的文具盒而对妈妈说："妈妈，你给我买个文具盒吧，我们班上的同学每个人都有漂亮的文具盒，就只有我没有了！"而事实上，并不是每一个同学都有漂亮的文具盒，小琳只是为了满足自己的虚荣心才这样说的。

女孩的撒谎行为大部分是出于某种需求，因此，父母应该认真分析女孩的需求，尽量满足其合理的部分。父母应该认真倾听女孩的心里话，跟她一起分析哪些要求是合理的、哪些是不合理的，哪些是现在可以满足的、哪些是将来才能满足的；对于不合理的需求，则要跟女孩讲明道理。

3. 不要怀疑女儿

于乐对妈妈很不满意，因为妈妈打扰她写作业了。吃过晚饭，于乐刚想看会儿电视，就被妈妈吵着去做作业了，妈妈说："写完作业再看，至少半小时不能出来。"于乐很不高兴地回房间写作业。本来写得好好的，可妈妈每隔一会儿就推门看看。于乐很不耐烦地跟妈妈说："你干什么啊？难道怀疑我在偷懒吗？"

我们经常会看到这样的父母，他们要求女儿在房间里学习，却每隔几分钟进去看一下女儿是否在偷懒；他们要求女儿去买件东西，也总担心女儿会拿多余的钱买零食吃。

其实，父母的这些行为，往往导致女孩用撒谎来对抗，而父母又认为自己的怀疑是有根据的，这样就形成了恶性循环，更容易滋生女孩的撒谎行为。

所以，父母要知道，只有信任才能换来诚信，怀疑女孩只能让女孩反感和更加不讲诚信。

4. 父母要敢于承认错误

晓君坐在饭桌前拉着脸不吃饭，嘴里还一个劲儿地念叨着："你们都是骗子，你们说话不算数，我再也不相信你们了，我不学习了，我也不去考好成绩了。"爸爸妈妈听了很震惊，一件小事情怎么让女儿这么伤心呢？不就是说了给她买滑板没买吗，至于这样吗？爸爸妈妈看着晓君很生气的样子，不由得觉得自己有点过分了，不应该随便答应女儿的要求又拒不履行。

现实生活中，许多父母都有可能不自觉地对女孩讲一些不诚实的话，或者许诺没有兑现。这时候，父母一定要放下架子，以平等的身份向女孩承认错误，这样才会赢得女孩的谅解及信任。否则，父母给女孩的只能是反面的榜样。

5. 借助优秀的作品，熏陶女儿的诚信品质

看优秀的电视节目、阅读优秀的书籍，不仅可以拓宽女孩的知识面，还可以培养女孩的鉴赏能力，提高她的审美情趣，让女孩在听、看、读中感受到作品中主人公精神的召唤，使她的心灵受到震撼，从而达到教育的目的。

礼貌、优雅——仪表美是优秀女孩的第一要素

父母都知道，礼节和礼貌，这是女孩最起码的教养。所以，很多父母也都十分注重培养女孩的礼貌习惯。优雅的举止就好像漂亮的服装一样，能起到装点门面的作用。如果能把优美的举止与内心世界的良好修养结合起来，那就能成为一个非常优秀且备受人们喜爱和欢迎的人。优雅的举止在公众中具有巨大的感召力，甚至会产生一种魔力，一个气质高雅的女性，不仅在女性世界里具有很大的魅力，而且对异性更是具有吸引力。所以，在社交生活中，举止是否优美、得体就显得十分重要了。

若女孩在青少年时期便养成了良好、优雅的礼仪习惯，则会对日后的成长发展起到重要的辅助和促进作用。无论如何，谁都更愿意接受一个举止得体、彬彬有礼的女孩，这样的女孩会更加让人产生好感，招人喜爱，从而也就为自己带来更多的机会，不是吗？世界上著名的童星——秀兰·邓波儿的成长经历即验证了这一道理。

1928 年 4 月 23 日，秀兰·邓波儿出生于加利福尼亚州的圣莫尼卡。她的父亲乔治是美国加州圣莫尼卡银行一位很有才华的经理。母亲格特鲁德天生丽质，擅长音乐和舞蹈。这是一个艺术修养很好的家庭。

父母还十分注重对邓波儿行为举止、礼仪方面的教育。他们告诉邓波儿什么是对的，什么是不对的，一个有礼貌的女孩应该如何对大人说话，如何对客人说话，还告诉她怎样让自己的行为举止看起来更加优雅，更加招人喜欢。邓波儿很听话，她按照父母的教导做得十分得体，天使般的笑容时常挂在她的脸上。

有一天，好莱坞一家制片公司的工作人员来邓波儿所在的舞蹈学校寻找合适的小演员。他们在众多的女孩中一眼便看中了邓波儿，这个才 3 岁的女孩不仅有着孩童的天真可爱，她的行为举止中似乎还隐藏着天使的影子。

1932~1933 年，邓波儿一连拍了 12 部影片，尽管有不少地方显出稚嫩和不成熟，但她身上已经隐约可见一个伟大艺术家的气质。1935 年 2 月，邓波儿款款登上了美国电影艺术与科学院颁发的第七届奥斯卡领奖台，获得了许多成年的电影艺术家梦寐以求的特别奖。此时，她刚刚 7 岁。

邓波儿成年以后继续取得事业上的成功，她的形象依然是那么清纯可爱，仪态万方。息影后的 1969 年，她踏入了政界，很快被尼克松总统任命为美国驻联合国首席代表；1976 年被总统任命为美国总统府礼宾司司长，后来还两度出任驻外大使。

当然，我们不能说邓波儿的成功仅仅来自礼仪习惯的养成，但优雅的举止和动人的表情给予她的帮助却是不容忽略的——不仅帮助她打开了踏入电影界的大门，还帮助她获得了电影表演上火爆的人气；天使般的可爱加上小公主般的仪态，使她成为“洋娃娃”玩具的固定形象；踏足政界出任礼宾司司长和驻外大使也足以说明她出众的仪表形象受所有人欢迎。

由此可见，优雅的礼仪对一个人的成长十分重要，它是保持良好人际关系的一种行为规范，是表达情感和尊重的行为方式，是人际交往中相互友好和尊重的桥梁。

可是，父母应当注意了，任何强制女孩学会礼貌的行为，都终将是毫无成效的。所谓的礼貌教育，应当是如春风化雨一般，深入女孩的内心世界，让她学会体会他人的情感、懂得感恩，这才是正确而有效的气质教育。

1. 在家中提高使用敬语的频率

女孩的父母，带着自己的“小公主”在外交际时，常常会十分注意提醒和鼓励女孩使用敬语，如“请”“谢谢”“对不起”等最常见的礼貌用语。而回家之后，很多父母却都放松了对女孩的要求，认为在家里是否使用敬语是无所谓的事情。

其实，这样做是非常不恰当的。女孩良好气质的形成，并不在于她在他人面前表现如何，而在于这种良好的表现是否是她的一种习惯。所以，父母教育女儿讲礼貌、懂礼仪，首先要做到的就是，让女儿在外面和在家里的表现保持一致。

一位妈妈曾这样介绍自己教育女孩懂得礼仪的经验：

当第一次从女儿口中听到“笨蛋”这个词时，我震惊了，并开始对自己的言行举止格外注意。于是在生活中，我和孩子的爸爸约定都尽可能地用“请”“好吗”“谢谢”“对不起”这样的言语来表达我们的需要或者歉意。

没有多久，我就很欣喜地听到女儿这样对我说：“妈妈，帮我拿一下水杯好吗？”以前她是这样命令我的：“妈妈，去给我拿杯水，快点儿。”

更重要的是，当我给女儿洗了手或者给她削了水果后，她会说“谢谢妈妈”了。

现在，女儿不管是在家中，还是在外面，再也不用我担心她的礼貌问题了。

在家中为女孩树立一个良好的榜样，让“运用礼貌用语”成为女孩的一种习惯，是对为人父母者的第一要求。这是女孩成长为气质淑女很重要的一点。

2. 引导女儿去感悟礼貌，而非强制地执行礼貌

如果父母强制让孩子执行礼貌行为，就好比是一种揠苗助长的行为，表面上看是成功了，实际上却是失败了。所以，教育女孩学会礼貌，最好的方法就是——引导她去体味他人的心情，带领她去感悟礼貌所能带来的更加美好的东西。

12 岁的明珠刚收到叔叔送给她的一件包装好的礼物，她满心好奇，赶忙用力打开，想弄清楚里面包的是什么。妈妈却阻止了她，说：“明珠，住手！你弄坏礼物了！当你收到礼物时该说什么？”

明珠则不情愿地说：“谢谢叔叔！”

其实，明珠的妈妈大可以不必这么粗鲁地教女孩学习礼貌，换种方式效果会更好。

她可以先对女儿的叔叔说："谢谢您送明珠这么可爱的礼物！"

相信这时候，懂得察言观色的女儿会像妈妈一样，表达自己的感谢。如果女儿没有那么做，妈妈则可以在事后就她们两个人时这样引导孩子：

"叔叔很疼爱你，给你买了这么好的礼物。我们给他发一个感谢短信或者打一个感谢的电话如何？如果他知道我们也惦记着他，一定会很高兴的。"

这种教育女孩要懂礼貌的方法，虽然比直接训斥要复杂，但却更具有长远的成效。父母不仅要给女孩更多感悟的时间，同时还要引导女孩要多考虑他人的感受。这样，让女孩从小就拥有一颗感恩之心，显然要比单纯地学会说"谢谢"要有益得多。

3. 让女儿学会互换角色

在教育女孩对待客人要有礼貌时，如果用道理不能说明白，不妨让女孩真正体会一下做客人的感受。

我跟侄女关系非常好，她经常来我家玩。有一次我带朋友回家做客，正巧侄女也在。我本以为侄女能帮我好好招呼客人，但是她却只是点了下头，就继续嗑着瓜子看韩剧，对客人的问候也有一搭没一搭地回应，弄得我非常尴尬。

第二天，侄女又来我家玩，我没有像往常一样拿出小零食招待她，而是冷冷地对待她。

侄女在屋子里来回溜达，也觉得没意思，就坐在我身边，问："你当我是空气呀？"

这时我才对她说："我当你是空气，你是不是心里很委屈？"

侄女自然噘起嘴。

我继续说："那昨天我的朋友跟你说话，你不是也拿他当空气吗？你觉得他会怎么想？"

侄女冰雪聪明，一点就透，立刻开始哄我："这样吧，你带我去他那里做客，我给他买点赔罪的小点心吧。"

真是个小机灵鬼！

当女孩学会站在他人的角度思考问题时，礼貌问题自然也就不再是什么教育难题。

4. 妈妈给女儿做出优雅的榜样

父母是女孩的榜样，女孩是妈妈的镜子。看一个女孩是否优雅，就可以知道她的家教修养，甚至她父母的气质修养。

有一个女孩为人特别热情，人缘很好，但缺点就是说话嗓门太大，而且喜欢给别人出主意，谁的事情她都要管一管。后来她的朋友去她家做客，果然发现，她妈妈也和她一样，为人热情好客，但嗓门特别大，声音洪亮，心直口快，常常一句话就能说得别人陷入尴尬境地。

很多实例证明，妈妈的言行举止，包括眼神、表情都会对女儿产生巨大的影响，所以，妈妈要想自己的女儿文雅端庄，像个淑女，首先就要严格要求自己，说话做事以身作则。通过日复一日的影响和教育，优雅必定会成为女儿的好品格。

5. 告诉女儿什么样的行为举止是优雅

雨柔是个听话的好女孩，她知道妈妈和爸爸都希望她能成为一个讨人喜欢的小淑女，因此处处小心翼翼：说话的时候总是声音很轻，走路从不会迈开大步子，甚至很少大笑。可这些不但没有让她讨人喜欢，反而疏远了和同学的距离。同学都说她怪里怪气的，好像处处都怕碰到地雷似的。老师则说这个女孩性格太内向，胆子太小了。妈妈和爸爸很奇怪，女儿小时候不是这样啊，现在怎么变成这样了呢？是不是得了什么心理疾病啊？

有天，雨柔和妈妈一起看电视，妈妈一边看节目主持人吴小莉，一边赞叹说："这个主持人真棒，气质高雅，仪态万方。"雨柔对妈妈的话感到很奇怪，她说："妈妈，她是不是笑得太过火了呀？"妈妈说："怎么会啊，这样才爽朗可亲啊。"雨柔说："妈妈，你不是告诉我淑女应该笑不露齿吗？这样才文静呀。"妈妈想了想回答道："也不是的，自然应该是最重要的。妈妈有时说得也不是特别准确。"后来，妈妈专门找了一些相关的书籍和雨柔一起研究礼仪。雨柔的行为慢慢变得不再怪异，这时爸爸妈妈才恍然大悟，原来女儿没得病，是在学做淑女呢！

有些父母总是告诉女儿："你是女孩，行为举止要优雅，要做个小淑女，这样才更容易被人接受。"可他们并没有具体说什么样的行为是优雅，女孩对此懵懵懂懂，只是按照自己的想象和理解去做，但事实上却可能是：有时一些行为细节被忽略了，而有时矫枉过正，反而显得做作，所以父母应该告诉女孩优雅的行为标准是什么。

6. 多表扬女儿正确的行为举止

"你不应该说话这么大声。"

"你为什么不给客人端水果？"

"你今天表演才艺的时候为什么嘟着嘴，大家都以为你不高兴。"

……

这些话虽然也是对女孩礼仪方面的指导，但听起来让人很沮丧。女孩是敏感的，自尊心很强，尤其对处于青春期中的叛逆女孩来说，听到这种话是令人反感和受伤害的。有的女孩逆反心理特别强，你越说她不该怎么做，她越要这么做。其实，她的本意并不是想要和父母作对，她只是想表达自己的见解和想法。

所以，父母若想女孩能拥有正确、优雅的礼仪行为，并养成习惯，就要多表扬其正确的行为。适时、适当的表扬能让女孩获得被认同感、增强自信，并且保持这种行为，进而形成习惯。若有需要批评指正的时候，也应该用委婉的语气说话，这样女孩比较容易接受。

7. 和女儿讨论电视里的人或身边的人的举止

除此以外，也可以和女儿一起观看她们的节目。还有一些世界小姐选美大赛、主持人选秀等节目，也都是可以学习正确的礼仪、优雅的举止的渠道。

可以把明星或主持人的言行举止作为正面教材，也可以把身边人的言行举止作为正面教材，这样的例子比电视里的更有说服力。比如可以和女儿讨论一下邻居家的大姐姐为什么举止特别得体，她都是怎么做的。也可以把身边人的不良行为作为反面教材指点给女儿，当然，父母要就事论事，只谈礼仪，不要对其进行人身攻击，也不可表现出鄙夷或轻蔑。

宽容——为女孩的魅力加分

宽宏大量是健康人格的必备素质，也是处理好人际关系、沟通彼此心灵的重要条件。只有大方地看待别人的过错，原谅别人，才能提升自己。宽容心对女孩个性的健康发展，尤其是情感的健康发展，以及建立良好的人际关系都有着非常重要的意义。富有宽容心的女孩往往心地善良，性情温和，惹人喜爱，受人拥护，而缺乏宽容心的女孩往往性情怪诞，易走极端，不易为人亲近。

美国著名的文学家爱默生说过：“宽容不仅是一种雅量、文明、胸怀，更是一种人生的境界。宽容了别人就等于宽容了自己，宽容的同时，也创造了生命的美丽。”宽容是人的一种美德，是做人的一种风度。

做父母的，既可以将自己的女儿培养成胸怀广阔的人，也可以将女孩娇惯成心胸狭窄的人。但为了女儿的幸福，为了女儿将来能有所作为，父母应当教女儿学会宽容。

1. 不要对女儿有求必应

当今社会，独生子女较多，所以家长溺爱孩子的现象比较普遍，常常对孩子有求必应。这样很容易让孩子形成自私、霸道、刻薄的性格。女孩必需的可满足，不合理的要限制，有些合理的也可延缓满足，这样才有利于培养女孩的自制能力，增强她的包容之心。

2. 教女儿学会“换位思考”

所谓换位思考，就是指当双方产生矛盾时，能够站在对方的角度上思考问题，思考对方何以会如此行事，如此说话。如果真的能够做到这一点的话，就能够理解对方，减少很多矛盾。

许多女孩只习惯于从自己的角度思考问题，而不习惯于站在别人的角度上思考问题。要消除这种现象，办法就是“换位思考”。

站在父母的角度上考虑，就会理解父母的良苦用心；站在爷爷奶奶的角度上考虑，就会理解老人的那份关爱和唠叨；站在老师的角度上思考，就会理解老师的艰辛；站在同学的角度上思考，就会觉得大多数同学是可爱的。所以，父母教女孩学会换位思考是非常有必要的。

3. 教女儿学会理解他人，明白人人都有缺点

“金无足赤，人无完人”，有缺点和不足乃是人性的必然。和同学相交，和朋友相处，不能求全责备，要求同存异。父母要开导女孩，对于朋友的缺点和不足，对于同学心情不好时所说的话和所做的事，我们没有必要事事计较、事事都分个是非对错，多原谅一回人，多给人一次宽容和理解，等于为自己多找了一份好心境，也会使自己在个性完善的道路上又向前迈进了一步。

刘莹放学回家，气愤地向妈妈讲述了当天发生的一件事：“我的同桌趁我不注意，偷偷在我的书桌里放了一只玩具蛇，把我吓了一大跳！”

“什么样的玩具蛇，是不是像真的一样？”妈妈问。

“是啊，看起来特别像真的，你不知道，当时我差点吓晕过去了！”刘莹讲述当时的情景时，显得十分害怕。

“现在没事了，你知道那是假的，你同桌只是逗你玩而已。你当时是怎么对待同桌的？”妈妈问。

刘莹说：“我当时吓得跳了起来，他却在那里笑，我就知道是他干的，于是拿起一本书，直接砸到他的脸上！”

“哇！这么粗暴，那你同桌又有什么反应？”

“他一点脾气都没有，因为他知道自己错了，赶紧向我道歉。但我可没有原谅他！”刘莹噘着小嘴说。

“哦，既然他知道自己错了，还向你道歉了，而你也用书砸了他，那你们之间应该扯平了，妈妈建议你还是早点原谅他吧，宽容他的小调皮！”

刘莹听妈妈这么一说，觉得有道理，默默地点了点头。

宽容不是怕人，不是懦弱，不是盲从，不是人云亦云，这一点是父母必须向女孩讲清楚的，必须让女孩知道宽容是明辨是非之后对同学、朋友的退让，而不是对坏人坏事的妥协，对坏人和得寸进尺的人是没有必要宽容的。

4. 让女儿在与同伴交往中培养包容之心

宽容之心是在交往活动中培养起来的。女孩只有与人交往，才会发现每个人都有这样或那样的缺点，都要犯或大或小的错误，而只有学会容忍别人的缺点和错误，才能与人正常交往，友好相处；也只有通过交往，女孩才能体会到宽容的意义，体验宽容带来的快乐。如称赞别人的缺点，庆贺同伴的成功，帮助有困难的小朋友，采纳别人的合理建议等，这些都能使女孩得到友谊，分享别人的成功，同时自己也能获得进步。

在女孩与同伴交往的过程中，父母要让女孩不嫉妒比自己强的同伴，不嘲弄比自己差的同伴和不故意为难自己的竞争对手。让女孩向比自己优秀的同伴学习，对不如自己优秀的同伴提供帮助，学会与竞争对手合作等。

自强——坚强、乐观的女孩最美丽

我们先来看下面的事例：

11 岁的康洁是四川省映秀镇一所小学六年级的学生。2008 年 5 月 12 日，四川发生了震惊世界的 8.0 级地震，震中正是在映秀镇。地震发生后，校舍倒塌了，康洁和很多女孩一起被瓦砾掩盖，她右脚骨折，被瓦砾割开了 8 厘米长的伤口。她几经艰辛，从废墟中爬了出来。当她听到多名老师的惨声呼叫后，不顾自身的伤势，连同其他生还者循声徒手拨开瓦砾，终于救出了几位老师。

随后，康洁和妈妈在校园重逢。妈妈只受了轻伤，但她告诉女儿，爸爸救人时牺牲了！大地震于一瞬间将映秀镇夷为平地，由于交通中断，她们与外界断绝联系长达 70 小时。终于，三天三夜之后的 5 月 15 日，直升机来了，康妈妈抱着爱女奔向直升机，亲手把康洁交予救援人员照顾，自己则留在灾区。

直升机把康洁送往位于成都的四川省人民医院，5 名医护人员一边为她缝针一边安慰她说："孩子别怕，你安全了。"而坚强的康洁没流过半滴眼泪，却向医护人员说："请不要这么多人留在我身边，你们去救其他人吧！"

众医护人员见康洁在经历了如此的噩运后，依然坚强懂事，无不动容。

当生活对你施加了贫穷、饥饿、苦难、嘲笑、误解等种种酷刑时，你是对它大声叱骂，还是连声抱怨，抑或是沉默不语，默默接受呢？

我们大多数人不外乎这几种态度，尤其是多数女孩的反应总是如此，这一方面因为她们自身的力量薄弱很难改变现状，另一方面也是因为她们性格中的顺从和埋怨更多了一些，当然，叱骂无非也是一种抱怨的方式罢了。

而真正的生活强者不会如此，他们不会怨恨生活所带来的困难和艰辛，也不会轻易就顺从屈服。相反，他们会积极地面对这一切，用坚定的决心和坚强的意志去寻找和创造一切对自己有利的条件，不会因为别人的不解而放弃坚持自己的理想和信念，并最终取得成功。

那么，培养自强、乐观的女孩，父母具体该怎么做呢？

1. 告诉女儿积极面对生活，勇于追求梦想

自古能成大事者，不仅有超人的才华，更有一种积极、勇敢的乐观心态。这种积极的心态来自于对美好生活的追求和由此产生的快乐，这种快乐不为任何逆境所掠夺、所压制。因为逆境已经存在，不必急于改变现实，但可以在精神上超越现实。

从女孩到少女时代的伊莎多拉·邓肯就是这样一个与艰苦生活搏斗，并勇于追求梦想的女孩。

1878年5月26日，被视为现代舞之先驱、20世纪最伟大的舞蹈家伊莎多拉·邓肯在美国的旧金山降临人世。伊莎多拉还在襁褓之中时，父亲和母亲便离了婚。所有的孩子都由母亲抚养，她的母亲是一位很贫困的音乐老师，所以小时候邓肯家的生活经常是缺吃少穿，还常因交不起房租而搬家。

但是贫困的生活阻挡不住快乐的来临，伊莎多拉从来就不是普通人，童年的她就和其他女孩表现得大不相同。

大约5岁时，有一天，母亲回家发现小伊莎多拉召集了六七个街上的女孩——她们还小得不会走路——让她们坐在她面前的地板上，教她们挥动手臂。母亲问她在干吗，她骄傲地说这是自己办的舞蹈学校。

邓肯夫人觉得不可思议：一个5岁的女孩会办什么学校呢！不过这个场面确实很有趣，于是她就坐在钢琴前面为她们弹奏乐曲。

后来，这个“学校”竟然就这样继续办了下去，而且大受欢迎，邻居家的小姑娘都来了。她们的父母给伊莎多拉一点儿钱，让她教她们。

当伊莎多拉10岁的时候，旧金山许多有钱人家也都请她去教舞蹈了。于是，伊莎多拉成了世界上年龄最小的舞蹈教师。

在全家的生活陷入了最困难境地的时候，伊莎多拉表现出了她的机灵和勇敢，为全家解决了一次次的伙食危机。

当家里一点吃的也没有时，她就自告奋勇到肉铺或是面包师那里去弄点吃的，她总是相信自己能做到，事实也的确如此。

小伊莎多拉或是左说右说地央求，或是耍点儿小花招，总能说服肉铺老板和面包师继续赊给她家一点羊肉片或是面包什么的。每当成功的时候，她就会手里拿着战利品，跳着舞，高高兴兴地回家。

多年过去后，积极寻找机会的伊莎多拉·邓肯终于成功了。她创立的具有古希腊风情的自由独特的舞蹈与一直统治着西方舞坛的芭蕾舞大相径庭，充满了新鲜的创意。她确立了现代舞创作的精神，成了美国现代舞蹈的奠基人。

这就是一个追求梦想、积极面对生活的现代女性的故事。

一个能够积极面对生活的人，不论在怎样艰难困苦的环境中，或家庭、自身遭遇到什么不幸时，都不会动摇退却，她总能看到瓦砾中的宝石，乌云后的阳光，因而总能满怀信心地迎着困难而上，百折不挠地继续前进。

生活中的不如意处处都存在，父母应该教导女孩学会从容面对生活，做个睿智的女孩。生活虽然不能时时如我们所愿，但美好的希望却依然时时存在，如同每个早晨太阳依旧会准时升起，温暖依然会最终降临！

2. 要让女儿从小具有良好的心态，关键是父母要有好心态

希望孩子有一个好心态，这几乎是所有家长对孩子的期待，但是孩子的好心态离不开父母和家庭环境的影响。如果父母整天唉声叹气、愁眉苦脸，那么你怎能期望孩子会有一个好心态呢？父母要检查自己的日常言行是抱怨的、消极的居多，还是积极的、快乐的居多；检查自己是否过于“父母作风”，做事独断专行，剥夺了女孩自主的权利。

3. 父母从一些生活小事上让女儿发现生活的美好

父母可以通过下面的几个方面着手，来让女儿感受生活的美好。

给女孩买一个充满快乐色彩的记事本，让女孩用来写感恩日记——每天都花15分钟列出一天当中所有的积极的事情、有趣的事情、接受别人帮助的事情。

要让女孩在家人生日、母亲节、父亲节等节日里为家庭成员准备一份礼物。这份礼物不必是精致或昂贵的，但是一定要是女孩自己来挑选或制作的。

带女孩去医院慰问病人，或去看望孤寡老人，让女孩知道这个世界上有更多生活不幸的人，她会觉得有些事情不值得自己抱怨。

培养健全性格，决定女孩一生的关键

瑞士心理学家荣格说：“性格决定命运。”因为心理学研究结果表明，一个人的性格健全与否在很大程度上决定了其事业成功与否、家庭生活幸福与否、人际关系良好与否。健全的个性是事业成功的基础、家庭幸福的根基、人际关系良好的基石。有这样一句话：命运如同湍急河流上的一叶扁舟，性格则是唯一的舵手，它既可使你抵达光辉的彼岸，也可使你随波逐流。这句话道出了一个人的性格对其一生命运的影响。

研究还表明，性格还能影响身体健康。不良性格会对人的大脑、内脏及其他器官产生危害。例如，忧郁时大脑过度抑制，造成免疫功能失调，从而引起营养性功能紊乱，使人体虚弱早衰；发怒时，胃的出口处肌肉骤然收缩，导致胃肠功能紊乱。性格的不同也影响着疾病的变化，癌症不经治疗而自行消失的大都是性格开朗、无忧无虑的人；高血压、冠心病会因患者性格急躁、容易激动而加剧，也能因心境平和、情绪稳定而好转；而性格乐观开放的人即使得了胃溃疡，溃疡面愈合得也较快。性格脆弱者会因一次精神上的打击而患上精神病，而性格坚强、凡事处之泰然者则不易发病。

而现代教育，无论是家庭教育还是学校教育，都没有重视培养女孩的性格，导致了很多女孩尽管学习好但性格却存在缺陷，往往在生活与学习中遇到一点点挫折就放弃、退缩。

> 大学毕业的王君苦恼地说："我自认为是一个失败的人，我失败的人生就是因为自己所接受的教育没有重视对孩子性格的培养。我上学的时候有个外号'好学生'，因为我的成绩一向总是很好，但是老师和父母却忽视了对我的性格的培养，导致了我进入社会以后，无论在什么竞争中都无法取胜，遇到任何一点困难和挫折，我都会选择逃避和退缩，这就是我的性格所导致的。所以我觉得我现在还是缺乏一种健全的性格，而我身边的人因为敢于接受挑战而成功了，那些当年的同学有些学习成绩并不好，但是现在却成了行业翘楚。看来性格对于一个人确实很重要。健全的性格才是人生成功的基础，而不是学习成绩。我的失败教训可以告诉那些孩子的父母和老师们，学习成绩好的孩子并不是将来一定能成材的孩子，而那些拥有健全性格的孩子将来才比较容易成材。"

所以父母应该着重培养女孩的性格，而不是仅仅关注女孩的学习成绩。健全的性格能使人的生活变得更加优质。

而对于女孩来说，健康的性格是什么样的呢？据国外有关专家调查结果显示，对女孩而言，受人欢迎的性格主要有以下六项：

聪明、可爱、安静，

态度积极、热情、性感，

亲切、体贴人、直率，

有活力、健康、开朗，

自制力强、诚实、认真，

做事干脆、和蔼可亲。

心理学家曾一再告诫世人：改善你的个性，健全你的性格，扼住命运的咽喉，做命运的主人。

一般来说，为了培养女孩健全的性格，父母需要做到：

1. 帮助女儿延伸自我，塑造非凡的个性

不怕危险地去延伸自我，勇敢地迎接生活所带来的巨大苦难，能够坦然地承认并面对自己的缺陷，通过自己不懈的努力，克服困难，走向成功。不满足于现有的成果，主动去寻找新的刺激，挑战自己的极限，激发出内在的潜力，塑造非凡的个性。

2. 让女儿体会父母的爱

初中女孩苗苗，在妈妈的逼迫下学习钢琴。她很努力，能把自己不喜欢的钢琴学到技艺精湛。她说："每次我听到亲戚朋友夸奖我，说我好厉害，钢琴达到了十级水平时，我都想大声告诉他们：别跟我说钢琴，我一点都不喜欢弹钢琴！我以后也不会弹钢琴，我弹钢琴只是为了不让我妈妈失望！"苗苗说，她感觉学琴的过程十分痛苦，她对钢琴恨之入骨，甚至在内心恨妈妈，因为妈妈让她失去了快乐的青春期。

虽然妈妈很爱女儿苗苗，但她逼苗苗学钢琴的行为，却没有让女儿体会到爱。很显然，她对女儿的教育是失败的。

爱孩子，就让孩子感受到你的爱。比如，要求孩子做什么时，要先跟孩子沟通，让孩子明白你的用心。批评孩子的时候，也要注意方式方法，切勿动辄打骂。正如大诗人泰戈尔所说："不是锤的打击，而是水的载歌载舞让鹅卵石臻于完美。"真正的爱是润物细无声的，是让孩子感到舒服的。

3. 让女儿学会给予和分享

我们所做的每一件事情都要付出一定的代价，所以当我们为满足自己的欲望需要向他人索取时，我们同样也需要给予他人一些东西。索取的越多，给予的相应也要多，同样，给予的越多，收获的也会越多。

另外，让女儿学会分享也很重要。一个人能与别人分享自己的力量，才能得到最完整的发挥。个性常常发端于我们独处时的所想所为，而真正的个性是要有奉献的精神，不能仅仅局限于自我。成熟个性的初始，人们更多地从自己的欲望出发，经过努力不断满足自身的需求，但在实现满足的过程中，人的行为会影响他人或受到他人的影响，永远不可能孤立地完成个性的发展。

4. 让女儿学会信任

信任是最重要的人际财富，每个人都免不了在不同程度上依赖他人。周围熟悉的和不熟悉的人都在我们的生活中起着举足轻重的作用。信任是财富，没有信任，我们就是孤立的，在这样一个人与人息息相关的世界上，孤立的个体肯定会与社会格格不入，将无法生存下去。

要实现得心应手的如意人生，健全的个性更不可少。如果想让自己的女孩在未来的社会有一席之地，那就趁青春期赶紧开始着手培养女孩健全的个性吧！

第七章

8 大能力培养，让叛逆女孩充满正能量

在培养女儿的过程中，父母们特别要注意的一点是：要全面培养女儿的各种能力。培养女儿的自控能力，让她学会掌控自己的人生；培养女儿的理财能力，让她既是“才女”，也是“财女”；培养女儿的团队合作能力，为她今后步入社会打下基础……

思考能力——内心有力量才能变得强大

多数父母在教育女孩的过程中，总是习惯于告诉女孩应该如何去做，而忽视了让女孩去想。一旦女孩没有按照父母的要求去做，便会在批评之后立即逼迫女孩认错，久而久之，不仅会在一定程度上损伤女孩的独立人格，还会使她享受不到通过思考获得知识的欢乐。

任何一个人对事物的正确判断，总是依赖于思考，女孩也是如此。从某种意义上说，女孩学会思考的过程，就是女孩成长的过程。

美国有一档电视节目，是黑人笑星比尔·考斯彼主持的《孩子说的出人意料的东西》。这个节目让观众捧腹的同时，也让大家深思。

有一次，比尔问一个 10 岁左右的女孩："你长大以后想当什么？"

女孩很自信地答道："总统！"全场观众哗然。

比尔做了一个滑稽的吃惊状，然后问："那请你说说看，为什么美国至今没有女总统？"

女孩想都不用想就回答："因为男人不投她的票。"

全场一片笑声。

比尔："你肯定是因为男人不投她的票吗？"

女孩不屑地回答："当然肯定！"

比尔意味深长地笑笑，对全场观众说："请投她票的男人举手！"

伴随着笑声，现场有不少男人举手。

比尔得意地说："你看，有不少男人投你的票呀！"

女孩不为所动，淡淡地说："好像还不到 1/3！"

比尔做出不相信又不高兴的样子，对台下的观众说道："请在场的所有男人把手举起来！"言下之意，不举手的就不是男人，看哪个男人敢不举手。

在哄堂大笑中，现场男人们的手一片林立。

比尔故作严肃地说："请投她的票的男人仍然举手，不投的放下手。"比尔这一招实在是厉害：在众目睽睽之下，要大男人们把已经举起的手，再放下来，确实不太容易。

这样一来，虽然仍有人放下手，但"投"她票的男人多了许多。

比尔得意扬扬地说道："怎么样？'总统女士'，这回可是有 2/3 的男人投你的票啦。"

沸腾的场面突然静了下来，人们要看这个女孩还能说什么。这时候，女孩露出了一丝与年龄不太相称的轻蔑的笑意："他们不诚实，他们心里并不愿投我的票！"

许多人目瞪口呆，然后是一片掌声，一片惊叹……

这是典型的美式独立思考。

没有独立思考能力的女孩，就没有独立性。要培养女孩的独立思考能力，父母就要提供一些机会给女孩，让她自己去思考，去领悟：什么是对、什么是错，什么应该做、什么不应该做……

具体我们来看以下的几个方法。

1. 鼓励女儿自己独立思考

我们先来看一个高考女状元妈妈的育女之路：

很多父母说让女孩当班干部不好，会影响孩子的学习，我倒不这么认为。

女儿上小学的时候，我就让她竞选班干部，在这个过程中，她的组织能力和思考能力也在逐步提高，而女儿当班干部的最大益处就是能学会站在别人的立场上思考问题，能在与人交流中谦让别人。有时候她的想法在班上得不到支持，就会和我交流，然后思考和反省自己到底哪里做得不妥。久而久之，她就养成了宽容、大度的良好性格。

我还给女儿在市图书馆办了一张阅读卡，让女儿每周到图书馆看书，然后会有意识地从小训练女儿独立思考的能力，如有什么不懂的地方，我会先让女儿自己去想，然后想办法解决，不依赖别人，久而久之，女儿做事一直都很有主见，凡事都会有自己的想法。

比如女儿也和其他女孩一样，喜欢看电视，但不同的是，在看新闻时，一般人只注意新闻的内容。但女儿除了记住发生了什么事，还对发生事件的时间、地点等相关的要素记得很牢，接着会对这些新闻折射出来的社会现象或者观点加以分析，这应该就是别人说的发散性思维吧。

我有时明知女儿的观点不成熟，但只要是她认真思考过的，我都尊重她的想法。这样的习惯，一直延续到现在。女儿摘取状元后，清华大学、北京大学和香港的多所大学都向她抛出了橄榄枝，但她经过深思后她还是选择了北大，并一一说出了她的理由和想法，我们全家人都支持她。

2. 经常发问，引导女儿思考

父母要学会耐心地回答女孩的提问，还要主动积极地去发问。由于发展思维是培养创造力的核心，也是女孩成长重要的能力。所以要培养女孩学会思考、善于思考的能力，让女孩养成平时喜欢思考的习惯，并在女孩思考问题的过程中发展发散性思维能力。

如果你陪女孩去参观一个摄影展览，对于展出的作品，你可以发现她的兴趣点，可以一起去讨论，去评价，还可以问她一些问题：为什么认为这个作品好，你有什么独到的见解，你的理解为什么与别人有所不同，等等。

如果你陪女孩去参观一个科技展，则她的问题会更多，这是什么材料，这个设施有什么功能，为什么会这样，等等。对于这些，可以鼓励她多问问展台的工作人员，当你碰到女孩提的问题一时难以解答时，千万不要厌烦或简单化处理，最好是告诉女孩："这个问题还真难，我们也不太清楚，等我查查书，或问问其他朋友后再告诉你。"而且要说到做到。当然，现在上网很方便，可以和女孩一起查一查感兴趣的问题。

3. 经常与女儿展开辩论

争辩可引发女孩认真细致地思考，且能培养其思维的敏捷性。可与女孩争辩"看电视、打游戏机时间长了好不好"，观看某一部电视剧后，与女孩争论对某一人物或问题的看法。这样，不仅锻炼了女孩的思维能力，还提高了她对许多问题的认识水平。

这里需要注意的是：父母不要把女儿的一切事务都安排得十分妥帖周到，不让女儿自己操心，相反，要给女儿营造一个思考的空间，放开手，让女儿大胆地去想，并认真倾听女儿的想法。即使有时需要用父母的思想代替女儿的思想时，父母也应与女儿一同把两种思想作比较，让女儿不但知其然，还要知其所以然。这样，才有助于培养女儿独立思考的能力。

4. 培养女儿的逆向思维能力

让女孩对任何一个解决方案，都要考虑利与弊的方面。对同一个问题，不仅要让女孩学会正向思维，也要学会逆向思维。

化学课上，老师掏出一枚金币，指着玻璃器皿里的溶液问学生："刚才我已经讲过这种溶液的性质，现在，我把金币扔进去。你们想一想，金币会被溶化掉吗？"同学们你看我，我看你，谁也答不上来。

忽然，坐在第一排的玲玲站起来大声说："肯定不会！"

"你回答得很好，"老师赞许地说，"今天的课，你一定弄懂了。"

"也不全是这样。"玲玲低着头说。

"那你怎么知道金币不会被溶化呢？"老师惊讶地问。

玲玲很快地回答说："要是这种溶液能溶化金币，你怎么舍得把它放进去呢？"

这是一个很出人意料的回答，然而却非常有道理。试想，一枚金币比普通的硬币贵重多了，老师一般情况下没有必要溶化金币去做实验。玲玲正是用这种逆向思维，巧妙地回答了老师的问题。

自控能力——自制力强的女孩才能管好自己的人生

家长经常遇到这样的情形：

女儿写作业时，只要有别的同伴一招呼，她就忍不住跟着人家出去一块儿玩。为了能让自己多玩一会儿，作业也写得潦潦草草。

带女儿逛商场之前，妈妈要求女儿必须答应她不能见什么都要，女儿点头答应了。可一到商场里，女儿看见什么就要买什么，不给买就不高兴。

女儿一点儿自制力也没有，没有一件事能从头做到尾。拿起一本书，还没翻上几页，就扔到一边；学习不了多长时间，就去看电视。

……

这样的情况简直太多了。许多父母常为女儿没有自控能力而烦恼不已。确实，女孩的自控能力差不但会影响到她们的生活、学习，而且还会影响到其今后的发展。

妈妈们都不明白：有时候女孩明明表现得很听话，很懂事了，可为什么一会儿工夫就完全像变了一个人似的呢？

其实，女孩的这些行为并非是因为她们不够懂事，有意和大人捣乱，而是因为缺乏自控能力。所谓自控能力，是一种善于控制自己的情绪、支配自己行动的能力。换言之，就是为了获得好的结果而克制瞬间的欲望或眼前的需求的能力。

黎黎是一名初三的学生，现在正面临中考，学习很紧张，但是每天做功课时，她都管不住自己。刚开始的几道题她还能认认真真地做，但没过半小时，她就坐不住了，一会儿起身去喝水，一会儿吃东西，一会儿又上厕所，反正她总有理由不写作业。

黎黎不光在做作业这件事上没有自制力，在其他方面也这样：跳舞可以说是她最喜欢的事，但当老师教完一段后，她认真练习的次数从来不会超过3遍，对动作的要求也是马马虎虎。因此，她总挨老师批评。黎黎自己也觉得很苦恼。现在面临中考，她认为自己这种状态根本不可能取得好成绩，但她却管不住自己，好像总有一种无形的力量支配她离开自己应该做的事。

在女孩的叛逆期初期，由于身体的迅速发展打乱了原有的心理平衡，所以14岁左右的女孩自制力反比10岁前更差，使得这一阶段成为最容易超越正常行为的危险期。所以，女孩的自制力也和其他能力一样，需要积极锻炼和培养，而不能消极地等待它自然形成，并不是时间就能解决一切问题的。

1. 冷处理，学会拒绝女孩的要求

教育女孩需要讲究方法。如果父母只会满足女儿的要求，那么父母就会成为女儿的奴仆，即使忙得四脚朝天也不能让她满意。因此，父母要利用一些方法，有意识地训练女儿的自控能力。

请看下面这个例子：

妈妈说："豆豆，吃饭了。"

女儿说："今天吃什么？"

妈妈说："米饭、红烧鱼。"

女儿说："不，我要吃肯德基。"

妈妈说："可是菜已经做好了，明天再去吃，不行吗？"

女儿说："不，我今天就要吃。"

最后，妈妈屈服了，带她到街上吃肯德基。

在这个故事中，女儿对妈妈提出了不合理的要求，妈妈怕女儿生气竟然顺从了她的要求，妈妈这样做既损害了自己的权利，又降低了女儿的心理承受能力，可以说这位妈妈的做法是非常失败的。

那么，我们再来看看一位聪明妈妈的教育心得：

我的女儿叫苗苗，今年 12 岁，从小就受到了全家人的宠爱。然而这两年，我们越来越觉得这孩子太任性、太叛逆了：走在街上看到什么就要什么，不给买就不高兴，有时候甚至好几天都不理我们，因此我和她爸爸只好一次次地迁就她。

半年前，我去听了一位教育专家的演讲，他的一句话让我触动很大："不讲原则的迁就孩子就是间接地伤害孩子。"因此我决心要改变女儿乱买东西的毛病。

一个星期六的下午，在女儿的要求下，我答应带她去逛街。出门前，我跟女儿约定：只看不买，否则就不去。女儿满口答应："行！"不过以我的经验来看，带女儿逛商店，女儿的眼睛一旦瞄到那些她喜欢的小玩意上，不管需不需要，只要她看中就一定要买。

像以往一样，女儿照例要光顾一下这些小店。由于有约在先，我便放大胆子带她去了。女儿兴奋地东张西望，过了一会儿，一个看起来非常可爱的玩偶吸引了她的注意，女儿便缠着我要买，我马上就拒绝了。

这下女儿不高兴了，一副气呼呼的表情，我一改往日的"温柔"，不理女儿这一套，咬紧牙关就两个字——"不买"。

我冷淡地对女儿说："记不记得出门的时候你答应过妈妈什么？"

女儿沉默不语。

"你走吗？你真的不走？那我走。"

狠了狠心，我很快离开了商店，很久才见女儿抹着眼泪跟了出来。

回到家里，我和女儿定了一个"制度"，她什么样的要求可以得到满足、什么样的要求会被拒绝，最后也达成了共识。

有了这第一次成功的拒绝后，我就继续进行我的计划，孩子的爸爸也和我站在一起，对女儿不合理的要求一律冷淡地拒绝。半年下来，女儿果然改变了不少，她的不合理要求、不良习惯都少了。家长会上，老师反映苗苗现在很懂事，也很独立。

这位家长的教育方法是非常成功的，对女孩提出的不合理要求，父母冷淡地予以拒绝，正是对女孩负责任的表现。过于迁就女孩，等于间接促使女孩养成随心所欲的不良习惯，很容易导致她们在日后的学习、工作、交往中碰壁。

所以，冷淡地拒绝女孩的不合理要求，是锻炼女孩自控能力的最佳办法。需要注意的是，在女孩平静下来后，一定要告诉她拒绝她的原因，这样的教育才是有效的。

2. 自制的力量来自克服困难坚持到底的毅力

自控能力是一种善于控制自己情绪、支配自己行动的能力，是意志的重要品质之一。建议父母在生活中，要鼓励女孩有始有终地做好每一件事，她的自控力便能得到培养和发展。

下面我们来分享一位妈妈在训练女孩的自控能力方面的心得：

女儿在初三的时候一度痴迷言情小说，不仅成绩滑坡，还精神不振。但她意识到问题的严重性后，说不看就不看，自制力非常强。

其实，女儿强大的自制力并非天生，而是得益于我们对她进行的意志力培养。一般来说，父母会在孩子成功之后给予赞美和鼓励，而对孩子活动过程中所表现出的自制和努力视而不见。

我和她爸爸都很看重女儿在完成任务过程中的努力，不管结果如何，首先会对她克服困难达到目标的精神给予鼓励。有时她用心做一件事而不能成功时，也曾想放弃，这时我会鼓励她“再试试看”“能不能换一种办法”；如果完成起来确实有困难时，我便在行动上帮助她。

记得小时候她用橡皮泥做长颈鹿，鹿脖子总也竖立不起来，她就泄气不做了。我给她几根牙签，让她放在橡皮泥里再试试，她立刻坚持下去并高质量地完成了任务。别小看这种成功，它能够锻炼女儿的毅力和自控能力。

3. 一分克制是十分力量

下面的例子父母可以拿来借鉴：

然然成绩一直名列前茅，可自从迷上电脑后，成绩直线下滑，妈妈提醒了她好几次，她也保证过不再玩，但背地里还是会偷偷地玩。

上高中后，她自己认识到这样下去不行，想摆脱诱惑，但是总不能成功。妈妈通过咨询心理医生和阅读相关书籍，寻求解决方法。原来，女儿正处在叛逆期，有逆反心理，不喜欢听说教，于是妈妈努力改正唠叨的毛病，写了个纸条放在女儿书桌上："妈妈知道你内心是矛盾和痛苦的，你认识到沉溺电脑游戏对学习有害，但又陷入其中不能自拔，这都是自制力太弱导致的。高尔基说过，哪怕是对自己小小的克制，也会使人变得坚强。"

第二天，然然主动向妈妈打听怎样才能增强自制力。妈妈说："不需要特殊方法，通过日常小事就可以磨炼出来。比如按时起床，还是再赖会儿床？看精彩的电影，还是完成作业？这都是对你的考验。"

然然想了想说："这样吧，从明天开始我6点起床，跑步20分钟，希望你能督促我。"

妈妈听了非常高兴。

为了进一步锻炼女儿，妈妈还参考国外心理学著作《自制力七途径》，制定了"自控五法"：控制时间，列时间表，使学习、生活有规有矩；控制接触对象，拒绝和拉自己去网吧的同伴交往；控制承诺，如果许下了承诺就必须要做到；控制目标，定下学习小目标，一步步去实现；控制忧虑，乐观地面对挫折。

一学期后，然然戒掉了网瘾。现在，她自己抄写的培根名言"一分克制是十分力量"依旧贴在床头。

应变能力——聪明应对各种突发状况

某报曾刊载过这样一则新闻：

一对父母因各自有急事当晚都没有回家。因为忘记带钥匙而不知所措的女儿甜甜竟然在家门口苦苦地等候了近6个小时，如果不是被好心的邻居发现并领回家中安排食宿，她很有可能就在门外度过一个晚上。

事后，隔壁邻居艾女士是这样说的："幸亏我昨天晚上回来时，看见这个女孩坐在家门口。否则，她在那里坐一晚上还不冻坏了？"

"甜甜已经念小学六年级了，在学校里的成绩也属于中上等，平时见她也挺乖巧的。但没想到，她昨天发现父母不在家，竟会愣在门外等，而不知道去邻居家里，或者给父母或亲戚打个电话。唉！现在的女孩一切都由父母包办，面对一些突发事件，自己应变生存能力太差了，真让人担忧啊！我看这很值得父母好好思考一下了。"艾女士深有感触地说。

同样是女孩，同样是遇到困境，但一个美国小孩的做法却是另一个样子：

据报道，在美国，有一个只有 7 岁大的小女孩，在一个大雪纷飞并且完全与外界失去通信联络的晚上，成功地帮助母亲分娩了一个男婴。

假如这个小女孩在这种突发意外的情况下只会感到无助，只知道哭泣，那么，其母亲的后果将不堪设想。而她面对困境，没有紧张、慌乱，而是灵活应变，成功地帮助了母亲。这真的应该引起很多父母的深思。

社会是复杂的，人一生的经历也是多样的。对于女孩来说，在面对各种突发情况的时候，如何机智地应变，让自己摆脱不利的局面是成长过程中非常重要的一个环节。所以，父母在教育女孩的过程中，一定要培养好女孩的应变能力。

1. 给女儿出一些"难题"，引导她学会应变

"宇华！"看到女儿已经趴在那儿写作业 1 个多小时了，爸爸就喊。

"嗯。"宇华应着，但没有抬头。

"能不能帮爸爸去买一瓶醋？"

"可我在做作业。"宇华为难地说。

"妈妈正在做饭，急着用呢。"爸爸故意显出很为难的样子。

“哦，”宇华只好合上了书本，“那好吧！”

“胡同口上的那个‘万佳小卖铺’就有。别忘了，快一点，妈妈在厨房正等着用呢！”

“好的。”宇华答应着，出了门。

不一会儿，宇华回来了，但空着手。

“哦？”爸爸奇怪地问，“怎么没买啊？”

“那个小卖部的醋卖完了！”宇华说。

“那隔壁那条街的‘老王利民店’也卖完了？”

“……我没去。你让我到‘万佳小卖铺’的……”宇华支支吾吾地说。

“醋呢？”妈妈在厨房里喊，“快点，要不就来不及了！”

“……”宇华低下了头。

那天晚上，全家吃了一顿没有加醋的“糖醋鱼”，谁也没有说话。宇华一句话不说，低着头，不停地往嘴里扒着米饭。

“嗯。”爸爸故意夹了一大块鱼，放在嘴里津津有味地嚼着，“你还别说，没有加醋的糖醋鱼，味道还挺好的呢！”

全家人都笑了起来，宇华脸红了。

其实大家都不知道，宇华爸爸正偷着乐呢。原来他下班经过“万佳小卖铺”的时候，想起家里该买醋了，就进去看了看，可惜醋已经卖完了。他平时都是来这家店买醋的，这回醋卖光了。

本来他想着再去隔壁那条街的“老王利民店”看看，但转念一想，还是把这件事交给女儿来做，正好考验一下女儿的应变能力。

这是来自《千万别“管”孩子》一书的一个真实案例，主人公陈宇华 18 岁以五门主科第一名的成绩被保送到中国人民大学，两年后成为当年中国大陆唯一被录取到美国斯坦福大学的本科生，而后又就读于美国哈佛大学商学院，先后在美国科尔尼咨询公司、美国高盛投资银行、默多克新闻集团等国际一流的公司工作过，2000年在中国创立了自己的技术公司。

在她的成长轨迹中，她父母运用了许多诸如此类的教育招数。

宇华的父亲在生活中很随机地给女儿出了一个“难”题，不管女儿是否能够解开这个难题，目的只有一个：培养女儿的应变能力，而良好的应变能力有助于女儿妥善处理问题，合理承担责任。

2. 培养女儿面对突发事件的应变能力

我们来看看一群外国女孩在迷路的情况下是如何走出大山的。

在山里野营的一群女孩迷路了，在潮湿和饥饿中度过了恐怖的一夜，女孩们无望地失声痛哭。“大人永远也找不到我们了，”一个女孩绝望地哭泣着说，“我们肯定会死在这儿的。”然而这时候，11岁的伊芙雷站了出来，“我不想死！”她坚定地说，“我爸爸曾经和我说过，只要沿着小溪走，小溪会把我们带到一条大河边，最终一定会遇到一个小市镇。我现在就打算沿着小溪走，你们可以跟着我走。”

结果，女孩们在伊芙雷的带领下，顺利地走出了大山。

也许大家会认为，像伊芙雷这样的女孩生来就聪明，就有这方面的才能，其实这些生存技能并不是天生的，主要得益于父母后天的教育。在西方国家，还有日本，都非常重视女孩独立生存技能的培养。从孩子懂事时起，家长就会不断教育他们如何学会生存，比如自己学会吃饭，整理自己的东西，并知道在危险的情况下怎样保护自己等。

其实，在女孩成长的道路上，风险无处不在。父母既不能把女孩养在温室里，又不能太过粗心，对女孩放任自流，让女孩靠近危险。所以父母应该教给女孩们方方面面的知识，包括一些基本常识和趋利避害的安全知识。那些大量充斥在媒体上的关于女孩因意外造成死亡的案例是那样触目惊心，它们时刻提醒我们做父母的要教给女孩生存的智慧。

父母应多和女孩谈论突发事故及其危害，通过适时教育使女孩获得应对的技巧，特别是发生事故时的自救和向其他人提供适当的援助，让女孩明确突发事故并不那么可怕，我们能够学习如何保护自己，避免受到伤害，或者最大限度地降低伤害。

在日常生活中解决问题时，父母要运用自身的冷静、理智作榜样，如：切菜手被划伤了，要平静地请女孩帮忙去拿创可贴；女孩摔跤了，父母不要过于紧张，而是询问伤情，根据情况采取不同的处理方法。这些点点滴滴将会融入到女孩的心里，使女孩的信念不断得到强化。这样，在遇到突发事故时，女孩也就能够冷静、平和地处理。同时父母也一定要让女孩明白，在危险面前逞强并不是勇敢的行为，遇到解决不了的问题，一定要懂得向他人求助。

父母还可以经常就突发问题展开讨论，比如可能会产生哪些后果，应该采取什么样的措施解决问题。在不断的演练中，女孩灵活应对事故的技巧和避险能力才能得到提高。

此外，父母应给予女孩关于应变的训练：比如利用新闻事件与女孩讨论，让女孩想办法解决；日常生活中多让女孩想办法解决自己碰上的难题，以激发她潜在的反应能力。

时间管理能力——让女孩改掉拖拉的习惯

我们先来看下面的例子：

张颖今年10岁，是个干什么事都拖沓的小女孩，比如上课迟到，写作业拖拖拉拉，喜欢花大量时间完成一件微不足道的事。

爸爸妈妈越催促，她越是磨蹭，并且总能找出一大堆理由。就拿写作业来说，她就能找出很多磨蹭的借口。不是作业太难，得好好想想，就是口又渴了得喝点水，等等。父母如果提醒她，双方之间就会发生争执，这又成了她完不成每件事的借口，迫使父母让步。

女孩拖拉确实是让很多父母头痛的一件事，不过，父母整日唠叨，一味地指责她，并不能改变她。

因为磨蹭的女孩并非天性如此，磨蹭的习惯是逐渐养成的，事实上，正是父母长期以来喋喋不休的催促导致的。比如“快点吃饭”“跟你讲几遍了，马上去睡觉”，等等，这样催促女孩反而很容易让女孩形成执拗的性格，而这种恶性循环，尤其容易发生在父母没有耐心的家庭里。

1. 让女儿尝到拖延的苦头

“快起床，这是我最后一次叫你了！”

女儿“嗯”“好”答应着，却不见动静。

“快一点，要迟到了！你看你就不知道要快点！”

假若父母每天负责早上叫女孩起床，那么毫无疑问，女孩将等到父母再三催促时，才会懒洋洋地从床上起来，因为她们根据以往的经验，知道大人会继续催她们起床，而且不会让她们迟到。

我们常常为女孩承担太多的责任。那些做事拖拉、磨蹭的女孩的父母都喜欢为女孩包办一切。

而最好的办法莫过于：让女孩自己面对行为的结果，如女孩赖床的结果是来不及吃早餐或上学迟到，做功课拖拖拉拉的结果是晚睡而第二天精神不佳等。

一位妈妈因为女孩的赖床而苦恼，天天要催她起床。有一天这位妈妈终于忍不住发了脾气，生气地问女儿：“我真受不了你了！如果你以后变成了女孩的妈妈，你会怎么办？”谁知她的女儿慢悠悠地回了她一句话：“妈妈，如果我是妈妈的话，我就不会去管她。睡晚了，上学迟到自然有老师会处理。”

女孩的说法不无道理，与其唠唠叨叨地管教孩子，不如让她为自己的行为负责，承担相应的后果。

2. 给女儿定一个规矩

一位12岁女孩的父母，发现自己的女儿自由散漫，对父母的要求经常讨价还价，学习成绩也在班里排倒数几名，他们为此忧心如焚。夫妇俩都是大学的老师，他们怎么也弄不明白，女儿的智商也不低，为什么会变成怎么教也教不好的“差生”？

通过询问发现，这对夫妇的教育观念属绝对开放型，女儿从小在一种自由的氛围中成长，父母对她几乎没有规矩限定，女孩想干什么父母都悉听尊便。偶尔，他们也会对女儿提出一些要求，如要记得收拾自己的物品、不允许看太长时间的电视等，但这些规矩都经不起女儿的软磨硬泡而大打折扣，直到女儿初中快毕业时，父母才惊叹道：这孩子怎么变得这么糟糕？！

“没有规矩，不成方圆”，这是人尽皆知的道理，女孩需要成人给予她们明确的是非观念，对她们提出明确的规定，以便她们了解这个她们赖以生存的社会规范，并逐步除掉拖拉的恶习。

为女孩制订规矩需要考虑以下几个问题：

制订规矩前是否跟女孩一起商定规则，女孩对这些规矩是否认可？

对于制定的规矩，父母是否达成了共识？只有父母双方对女孩要求一致，才有利于让规矩变成女孩的行为习惯。

它实际吗？假如女孩做作业非常拖拉，这时候告诉女孩不做完作业就不准吃饭是不切实际的；而让她明白如果她吃饭前没做完作业，吃完饭后必须接着做，否则不许看电视，这才是实际的。

它具体吗？它简洁吗？为女孩制定的规矩必须是一个具体的行为，而不是一个宽泛或笼统的概念，比如“你必须做一个好女孩”是一个抽象的概念，“每天在9点以前上床睡觉”才是一个具体的行动指标，有了这个规定，父母就不必每天唠叨“快吃饭，都快7点了”“你没时间画画了”等，你只需让你的女儿明确，9点以前做完所有该做的事，然后上床睡觉，这样，你就不必为女儿每次违反一个细小的规定而想办法教训她了。

3. 切忌过多地重复同一个要求

“玲玲，该睡觉了。”妈妈不断地催着女儿。但玲玲似乎没听见，继续看自己喜欢的电视剧。

“去睡吧，明天还要上学。”

玲玲没有理会妈妈的要求。

“玲玲，你最多只能看5分钟。”

但10分钟过去了，玲玲依然没动。

很明显，玲玲是受了可以不遵守时间规定的训练。妈妈说得太多，但并没真正督促玲玲去执行。对于说得太多的妈妈，玲玲得出一个结论：妈妈的规定可以不执行，因为不听妈妈的话并未造成什么后果。

在生活中我们经常会听到父母的这些“唠叨”：“快一点！”“你再不吃饭我就把你的饭倒了。”“我对你说过几遍了，怎么还不动？”“赶快上床睡觉去！”这些不奏效的催促，使女孩变得对父母的话毫不在乎，不论轻重都心不在焉了。

有的父母说，如果他们不唠叨，女儿就什么事情都做不好。他们可能缺乏耐心，却又很乐意管女孩，管教时又要求得不严，只是一味地唠叨，结果这种唠叨会大大削弱女孩的主动性。正确的做法是：父母不要过多地重复同一要求；要求一经提出，必须监督女孩执行，并检查她们执行的结果。

理财能力——全民理财时代，别让女孩 OUT

常听到父母这样抱怨说："我的女儿长这么大，什么都不会干，就会花钱。"其实，在处处离不开钱的大环境下，如果女孩真的会花钱，应当说是一大长处。但实际上，父母所抱怨的是女孩们不会花钱、乱花钱。

一位妈妈向邻居们抱怨：

> 我的女儿今年 11 岁了，可从不知道钱的价值。她常将零用钱乱花一气，如买些漫画书和包装花哨的糖果。她总不知道存钱。我为此同她谈过几次，却毫无用处。我不知怎样才能说服女儿并帮助她比较聪明地花钱。

其实，10~16 岁这个年龄的女孩已经开始有意识地尝试自理生活的能力，比如用零用钱买自己想要的东西。如果你企图用你认为的好办法来控制她，那她也许反而会试图摆脱你。

父母应当首先搞清楚以下问题：

> 我的女儿是否有一定的钱？我是否相信女儿能独立管理钱财？
>
> 我是否允许大点儿的女儿多承担些财务责任？或者，我是否放松一些财务的绝对控制权？
>
> 我是否帮助女儿建立消费计划，并监督计划的执行？
>
> 我和女儿是否定期一起讨论购物问题、支出问题？
>
> 我是否鼓励过女儿参加家庭消费活动，是否听过女儿对改善家庭财务状况的建议？
>
> 我是否为女儿提供了一个合理安排家庭财务的良好范例？在处理钱财上我是否诚实正直？

如果上述问题中“否”的答案多些，父母还是需要多做努力的。

1. 鼓励女儿养成储蓄的习惯

叛逆期的女孩总有不同的消费需求。比如让父母添置智能手机、笔记本电脑等。添置东西不是不可以，但是要让女孩觉得有一种区别：用父母买的东西似乎欠了父母一份人情，而用自己节省下的零用钱买的东西就比较有“成就感”。

建议父母让女孩从每周的零用钱中留出25%，每个月再把攒下来的钱存到银行或放到储钱罐里。这样做可以帮她培养耐心并扩大储蓄额。

2. 零花钱该怎么给

女孩越大就越需要零用钱，而父母应该给她多少零用钱呢?

对这个问题，我们没有标准答案，这要依每个家庭的经济状况、女孩的年龄以及她的实际需要而定。因此，父母先要经过一番思考和调查，然后斟酌行事。

你还可以告诉女孩，零用钱就是每周给她一笔数目固定的钱，她可以用来买她认为重要的东西。

记住，女孩们会像父母盼望领工资一样渴望拿到她的零用钱。如果女孩拿到钱后立刻就花掉了，父母不要再另外给她，而且要明确地告诉女孩，她必须等到下一个发零用钱的日子。

你们也许时而会听到女孩的唠叨、抱怨，但这种状况不会永远持续下去，她会明白她应该得到的钱就这么多。如果每当女孩的钱花完的时候你还会给她更多的钱，那她永远也学不会如何合理支配自己的零用钱。

下面我们来看一位叛逆期女孩的妈妈是怎么做的：

上了中学，女儿需要的零用钱更多了。我一方面增加了女儿的零用钱数额，一方面仍坚持让她报账的原则。我告诉她，凡属于学习费用，包括学费、班费、学习用具、餐费等，实报实销，不列入零花钱的范围；同学过生日送礼物的钱、买零食的钱，和同学外出看电影、游玩的钱一律自己付。

她分得很清楚，该向我们要的钱一分钱也得要，该她出的钱她一定会出。由于是“包干经费”，她自己计划着呢，我根本不用操心。接着女儿到了高中，养成了习惯，零花钱的使用就很有计划了……

所以，像上面这位妈妈一样，你可以告诉女儿她的零用钱都包括哪几项，你也可以询问她的支出情况，然后大可不必一直监视她。只有在怀疑她有乱花钱的地方时，才可以去问问她。其余的时候，我们要让她自己处理自己的金钱。

3. 给女儿接触家庭财务的机会

女孩们虽然接触了钱，但她们却很少接触到真正的家庭生活开支，所以，当她们长大以后需要自己支付水电费、房租、物业费的时候，常常会觉得束手无策。因此，父母最好从现在开始给女孩一些机会，让她们去买菜、交水电费等，使女孩知道家里的钱是怎么花出去的，父母每个月都需要支付哪些开支等。这样，女孩有了了解家中“财政”的机会，也会在这些小事上养成精打细算的习惯。

4. 让女儿学会记账

看下面的这位聪明爸爸是怎么做的：

小辛进入初中后，爸爸就和他签订了一个关于使用零花钱的协议：父母将每月给小辛 400 元的费用，小辛的日常开销和学习用品的支出都由她自行支配。

刚开始的时候，小辛不以为然：“我又不是小孩子，难道这点事情还做不好吗？”可是不久，小辛就体会到了父母的良苦用心。平时，同学聚会很多，大家凑在一起吃火锅、唱卡拉 OK，出手大方的小辛也总是乐于抢着埋单。一两次下来，小辛就发现自己的 400 元钱已经剩得不多了。

于是，小辛在爸爸的建议下开始“记账”了。她自己设计了一个简单的 Excel 表格，每天晚上做完功课后就花点时间回顾一下当天花了哪些钱，然后把这些账目敲到电脑里去。

这样，小辛对已经产生的花费就一目了然了，而且她对每个月的支出也有了明确的规划。

5. 让女儿明白做父母的苦心

做父母的，往往在自己认为无关紧要的行为上，给女儿播下了不幸的种子。如家境好的父母让女儿乱花钱，女儿要什么就买什么。而女孩呢？并不了解父母的一番苦心，只以为父母的钱来得容易，结果大手大脚，在人前摆阔。这些女孩成年之后，就养成了乱花钱的习惯，自己挣不到钱就向父母要，要不到，就与父母发生冲突，有的女孩还因此误入歧途。

有一位正处于青春期的女孩，十分懂事，非常体谅她的妈妈。因为她妈妈平时喜欢和她讲一些工作和生活上的事，比如工作多么忙、多么累，同事间的关系多么不好处理以及赚钱有多不容易，等等，让她从小就理解了父母的辛劳，所以这位女孩从小就比别的女孩懂事。

虽说父母之爱是无私的，但父母的辛苦付出绝不是为了让孩子坐享其成，铺张浪费。因此，父母不要刻意向孩子掩饰自己赚钱的辛苦，而应当如实客观地把这些事情告诉孩子，让她明白父母的苦心。

判断能力——培养女儿正确的是非观

到了中学后，女孩接触的东西比小学多得多，面临的诱惑也会多很多，包括好的和不好的影响。这就要求女孩学会辨别是非。

我们在女孩小学时就开始注意培养她这方面的能力，让女孩懂得正确识别是与非、对与错，懂得抵御各种诱惑。

所以，保护女孩的判断力和理性是教育中至关重要的。一旦女孩没有了正常的判断力，那么她就不能明辨是非，不能正确地判断事物的好坏了。

妈妈和悦悦一起逛街，走到红星广场前的一家服装专卖店门前时，被路边的一个中年男子拦下来。男子抱着一个三四岁的女孩，地上放着一张纸，上面写的内容大致是：他是外地人，妻子跟人跑了，来这里找妻子，现在女儿也病了，钱被偷了，希望路人能捐点回家的路费。小学五年级的悦悦认识纸上的所有字，她马上对妈妈说："妈妈，咱们给他们一点钱吧，这位叔叔和小妹妹好可怜！"对于这样的街头骗术，妈妈早已不觉得新鲜，可是面对女儿天真的小脸和充满同情与难过的眼神，说出真相似乎很残酷。

但是，就这样让骗子得逞似乎也是不应该的。于是，妈妈灵机一动，对悦悦说："是啊，他们好可怜，我们给报社打个电话求助一下吧，发动更多的人帮助小妹妹找到妈妈，好吗？"悦悦很高兴地说："好，我们快给报社打电话吧！"可就在妈妈拿出手机拨号码时，那个中年男子抱着女孩匆匆忙忙跑掉了。

悦悦不解地问："妈妈，他怎么走了？难道不希望报社帮助他吗？"妈妈挂断电话，对悦悦说："孩子，他是不敢让报社知道啊。因为他们是骗子。"接着，妈妈就给悦悦讲了更多的街头乞讨行骗的事。最后，悦悦终于相信了他们真的是骗子，并咬着牙说："他们真坏，太可恶了！以后我再也不上当了！"

人们常说男孩比女孩聪明，男孩会骗别人，而女孩不会骗人，只会上当。其实，这不是聪明与否的问题，而是思维方式的问题。女孩的思维方式与男孩不同，她们更加感性，更加相信自己的直觉。正因如此，面对问题时，女孩往往会轻信自己一时的感觉，而不去做更多的判断和推理。所以，女孩往往比男孩更容易上当。

通常女孩的父母比男孩的父母更牵挂女孩的安全，很大程度上是因为女孩处理事情过于感性，缺乏判断是非的能力，不擅长理性思考和分析。女孩被欺骗和被侵害的事例也明显较男孩多。

一位行为学专家曾说过：“思考与理智能够拯救一个人的命运。”这句话对女孩的人生来说似乎更为合适。理性思考可以帮助我们透过事物的现象看到本质，可以帮助我们“去伪存真”，把握事物发展的内在规律性。一个习惯于理性思维的女孩，不仅会在学业、事业上表现得更优异，成长路上的烦恼和危险相对来说也会少很多，而且她面对人生的众多选择也会更具甄别能力。

那么，怎么能让一个感性的女孩更多几分理性的判断力呢？其实，女孩的思维能力是在生活中一点点积累起来的。只要父母细心、耐心地引导、多多启发，女孩就会更加理智。

1. 让女孩多多听取别人的意见

父母应向女孩着重强调寻求建议的重要性。如果她们是明智的，她们应该知道，即使是大人，如果没有得到至少来自一个人的建议，他们也不一定能做出正确的决定——特别是对那些棘手的问题。

所以要鼓励女孩，在做出决定之前要征求一些自己信任的人的意见，比如父母、同学、朋友等。

国内外许多研究证明，凡道德判断水平较高的女孩，其父母一般都与女孩保持温暖、亲密的关系，善于言语诱导，以理服人。这些父母都比较注重提高家庭生活的民主气氛，对每个成员的看法和意见都进行公正的考虑。

2. 勿以事小而忽略，勿以人小而不教

经常有父母说：“这多大的事，没必要和孩子上纲上线！”一方面，他们觉得事情很小，另一方面他们觉得孩子还小，鉴于这两个方面的原因，他们总是对孩子错误的、不当的、无礼的行为视而不见，甚至默许。

夏女士有两个女儿，一个上初二，一个上四年级。两个女孩从小养成了一个很不好的习惯，那就是喜欢翻别人的包。有客人来家里玩，或者她们去别人家玩时，她们就会无所顾忌地翻别人的包。有吃的就拿吃的，有玩的就拿玩的，弄得别人很尴尬。

有一次，一位朋友好心提醒夏女士："你两个宝贝女儿喜欢翻人家的包，这可不是什么好习惯，你得帮她们改掉这个习惯！"没想到夏女士却哈哈一笑，说："这有什么的，她们还是个孩子，再说了，翻包才多大点事啊，她们只是翻翻，又不会拿人家的钱物。"

夏女士的话反映出她的一些误解，在孩子做出不恰当的行为时，其实是孩子是非不分的表现。孩子不知道这样做是对是错，作为父母，有责任明确地指出来，而夏女士却视而不见，在朋友提醒时，却不以为然，为孩子辩护。

殊不知，这种错误的教育方法，会让女儿失去正确的是非观。聪明的父母，千万要记住：不能因为女儿还小，不能因为是小事，就对女儿不恰当的言行视而不见，而应该及时教育女儿，纠正女儿的不良言行，帮女儿建立正确的是非观。

团队合作能力——为女儿今后步入社会打基础

当女儿在游戏或者学习的时候，做父母的是应该鼓励她单干，还是与人合作呢？

有人曾经问日本的一位小学校长："您办学最注重什么？"这位校长回答说："教育孩子学会理解与合作。在现代社会，如果不能同上下相互理解和合作，知识再多也没用。"

这位校长的话告诉父母们：团队意识与合作能力是女孩的一项重要素质。

一个懂得合作的女孩长大后会很快适应工作岗位，并能积极发挥作用；而不懂得合作的女孩，在生活中可能会遇到许多麻烦，甚至遇到困难时无所适从。

因此，作为父母，应该有意识地培养女孩与别人合作的能力，即女孩的团队精神。家庭是培养女孩各种素质的最佳课堂，而父母则是女孩最早也是最重要的老师，那么应该怎么在日常生活中培养女孩的合作精神呢?

1. 让女儿明白团队合作的重要性

与人合作的能力已成为当今世界人才的重要素质之一。然而，由于家庭成员对女孩的溺爱，任性、脾气大、与人合作能力差成为大多数女孩品质上的弱点。有些父母把女孩视为掌上明珠，对她们百依百顺，使这些女孩只顾自己，很少想到别人，这样的女孩合作能力会比较差，关键的时候会给整个团队带来负面影响。

十一长假就要到了，丹丹和蒙蒙的父母要带她们去野外郊游、爬山，然后野餐。

临行的前一天，一家四口人商量了该如何进行准备：妈妈负责去超市买食品，爸爸准备烤肉的炉子，12岁的丹丹提出负责所有餐具，10岁的蒙蒙则负责准备调料。

爸爸提醒她们是否列出一个单子，一则防止需要的物件遗漏，再则若有准备不够的物品，可及时去买。丹丹很快就列出了单子，请爸爸过目，随后便开始准备；而蒙蒙却跑到外面找邻居家的女孩玩。

爸爸告诉蒙蒙：尽快备齐调料，否则野餐会不好吃。

蒙蒙一边往外跑一边说："放心吧，非常简单，我一会儿就弄好了，你们别担心。"

爸爸不大相信她会准备齐全，想自己来做，但是转念一想，应当给蒙蒙一个教训，于是便没有再督促蒙蒙。而蒙蒙也很开心地玩到很晚才回来，到厨房里忙了一会儿，搞出来一袋子瓶瓶罐罐，便回房去睡了。

第二天一早出发，爸爸并没有再检查蒙蒙的"准备工作"，一家人高高兴兴地出发了。

走了两个小时的山路，选好了野餐的地点，一家人开始准备午餐。等肉烤熟后，她们整理好盘子，围着野炊点的木制桌椅坐下，开始往烤肉上倒调料。

“蒙蒙，孜然在哪里？”

蒙蒙伸手到袋子里去找，可怎么也找不到。

“奇怪了，我记得从柜子里拿出来的，怎么会没有？”

“你有没有列在单子上？”

“我没有列单子，我记得把所有的调料都拿出来了。”

蒙蒙又翻了一遍，大家都在那里等着。蒙蒙最终没有找到，不由得惭愧地低下了头。

因为烤肉少了调料，这次的集体野餐大为逊色。蒙蒙意识到由于自己的任性和疏忽，不但影响了自己，也影响了一家人的兴致。这件事给蒙蒙上了生动的一课，她充分意识到了团队合作的重要性。

2. 引导女儿靠拢团队

有一个日本朋友来中国经商，便把女儿也接过来，把她送进中国的一所学校念书。

这位女孩在学校的情况却不太好，很多同学骂她、不理她。女孩觉得受了欺负，特别委屈，回来就向爸爸倒苦水：“爸爸，我不想上学了，她们都不喜欢我，不愿意和我一起玩！”

如果换做中国的父母，大多数人都会安慰女儿，并考虑给女儿换一个学习环境。但是这位父亲听了不但没生气，反而笑了笑，说：“你今天帮老师和同学做什么事情了吗？”

女孩摇头。

这位父亲说：“那这样，你从今天开始，每天帮老师和同学做些事，回来以后告诉爸爸。”

女孩答应了。

半个月后，这位父亲再没听到女儿回来诉苦。他问女儿现在在学校情况怎么样。女孩说，很好，现在同学都接受了她，她和老师、同学关系也处得很好。

我们不得不佩服这位父亲的主意。在以后的日子里，他还一直教育女儿，要培养喜欢奉献、热爱集体的团队精神，而不是一味地挑对方的毛病，要反省自己，然后迎合集体，这样才能和同学们相处得越来越融洽。

其实，这位父亲的表现与日本人从小就培养平等意识、接受团队精神的教育是分不开的。比如，日本学校唱歌时都是大合唱，很少有独唱；也没有什么尖子生选拔制度；学校运动会也全是集体项目；学生考试不排名次，等等。这种教育的结果体现在社会上就变成了人们一种自觉和有序的行为。

3. 经常提醒女儿凡事都要想到别人

父母要注意经常提醒女孩凡事想到别人。如果女孩自私自利，凡事都只想自己，就会遇事斤斤计较，也就很难与别人友好相处，又怎么谈得上与别人合作呢？

让女孩养成为别人着想的习惯，是靠日常好的行为量的积累来作为基础的。比如培养女孩乐于助人的习惯，不断通过生动鲜活的事例向女孩说明每个人能力有限，都需要别人的帮助，都需要互相合作；让女儿学会换位思考：如果你是他或她，这个时候是不是也需要帮助？鼓励女孩为他人提供帮助；一旦女孩做出了正确的行为，要及时给予肯定。

除此之外，父母要做出表率，这可以体现一家人的互相支持、互相理解，也可以给孩子做出榜样。

社交能力——带给女儿一生的好人缘

在与人的交往方面，很多事情让 10~16 岁的女孩觉得难办。比如她们不知道如何与同学、新老师打交道；与同学发生冲突，却不知道自己做错了什么，以及该如何正确地和对方沟通等。所以，这时候父母可以了解和帮助女孩处理这些困惑。

1. 不要对女儿的异性朋友太敏感

孩子需要同性朋友，也需要异性朋友，这才是完整的社交模式。可是，出于对女儿的保护，或防止女儿早恋，很多家长对女儿的异性朋友相当敏感，甚至有时候疑神疑鬼，其实家长不必过于紧张。

14 岁的小天对朋友倾诉：

我的父母真的很奇怪，对我交朋友的事情总是特别敏感。如果我和女同学交朋友，他们还算开明；如果我想和男生交朋友，那就干脆免谈。

上次语文考试结束后，在回家的路上，我和班上的两个男生同路，谁知回到家妈妈却问我："和你同路的那两个戴眼镜的人到底是谁，你在左边，他们两个在右边？"我有时候真受不了妈妈这种询问的态度，但我没办法，在他们眼里，我已经是个心里有秘密的"半大人"了。

还有一次，我和两个男同学结伴回家，大家平时都挺熟的。那天，他们说想到我家去玩玩，顺便认一下门。我没想太多就答应了。路上我和他们说，如果我父母问起来，你们就说是来找我借书的。我之所以这样撒谎，其实很无奈，我不希望又被父母骂，也不希望大家弄得不愉快。

到了家里，父母还算给我留面子，没有当时把我朋友赶走。但是，爸爸不时地到我的小屋里来看看，我知道，其实他是来监视我们的。那两个同学也觉得很别扭，没坐一会儿就走了，以后再也没有提过要去我家。

那天我把他们送出门，回到家爸爸就板着脸问我："这两个男孩是干什么的？"我说是我的同学。他又问："跟你是一个班的吗？"我说不是。爸爸又说："那你怎么把他们招引来了？"我当时就感觉忍无可忍：什么叫“招引”啊？爸爸为什么用这样的语言来诬蔑我？

想一想，在您的家里是否存在这样的情况？也许，您家里没有这种“比较过分的事件”，但您是否包容女儿与异性的正常交往呢？

2. 带女儿“走出去”

心理学家说：“如果女孩有某个方面的特长，父母就一定要给她机会展示她在这方面的天赋，这对她们的交友很重要。”比如女孩画画比较好，父母可以让她在班上展示自己的天赋；女孩唱歌好听，就要鼓励她去参加学校组织的文艺活动；女孩动手能力很棒，做的手工娃娃很好看，也可以鼓励她多做一些去送给其他的同学等等，这样一来，女孩和其他的伙伴就有了“交流圈”，同龄的女孩会因为好奇而来请教她，从而使女孩获得更多的朋友。

3. 让女儿多和大人们接触

在大的场合，有些女孩难免会怯场，这可能是由于她们除了与家人接触外，与其他成年人接触较少的缘故。在保证孩子安全的情况下，父母平常应多给女孩一些这样的锻炼机会，这样她们在一些大的场合就能从容应对，自如地表现。这样不仅父母脸上很有光彩，而且对女孩培养与不同人群的交际才能也是非常有益的。

妍妍在学校是个多才多艺、各方面都很能干的好学生，经常被同学们称为“超级活动家”。这几天她正忙于学生会主席的竞选。家里的很多人，爷爷、爸爸、妈妈和姐姐，还有其他一些朋友，包括邻居张阿姨、表哥哥等人，都成了妍妍的“加油团”。

竞选的日子到了，妍妍表现得非常出色，以绝对的优势击败了对手当选为学生会主席，随后校园广播台的记者采访了妍妍。她说：“我能够当上学校学生会的主席，主要应该归功于我的家人和朋友，他们从各个方面给了我莫大的帮助。”妍妍很激动地描述了他们对自己的影响：爸爸首先教导她应该如何与人友好地交往；妈妈则让她明白了对待朋友一定要真诚；爷爷是个非常博学的老人，妍妍从他身上学到了很多处世之道；邻居张阿姨是个艺术家，妍妍的艺术修养很多都得益于她；而袁哥哥简直就是个天才，把很多学校活动都搞得有声有色，妍妍十分佩服他。妍妍说："我觉得我能够有这么多帮助我的人是十分幸运的，是他们给了我今天的成功。"

妍妍的经历告诉我们，让女孩与各种成年人交往是拓宽自己交际范围的一个很好的途径。有些女孩的父母文化程度不高，那么女孩可以向其他有学问的叔叔阿姨们学习。现在有些父母太忙了，陪女儿的时间不多，如果女儿自己有一些可靠的成年人朋友，他们能像长辈一样地关怀女孩，就能填补她情感上的一些空白。

所以，父母不能总是从大人的角度来看女孩的表现，女孩有自己与人交往的方式，她们身上没有成年人世界里免不了的一些虚伪客套。家长们应该鼓励女孩充满自信和活力，以健康的心态与各种不同年龄的人交往。

第八章

叛逆期，这样和女孩沟通最有效

很多父母发现，要读懂女儿的心思十分困难。因为，与男孩相比，女孩更加情绪化，她们天生感情细腻，尽管父母可以观察到有什么事情令她不安或者不快，但很难明白她的心里究竟在想些什么。这种情况下，父母就要掌握一些沟通的方法，这样才能有效地和女儿沟通。

千万不要和青春期的女孩较劲

很多父母都不知道，女孩在 10 岁以前是崇拜父母的年龄，这时候教育她，她会觉得爸爸妈妈是“英雄”；当女孩 10~20 岁的时候，到了叛逆期，她们就会在心理上对父母形成抵触情绪，甚至会瞧不起父母，觉得他们每天在耳朵边唠唠叨叨，非常令人厌烦；20~30 岁时开始对父母有所理解；30~40 时岁对父母有些爱；到了 40 岁以后，才到了“常回家看看”的年龄。

而现在叛逆期的女孩就是处在一个从崇拜父母过渡到“瞧不起父母”的阶段。

其实父母有时候就是代沟的制造者，让世界最伟大的爱在代沟中扭曲。张爱玲曾经说过这样一句话：“小孩不像我们想象的那么糊涂，父母大都不懂得子女，而子女往往看穿了父母的为人……青年的特点是善健忘，才过了儿童时代，便把儿童心理忘得干干净净。”张爱玲的话说明了父母对子女心理的不理解。

其实，父母要首先从自己的身上找原因。比如，有的父母对女儿的期望值过高，而女儿学习成绩有时又达不到他们的要求，于是就常常在女儿面前表露出焦虑和不满。这不利于女儿学习成绩的提高，只能对女儿的心态起负面作用。

毕竟是两代人，不论是思想还是观念都存在着很大的不同，而且又站在各自的立场上去思考问题，所以很难达成一致意见，这样父母与女儿之间的矛盾必然会产生。这样的情况在很多家庭里都存在，只不过亲子关系尚没有发展到产生激烈冲突的地步而已。

这时候，父母就要学会一些技巧，尽量别和叛逆期的女孩较劲。

1. 停止你的唠叨

有一个小女孩在网上写道：“当一个鸡蛋就要孵化成功，小鸡就要破壳而出时，小鸡发现壳内已经罩上了一层紧密的笼。我觉得我就是那只小鸡，而我的妈妈就是以管束、唠叨我为乐的。”

现在很多父母对女儿的方方面面都要干涉，让女儿觉得一点儿自由都没有。

“你放学必须马上回来！”

“不许你和马小虎交往，他不是个正经男孩！”

“不许你穿这条破牛仔裤，像什么样子，不伦不类的！”

“不要当班干部，会耽误学习的。”

“在学校要听话啊！”

“作业做完了吗？抓紧啊！”

“多吃点儿有营养的，对身体好。”

总能听到父母把“不准”“不要”“不许”这样的嘱咐挂在嘴边，但随之而来的也许只是女儿的声声埋怨：“知道了，真烦！”“好啦，啰唆！”父母总觉得女儿小，有些道理要反复讲才行，但女儿却已经慢慢把自己当成了大人。因此，会有很多女孩觉得父母很唠叨，亦有父母认为是女儿不听管教。在这场无止境的家庭角力中，究竟会对女儿造成什么样的影响呢？

“我希望有一间房子，房子很大，门很小，只有我一个人能钻进去，把爸爸妈妈都挡在外面，免得他们从早到晚地看着我。”

“我想到天上去，再也听不到爸爸妈妈的唠叨。”

“我想世界上应该有一种药，爸爸妈妈吃了，只会说‘可以’，不会说‘不行’。”

作为父母要知道，尽管女儿需要父母的体贴与照顾，但是她不喜欢父母过多的唠叨与管束。据调查统计，98%的父母被女孩指责为唠叨。而父母自己也承认，只要见到女孩，自己就会不由自主地要多说几句，多强调几次。

心理专家认为，唠叨就是永远一个标准，一种腔调，在女孩身上翻来覆去地重复那几句话。常听女孩说父母的话都能背出来了，耳朵都快听出茧子来了。但是父母并不认为自己是在唠叨，而觉得是在教育女儿、关心女儿。其实不然，关爱应该是让女儿感到温暖和理解，并对她有实际意义上的帮助，而大事小事都要管，最终又没有讲到点子上的唠叨，只能让女儿产生反感并急于逃避，而且破坏了父母在女儿心目中树立起来的威信。

2. 尊重女儿，别和女儿“对着来”

女孩的烦恼并不仅仅是针对零用钱、衣服或者是课外书，她们需要的是父母的理解和尊重。当女孩真正得到理解和尊重之后，她们的一切消极、叛逆的情绪都会消失。

例如，当女孩考砸了时，有的父母就会劈头盖脸地训斥女孩：“怎么回事？你怎么又不及格？隔壁家圆圆怎么考得比你好？还说想去游乐园，考试都不及格，取消！”

让我们来看看明智的父母是怎么做的：

女儿考砸了，回到家后，她就回到了自己的房间。晚饭后，爸爸妈妈什么也没说。女儿实在坐不住了，她心想：难道是爸爸妈妈没有发现我的成绩单？于是，她悄悄地来到客厅，发现在她的成绩单旁边，爸爸妈妈给她留了一张便条。“女儿：爸爸妈妈知道这次没有考好，但是你不要难过，也不必紧张，爸爸妈妈不会骂你。因为爸爸妈妈相信你肯定不会放弃努力的，所以，在下次考试时，我们不要求你考出多么好的成绩，只要比这次的成绩进步一点点，我们就会很满意。永远都支持你的爸爸妈妈。”

读了爸爸妈妈的便条之后，这个女孩在自己的日记里这样写道：“我是轻易不流泪的，但我被爸爸妈妈的理解和尊重感动得流泪了。在领着成绩单进家门的那一刻，我都做好了与父母吵架的准备。但现在我知道了，那是没有必要的，我的父母是天底下最好的父母！”

3. 相互理解，跨越代沟

父母总是觉得女儿不听话，不能了解做父母的辛苦。同样的，女儿也渴望父母的理解：我已经长大了，我需要父母的理解和尊重！那么，什么是理解呢？

理智的父母说：“对女儿的理解，就是换位思考，站在女儿的立场上，了解她们真正的需要，将心比心。”

懂事的女孩说：“对自己的理解，是一种坦诚；对父母的理解，是一种体谅。”

是啊，做父母的，如果凡事会站在女孩的立场上去考虑问题，会理解并尊重女孩的感受，家庭教育就将能达到润物无声、春风化雨的效果。反之，不能理解女孩的父母根本无法摆脱由此带来的烦恼与痛苦。

父母要学着去了解女孩的情绪起伏、学习情况和生活状况。尤其是叛逆期的女孩，她们正处于思维发展的活跃期，分辨是非的能力还不够成熟，很容易出现各种不同类型的问题。因此，父母只有充分理解女孩，才能针对女孩所出现的问题，对症下药。

女孩需要什么样的沟通方式

父母要想和女儿交流，首先要多花些时间和她在一起，而且不能因为碰到阻力就轻易放弃努力。如果父母发现要读懂女儿的心思十分困难，也不要为此灰心丧气。与男孩相比，女孩更加情绪化，因为她们天生感情细腻，尽管父母可以观察到有什么事情令她们不安或者不快，但很难明白她们的心里究竟在想些什么。

那么，女孩到底需要什么样的沟通方式呢？

1. 善于引导女儿聊天

当然，与女儿聊天的时候，也要有一定的技巧。

有些父母习惯于生硬地向女儿发问：

> "今天学校里有什么新鲜事呀？"
>
> "今天老师说什么了？"
>
> 这种问话容易引起女儿的消极回答：
>
> "没什么事。"
>
> "没说什么。"

这样，聊天难以继续。如果父母能够先观察一下女儿的表情，针对女儿的不同表情有意识地引导她说话，这样的聊天就能进行得很顺利。

当发现女儿回家时比较兴奋，你就可以微笑着问："是不是有什么令你高兴的事？说来听听。"

当发现女儿回家时比较沮丧，你就可以关切地问："今天怎么这么不高兴？你是不是心情不好，遇到什么困难了吗？"

这样，父母与女儿之间的聊天才可以顺利进行。

2. 引导很重要，而不是强制

父母要明白，女孩不喜欢父母用命令、催促的口吻与自己讲话。女孩更不喜欢父母使用"笨蛋""废物"之类的否定、贬低、侮辱自己的语言。有很多话可能父母只是随口说说，但这些贬损性的词语，却对叛逆期的女孩心灵伤害很大。在这种语言环境中长大的女孩，很可能对他人、对社会产生终生难以改变的畸形心理。

所以父母在和女孩对话时，要带着商量的口吻，不能总是质问女孩，要平等地和女孩进行交流，选取最佳的解决问题的方案，这样才能培养最健康的亲子关系，营造最健康的家庭氛围。在这种环境中成长的青春期女孩，父母不用费多大的劲儿，她很自然地就会接纳你的意见，向你吐露心声。

3. 对话前，了解女儿真正的兴趣和需要

一个六年级小学生在日记中写道：

> 妈妈每天就和我说6句话——
>
> “快点，快点，要不上课就迟到了。”
>
> “早餐多吃点，要不上午的课顶不住。”
>
> “过马路要小心，看着点车。”
>
> “到了学校千万要努力。”
>
> “中午学校的饭不太好吃，但为了身体，一定要多吃些。”
>
> “放学回家，记得先写作业。”
>
> 这些话每天至少1遍，1年就是365遍，3年就是1000多遍，再到高中毕业，得多少遍？这个女孩想问：“妈妈，除了这些，您还能和我说些别的吗？例如，我快乐吗？我渴望什么样的关怀？”

很多父母以为把自己的全身心都倾注在了女孩的身上，其实，他们想要女孩做的，跟女孩内心真正感兴趣的完全风马牛不相及。

那么，女孩真正想要的是什么？

通过女孩的自言自语、伙伴间的交流、日记泄露，我们才知道她们想的是：今天我考试没及格，妈妈还爱我吗？我的好朋友为什么不理我啦？我们小组会争得流动红旗吗？周董的演唱会我能去看吗？

很多父母试图和女孩进行沟通，打破家里的尴尬氛围。但这种交流往往被父母扯到学习上，然后进行一番说教，最后宣告交流结束，双方均以不愉快告终。有时候女孩表面恭顺，其实心不在焉，根本没有交流的兴趣。因为这些话，她们听得太多了，甚至已经厌烦，由此导致沟通失败。

所以，父母不要直接问她的作业和分数，相反，更应该多与女孩交流一些她感兴趣的事情。否则，你越是问，她越是不讲。不但不能改变局面，还容易让女孩产生逆反心理。

然而，现在很多父母不知道女儿喜欢什么，更没有真正和她们聊过她们感兴趣的话题，女孩对父母的态度也就只能停留在长辈上，沟通又从何谈起？相反的，如果你和女孩能一起逛街、购物，买一些小女孩喜欢的东西，一起聊明星，多询问女孩朋友之间的话题，久而久之，女孩有什么话也就愿意和父母讲了，双方很容易就能成为朋友。

4. 必要时，请你换一种语气

据说，初中与高中阶段，是孩子人生最苦闷的时光，女孩的青春期遭遇母亲的更年期，互相抵触，互相争斗，形成家庭的“主旋律”。

女孩到了叛逆期，许多父母都会完成一个“角色”的变化，就是由“专制”角色向“更年期顾问”角色的转变，也许很多父母自己没有发现，但这是个事实。

这种最大的转变，只是经过了一个小小的变化，就是说话的口气由“你”变成了“我”。不得不承认，那种对女孩传递“你现在就把作业做完”之类的话语已经越来越不管用了，相反，那些懂得和青少年时期的女孩沟通的妈妈，会侧重于用“我”的口吻，来表达自己对女孩的疑问和猜测。

下面我们就来看一看，大家稍微地变化一下说话的风格，情况是不是会改变：

妈妈甲：“说了这么多，你到底听明白了吗？”

妈妈乙：“不知道我说的这些够不够明白？”

妈妈甲：“你以后不要再借钱给你朋友了！”

妈妈乙："如果我让你借钱给朋友，而那位朋友不准备还给你，那该怪谁？你怎样才能偿还我这笔钱呢？"

很明显，妈妈乙所说的话，女孩会更乐于接受，而且从中受益。说了这么多，只是想告诉所有的父母一个道理，任何带有挖苦和讽刺性的命令对女孩来说都是有副作用的。

女儿："老师最讨厌了，每次都布置这么多的作业，害得我都没有时间玩。"

父母甲："你怎么可以这样说老师呢，没大没小！他也是为你好。"

父母乙："你怎么老是想着玩，考试快到了，知道吗？"

父母丙："看起来作业是挺多的，快点做完了咱们下楼去玩玩吧！"

身为父母，你会选择甲、乙、丙哪个角色呢？父母甲是教训和解释的角色，完全忽略女孩的情绪感受；父母乙是指责和警告的角色，容易引起女孩的反抗或压抑情绪；而父母丙则是兼顾倾听和反应情绪的表达，尤其是不带批判的同理心问句方式，会让叛逆期女孩乐于与父母分享自己的情绪，因为父母没有企图去堵住女孩的情绪出口。

所以，对于叛逆期女孩一些不适当的言行，建议父母避免急切直接的反应，不妨给予自己一些停顿时间，心里先问自己两个问题：女孩言行背后的情绪感受是什么？造成这种情绪感受的原因是什么？

即使你知道答案，仍得运用假设性的措辞来反应。

其实，父母最有效的反应就是："你觉得……，因为……""听起来似乎……，由于……"等类似的语调。当女孩开始叙述时，可以不打断女孩表达的简短反应，如不时地说："嗯""是的""你说得很对"等，偶尔点点头来表示你的专注以鼓励女孩吐露心声、净化情绪。

积极地倾听，是有效沟通的基础

先让我们看这样两个事例：

一名十几岁的小女孩向朋友抱怨说："我的父母从未注意听我说话。"

一名13岁曾经离家出走的女孩讲述了与母亲的关系：

"我和妈妈已经到了相对无言的地步，即使琐碎小事也无法与她交谈，比如像学习这样的事。我担心考试不及格，我想告诉妈妈我学习不好，但妈妈会说：'哦，为什么别人能学好？'接着就会对我发脾气。于是我就开始撒谎，虽然我不想这么做，但对自己的行为，心里真的也不感到愧疚……最后好像是两个陌生人在对话——我和妈妈都不表露自己的真实感受，都不表露我们的真实想法。"

这些例子并不鲜见。女孩在父母面前把自己遮盖起来，拒绝同父母交心。女孩知道和父母说出知心话也于事无补，并且很不可靠。结果许多父母失去了帮助女孩解决生活中的问题的宝贵机会。

为什么这么多的父母不被女孩当作求助对象呢？为什么女孩有了苦恼不去找父母谈呢？为什么绝大多数父母都不能成功地同女孩保持一种良好的关系，使女孩得到帮助呢？

其实，"倾听"是一种非常好的教育方式，因为倾听对女孩来说是在表示尊重，表达关心，这也促使她去认识自己和自己的能力。如果女孩感到她能自由地对任何事物提出自己的意见，而她的认识又没有受到轻视和奚落，这样可以促使她毫不迟疑、无所顾忌地发表自己的意见。女孩先是在家里，然后在学校，将来就可以在工作上、社会中自信、勇敢地正视和处理各种事情。

1. 引导女儿说出来

父母利用类似以下的语言引导女孩去说会比较有效：

“孩子，这事讲给我听听。”

“我想听听这件事情。”

“说说看。”

“这事你愿意谈谈吗？咱们一起讨论吧。”

“我们听听你的意见。”

“把整个情况讲给我听。”

“继续讲下去，我在听着。”

父母充当开门人，对于引导女孩讲话可以说是强有力的催化剂，可以有效促使女孩与父母开始沟通。开门人可以鼓励女孩开口讲话，或者把话继续讲下去。女孩对这些简单方式的反应也会令父母吃惊。她会感到受到了鼓舞，会接近父母，会对父母敞开心扉，会一股脑儿地说出她的感受和想法。

2. 请听听女儿的“申诉”

蕊蕊在上初中以后，整个人有了很大的改变。原本在班上是个普普通通、不怎么显眼的女孩，可是现在却变得很有自己的主张，成绩也稳步提高，父母暗中为女儿的改变而感到高兴。

升入初二以后，原来的老师请了产假，所以换了一位新老师。前几天这位老师给蕊蕊妈妈打电话说，蕊蕊在学校总是打不起精神，上课也不认真听讲，成绩也比原来下滑了，所以来找父母了解一下情况。在沟通之后，妈妈发现问题可能是蕊蕊对新老师有了讨厌的情绪。晚上蕊蕊放学回家之后，妈妈就连忙放下了手里的活，和蕊蕊交流了起来。

妈妈：“蕊蕊，你们班换的新老师怎么样？”

蕊蕊：“别提了，新老师真的很烦人！他总是很偏心，尤其是对他喜欢的学生。”

妈妈：“是这样啊！为什么这么说呢？”

蕊蕊：“比如说，老师很喜欢陈晨，陈晨上课和旁边的人讲话时，老师都装作没看到！老师提问他时，如果他答错了，老师也不批评他。陈晨没写完作业，来学校抄同学的，老师也装作不知道……如果是别的同学，老师早就发脾气了。上一次丹丹才错了一点点而已，老师就在大家面前说了半天。”

妈妈：“真的吗？老师怎么能这么做呢？”

蕊蕊：“就是嘛，最讨厌了。而且还常常今天说：‘这个明天要讨论。’第二天又说：‘啊，忘记了，这个下次有空再讨论！’”

妈妈：“真的啊？那老师后来和你们讨论了没？”

蕊蕊：“才不会呢！根本就没有！”

妈妈：“后来也没有再讨论是不是？这样的话，真叫人生气！不过蕊蕊，你想想看，我们每个人都有自己的很要好的朋友，也有自己特别讨厌的人，其实老师和你一样啊，也只是个平凡的人……”

妈妈接着说：“我们换位思考一下，老师也有喜欢的学生，也有不喜欢的学生，只是有的老师表现得明显一点。你想想，老师喜欢的学生是不是在上课的时候很认真地在听讲？是不是积极地回应老师的讲解？和老师喜欢的学生比较过以后，你就知道想要得到老师的喜欢，应该怎么做了。”

女儿若有所思地点了点头说，“妈妈，我明白了。”

通过上面的故事，相信你也可以了解在这些教育环境中烦恼着的女孩，有了父母的倾听之后，心灵将可以得到爱的安抚。亲爱的父母，当老师来告状时，请不必急着责罚女孩。请您也试着心平气和地听听女孩的“申诉”，或通过其他渠道听听女孩的声音。

3. 倾听女儿的心灵之音，获得女儿的信任

永远保持商量的口吻。也就是说，父母与女儿商量事情，不要发号施令，更不可使用暴力，要永远保持平等相待的共处原则。

女儿犯了任何错误，在批评或处分之前务必给她足够的申辩机会。父母应当认真听取女孩的诉说，必要时要核实事实，使批评或处分恰如其分。

停止手边的工作，面向你的女儿，凝视着她的双眼倾听，听她想表达的细节，也试着努力听她的感受，最重要的是是否领会到她的感受。

进行双向交流的时候，要积极回应女儿，比如“嗯……”“哦……”或“我了解……”等字眼，让女孩知道我们正在聆听。

父母应充满耐心与兴趣地倾听，因为女孩 10 岁左右是沟通的黄金时期。如果坚持下去，女孩即使大了，也会习惯于与父母交流。

当女孩有安全感或信任感时，才会向其信任的成年人诉说心灵的秘密。因此，父母应无条件地爱女孩，忧其所忧，乐其所乐。这样才有可能经常倾听到女孩的心灵之音，而这是教育成功的前提。

“你不听也得听”——不要总是高高在上地命令女孩

在中国，不少家庭中的父母是说一不二的“君主”，孩子只有听话的份，没有辩解的权利。父母的观念是，孩子必须听大人的，经常用命令的口吻跟孩子讲话。比如。“把我的眼镜拿来！”“不要说话，听见没有？”“今天不准出去玩，必须在家做作业！”说这话的时候，倒是够威风、够痛快的。可随着孩子进入青春期，有了独立意识和自主想法，孩子与父母的矛盾也就越来越多。

赵欣的老家有个表叔，家里有两个女儿，都已经上初中了。两个女儿与表叔的关系都不好，她们都表示不喜欢父亲。有一次去表叔家，赵欣问两个女孩：“你们为什么不喜欢爸爸？可以跟我说说吗？”

大女儿先说道：“我爸总喜欢对我们下命令，经常叫我们干这干那，就像领导命令下属一样，他又不是我们的领导。”

小女儿也附和着说：“是啊，他整天就知道命令我们，比如，‘赶快把垃圾倒掉’，‘给我倒杯水’，其实我们并不是不愿意做事，只是他的口气让我们很反感。”

三人正聊着，表叔回来了，他命令大女儿：“快给我递双鞋子来！”那种口气非常强硬，不容商量。

大女儿也许是仗着赵欣这个表姐在，料想爸爸不会把她怎么样，也许是心里积累了很多的愤怒，这一次，她没有听爸爸的命令，而是反抗道：“凭什么总是这样命令我，我又不是你的奴才？”

表叔很生气，吼道：“你再说一遍试试，长大了，翅膀硬了，是吧？敢对你爸这样说话！”赵欣赶忙劝表叔“别动怒”，然后悄悄对大表妹说：“你去帮你爸拿双鞋子来，我等下劝劝他……”

孩子是一个独立的个体，有自己的想法，也有强烈的自尊。当女孩进入到青春期之后，她们的独立性和自尊感会更强烈，她们希望父母能够平等对待自己，而不是对自己呼来喝去，命令自己干这干那。事实上，并非女孩不愿意做事，而是对父母命令式的态度很反感。如果父母能改变命令的口吻，用平等协商的语气和女孩对话，往往更容易奏效。

身为父母，应认识到命令式的口吻在亲子沟通中的弊端。首先，它会让父母和孩子没有任何回旋的余地。比如，父母命令孩子“赶紧去睡觉”，如果孩子置若罔闻，父母会觉得面子上过不去，有点下不来台。同时，孩子也没有任何回旋的余地，因为哪怕孩子想多玩 5 分钟，也会被父母视为不听话，继而遭到批评。

其次，命令式的语气不利于孩子健全人格的发展。父母总是用命令的方式支配女孩，使女孩处于被动服从的地位。时间长了，女孩就容易形成退缩的性格，对父母产生严重的依赖，缺乏主动性。甚至可能走上另一个极端，经常与父母对着干，这样走入社会就很危险。

苏联教育家巴班斯基曾说过：“父母经常用命令的口气对孩子说话，叫孩子做事，会使孩子产生逆反心理，很难收到预期的教育效果。而一直在命令中做事的孩子，会缺乏主动性，容易形成懦弱的性格，不利于孩子的成长。”所以，父母在与孩子说话时，一定要改掉高高在上的命令式口吻。

1. 放下权威至上的观念，与孩子平等沟通

美国心理学家威廉·歌德法勃曾经说过："教育孩子最重要的，是要把孩子当成与自己平等的人，给他们以无限的关爱。"无数事实表明，父母以命令的姿态与孩子沟通，只会激起孩子的逆反心理。只有父母转变姿态，用平等的姿态与孩子沟通才能达到好的效果。

初二女孩海丽是个幸运的女孩，她的父母从来不对她用命令的口气说话。对于她的缺点，父母总是温和地指正，即使在某些方面重复犯错，父母也不会动怒训斥她。因此，海丽与父母的关系很好，经常与父母分享内心的秘密。

初二下学期，海丽喜欢上班里一个男生，这让她在学习上有些分心。她知道这样不好，但又不知道怎么办。于是，向妈妈寻求帮助。妈妈听完她的诉说之后，没有像有些父母那样大发雷霆，对孩子横加指责，而是跟海丽讲述了自己青春期时的经历。

妈妈对海丽说："妈妈希望你先把这份感情保存在心里，静下心来好好学习，等你将来有了一个好的未来时，再向那个男生表白，这样才能得到真正的幸福。"海丽认真思考了妈妈的建议，觉得有道理，就努力调整心态，把精力集中在学习上了。

父母喜欢对孩子下命令，主要是权威至上的观念在作祟。只有放下这种观念，才能把自己和孩子放在平等的位置上，才能做到尊重孩子，不把自己的想法强加给孩子。也只有这样，父母才会得到孩子的尊重，令孩子信服。

2. 用商量的口吻与孩子沟通

命令的口吻让父母和孩子都失去了回旋的余地，而商量的口吻则完全不同，它可以让父母和孩子协调观点，达成一致，能让孩子感受到平等和尊重。

在老师和同学眼里，陶玉是个懂事听话的女孩。有人说她天生就懂事，但她却不以为然，因为她的听话懂事得益于父母的教育有方。陶玉说，父母与她谈事时经常用商量的口吻，让她觉得受到了尊重，所以她也愿意接受父母的意见和想法。

有一次，陶玉的老家有一位德高望重的老人去世了，妈妈要回家张罗事务，帮忙打理，因此特意与陶玉商量："玉儿，这个星期妈妈可能都要在乡下忙了，妈妈担心你和爸爸在家照顾不好自己，特意和你商量这件事，你看怎么办？"

陶玉听妈妈这么说，当即表示："妈妈，你不用担心我和爸爸，我们会照顾好自己的，你也要照顾好自己，别太累了！"

你看，陶玉不仅很乐意配合妈妈的安排，还懂得关心妈妈。这一切都源于妈妈平等、民主、尊重的教育方式。

商量是平等沟通的最有效手段。命令无法解决的问题，命令无法达成的统一意见，只要运用商量的方式，往往就能轻松解决。何为商量？那就是要交换意见，协调不同观点，最终达成一致。因此，在商量中，父母要允许女儿发表意见，充分尊重并考虑女儿意见的可行性，切勿自作主张，忽视女儿的意见和感受。

"你蠢得像头猪"——不要对女孩进行人身攻击

生活中，经常能听到家长用"你真是个笨蛋""你胖得像头猪""你蠢得像头驴"等话来批评孩子。这样的话除了能发泄大人心中对孩子的失望，让大人当时好受一些之外，再也没有任何意义。长期被父母用这样的语言责骂的孩子，往往会变得消极、自卑，甚至找不到自尊感。

风雅在做作业，妈妈喊道："风雅，过来帮个忙！"

风雅走过来一看，发现妈妈换洗了被单和被罩，要她帮忙把被单铺好，把被罩套上去。

整理床被的过程中，风雅与妈妈的配合很不默契，这让妈妈大为不满，不停地数落她："你怎么这么笨啊？铺个被单都不会，你还能做什么啊？""错了错了，应该这样，你看你，怎么笨得像头猪？"

一开始，风雅觉得自己手脚笨拙，还内心有愧，但随着妈妈对她的攻击越来越多，她不再沉默忍受了，对妈妈叫道："你嫌我笨手笨脚，那就一个人弄吧，我还省得招骂！"说着，她就把被罩往床上一扔，然后摔门去了自己的卧室。

妈妈很生气，追出去大声说："本事没有，脾气倒是不小。这点小事都不会，还不知道学一学吗？快过来！"

可任凭妈妈怎么喊她，风雅始终闭门不出。

智力再愚钝的女孩，也能听出攻击性的话语对自己人格的践踏和对自己能力的否定。10~16 岁的女孩原本就处于青春叛逆期，岂能受得了父母这般攻击，反抗是很正常的。因此，父母攻击孩子往往会使双方卷入争吵，越闹越僵，导致亲子关系出现矛盾和危机。

科学研究发现，经常被语言伤害的孩子，心灵容易扭曲，而且成年后很可能会出现性格缺陷，很难融入社会。相比于勇于抗争，表达不满的女孩，那些默默承受父母攻击的女孩，在心理上受到的伤害会更大。因为默默忍受语言伤害的孩子，不知道表达不满，倾向于把痛苦埋藏于内心，更容易想不开，甚至做出丧失理智的事情。

有个初中女孩，因为被妈妈三番五次地攻击和数落，自信心跌到了谷底，觉得父母不爱自己，觉得自己一无是处。于是，在一个雨夜选择离家出走。父母第二天才发现女儿不在家，赶紧四处寻找，始终没有音讯。无奈之下，只好选择报警……

在我们周围，类似的家庭闹剧时常会上演。到底是孩子不理智，还是父母太残忍呢？其实，父母应该承担起主要责任，因为父母是成人，成人在处理问题时，应该理智而非情绪化，那种用语言肆无忌惮地攻击孩子的行为，就是情绪化的教育手段，只会适得其反。

语言暴力看似无影无踪，但实际上给孩子造成的伤害远超过肢体伤害。某青少年研究机构曾经做了个调查，结果显示超过八成的孩子，觉得语言攻击是最需要解决的家庭问题。那么，对待女孩不尽如人意的表现，父母应该用怎样的方式与孩子沟通呢？

1. 宽容女孩的不良表现

当女孩表现不佳时，父母切勿对孩子撒气，情绪冲动地乱给孩子贴标签，如"笨蛋""蠢猪"等，这样只会给孩子带来羞愧感，把孩子的自尊伤得支离破碎。特别是当孩子意识到自己的错误，并为自己的表现感到愧疚时，父母的责骂和攻击只会雪上加霜。

期中考试的成绩出来了，赵蕊闷闷不乐地回到家。妈妈问她怎么了，她说："我考得不好，这次在班里排名没有进入前 5 名！"

赵蕊的成绩一直很稳定，在班里总是前 3 名，这次居然连前 5 名都没有排上，妈妈感到很意外。但她很快调整了情绪，让自己冷静下来，很平静地说："没什么大不了的，一次考试而已，找出成绩下滑的原因，才是最重要的。"

在妈妈的一番开导下，赵蕊的心情好了很多。

有些家长总希望女儿能够尽善尽美，对于女儿的不良表现，他们眼里容不得沙子，时时刻刻地提醒，反反复复地强调，以为这样就能帮女儿改掉不良习惯。殊不知，父母这样做只会让女孩背上沉重的心理压力。明智的做法是，当孩子表现不佳时，你要控制好情绪，用平常心去看待孩子的表现，并从心里宽容孩子。

2. 用鼓励和表扬代替数落

清朝的颜元说过：“数子十过，不如奖子一长。教过不改，也徒伤情；奖长易劝，也且全恩。”这句话的意思是说：与其数落孩子的种种过失，不如适当地表扬和奖励孩子，也就是用正面的方法管教孩子，激励孩子，引导孩子，这样才能让孩子变得更出色。

女孩参加校运动会的100米比赛，结果跑了小组倒数第一。

妈妈在一旁观赛，虽然心中不悦，但当女儿跑完时，她笑着对女儿说：“虽然你的成绩不好，但你起跑反应是小组8个人中最快的，这是你在前半程领先的关键！只要你训练一下耐力，保证后半程有体力，那你获得小组第一是不成问题的。”

女儿听了妈妈的话，开心地笑了起来，同时也知道该怎么提高自己。

当女孩做事失败时，父母不要只盯着她的这次失败，而应从这次失败中，寻找她做得好的方面。这样既不会打击孩子，也能帮孩子认清自己的优势和不足，便于孩子提高自己。

平等相处，妈妈千万别摆架子

13岁的京京在日记里倾诉了自己的苦恼：

有一次母亲节，老师要求我们回家向妈妈表白“我爱你”。虽然这是一个任务，但是我非常珍惜这个向妈妈表白的机会。

回到家，妈妈正在做饭。我走到妈妈的身边，“妈，我爱你！”

奇怪，怎么没有反应？我以为是我的声音太小，又大声地说了一遍。

妈妈的手停顿了一下，接着又唠叨起来："这孩子，今天这是怎么了？你要真是爱我，就抓紧时间去练会儿琴，等你爸回来又该吃饭了。你们父女俩一天到晚就知道让我操心，你要少给我找点事儿就好了！"

我赶紧逃到钢琴旁边，心却冷了下来。她怎么一点反应都没有？她只会让我学习、练琴、上补习班……我觉得我能做的唯一让她高兴的事就是：她让我做什么，我就做什么；她不让我做的事，我就坚决不能去做。

我很羡慕楼上的小小，她可以向她的妈妈撒娇，可以和妈妈一起说知心话……每次，大家表扬小小，小小妈妈都会很自豪。而我的妈妈呢？每次邻居的阿姨、奶奶夸我"漂亮""爱学习""有独立能力"的时候，妈妈就会不屑地说："那算什么本事？有本事考上北大清华。"

妈妈一点也不顾及我的感受，只会打击我，难道我在她心目中毫无优点可言？她让我感觉很自卑。我的心被压得好痛，感觉自己快要透不过气来了……

和这个女孩一样，在很多女孩眼里，父母的形象并不是慈爱的，而是非常严厉的。一个重要的原因是，父母往往把自己对女孩的责任看得过于沉重，所以表现出来就是爱之切切，又恨之切切。女孩在感觉到父母关心的同时，也能感受到来自父母的强大压力，这种负面的情绪很容易传递给女孩。

调查表明，父母的心理状态不好，培养的女孩智能上再出色，也不可能是人格健全、心理健康的人。如果父母仅会照顾女孩的饮食起居，那只具有一半的父母资格。

所以，作为父母，应该时刻保持一份理智，爱一定要建立在理解和尊重的基础之上，把身份放低，和女孩温和平等地沟通，只有这样，才能真正建立融洽的亲子关系。

1. 当女儿向你求助时，倾听、理解并支持很重要

当女孩向父母求助时，父母在帮助她的同时绝对不能忽视她，否则，不管大人们处理得好不好，女孩很可能都会有被忽略的感觉，甚至觉得自己很无能，只能靠大人出面。从而觉得自己很“差劲”，并对自己失去信心。所以千万不要因急切而二度伤害了女孩。

女孩愿意和大人诉说，有她对父母的期待与信任，也有她想正式面对和解决问题的勇气及决心，所以，父母绝对不能把女孩“置身事外”，以父母的身份，最需要做的是倾听、支持，并陪女孩一起想办法。父母应该跟女孩讨论，并倾听她的想法，在谈话的过程中，要帮女孩终止人际关系里的复杂问题，也要帮助女孩在谈话过程中逐步重拾对自己和对别人的信心。

概括而言，我们建议您这样处理：

这件事的主体是女孩，请务必了解她的感受与想法，并让她知道您支持她。

表扬女孩愿意和你们说这些事情，因为“求助”是需要勇气的，在下次遇到类似的问题时，女孩还会自然而然地想到你。

倾听女孩对于被排斥的感受——委屈、愤怒、自我认知、无措、对人的恐惧，等等，请尽量接纳女孩的感受，不要在此时插话、批评或指导。

告诉女孩父母对她的心疼与对她所做努力的感受，肯定并支持女孩，让她明白：在这种情况下，她为友情所曾做过的努力都是有价值的。

2. 理解需要“换位思考”

作为父母，如何才能理解女儿呢？首先应了解女儿的生理和心理特点。譬如说，关于女孩的两个“反抗期”。2~4 岁时，出现“第一反抗期”，青春期出现“第二反抗期”。处在反抗期的女孩，父母应正确引导，不能采用简单粗暴的方法。其次，父母要站在女孩的立场上，考虑她们的情感、她们的心理需求，将心比心，不以成年人的思维去揣度女孩的世界。

下面是个测试题，父母和女儿都可以借此自我评估一下：

5 分，代表你“完全做到”；

4 分，代表你“经常做到”；

3分，代表你“偶尔做到”；

2分，代表你“极少做到”；

1分，代表你“完全没做到”。

父母篇

从来不用大人的标准去要求女儿。

非常尊重女儿对玩的需求。

每次与女儿沟通，首先倾听女儿（即使自己不感兴趣的话题，也耐着性子让女儿把话说完），并以商量的口吻与女儿对话。

对女儿的伙伴交往，态度是积极支持和欢迎。

女儿身上有许多值得你学习的地方。

如果女儿犯了错误，会持宽容态度。

尊重女儿的隐私，不翻阅女孩的日记。

对处在青春期的女儿有理解之心和关怀之情。

会陪女儿一起玩。

给女儿自由支配的时间和自主发展的空间。

女孩篇

知道父母从事什么工作，也理解他们工作的辛劳。

使用零花钱很节约，理解父母挣钱也不易。

父母的教育方法有失偏颇，但能理解他们，不管怎么样，他们总是为自己好。

心里的苦闷和烦恼，愿意向父母倾诉。

了解父母的辛劳，经常会帮助父母分担家务。

如果成长在一个贫困的家庭，并不认为贫困是一种耻辱。

与父母沟通没有障碍，亲子之间有许多共同语言。

对父母的唠叨，一般不会顶撞。

如果父母不开心，会说一些幽默的话，来调节家庭的气氛。

如果父母生病了，会在生活上关心照料他们。

解析：

50分以下（含50分）：

“红灯”。在你们的家庭生活中，亲子之间还没有真正学会理解，还没走上跨越“代沟”的大桥，所以在你的家庭里，两代人之间仍有不小的“代沟”。

51~70分：

“黄灯”。你们家庭成员之间也许正在相互理解，“代沟”正在缩小，但尚未真正地“跨越”。为了家庭的幸福和女孩的健康成长，两代人还须共同努力。

71~90分：

“绿灯”，你们都善于换位思考，夫妻之间、亲子之间相互理解，真正的好丈夫、好妻子、好女孩已离你们不远了。

91分以上：

恭喜你，你们全家每个人都很优秀，懂得替对方着想。你们的家庭很温馨，人际关系很和谐，正在享受幸福的家庭生活。

表扬女孩的艺术

你是不是觉得自己的女孩身上尽是缺点和不足？你是不是觉得女孩总是不让自己省心，从而哀叹自己是个不成功的父母？实际上，那是因为你不懂得肯定自己的女儿。

美国心理学家威廉·詹姆斯说：“人性最深层的需要就是渴望别人的赞赏，这是人类之所以有别于动物的地方。”我国教育家陶行知先生说：“教育孩子的全部秘密在于相信孩子和解放孩子。相信孩子，解放孩子，首先要肯定孩子。”

善于赏识女儿的父母，在教育女儿的过程中往往能够取得事半功倍的效果。

也许你非常熟悉这样的场景：

女儿在期末考试中得了80分，而在上一次的考试中，女儿的成绩是78分，这只是班级里的中等水平。

面对这样的成绩，作为父母，你会怎么做？

埋怨型父母

唉，我怎么生了你这样的女儿，总是提高不了成绩。我给你买了那么多的参考书，你怎么就原地徘徊呀？以后你只有扫马路去了！

中国的很多父母都属于埋怨型父母。在一次调查中，有42%的女孩常常受到父母打骂；有47%的女孩经常受到父母的严厉批评；有19%的女孩经常受到父母的贬低，父母常说自己不如别人。

埋怨型父母总是怀着恨铁不成钢的心情，总是习惯于着眼女孩的缺点和短处，进而否定女孩的所有努力，让女孩产生“我是笨女孩”的心理暗示，女孩在这种负面的暗示中不断沉沦，进而自暴自弃，让父母越来越失望。正如德国教育家卡尔·威特所说：“孩子的成长离不开宽容和赏识，而严苛的责备会使天才的成长夭折。”

表扬型父母

故意惊讶地说：“是吗？”然后接过试卷，认真地查看一下，微笑着说：“看来，你是下了功夫的，瞧，这不是比上次提高2分了吗？可不要小看这2分，如果你坚持不懈，每次都能提高2分，那可不得了呀！”

父母说着让女孩一起看试卷，“不过，你看这道题目是因为你的粗心造成的，尽管只有1分，但是，也是挺可惜的，下次一定要注意哦！”

尽管表扬是一种正面的激励，但是，表扬的关键是要起到激励作用，重在精神赞赏。马斯洛在“需要层次理论”中提到，物质需要仅仅是人的低级需要，人的高级需要是精神需要。可见，表扬女孩一定要实事求是，千万不要盲目表扬，更不要夸大女孩的优点。

日本一位儿童教育学家的研究表明，经常受到父母夸奖和很少受到父母夸奖的孩子，其成才率也不同，前者比后者高出5倍。所以，父母一定要学会夸奖女孩，因为没有夸奖就没有教育。

1. 表扬要及时

在洗手间里，妈妈看见女儿妙薇的牙刷被扔在漱口杯外面。

妈妈非常生气，不满地说："妙薇，你的坏习惯怎么老是改不了？看，又把牙刷放在外面了。我不是对你说过牙刷用后要放到杯子里吗？"

妙薇正在想问题，听见妈妈的话心不在焉地回答："知道了。"

妈妈见女儿反应平平，知道刚才说的话并未引起她的重视，于是冲她喊道："听着，妙薇，你以后必须把牙刷放进漱口杯里！"

妙薇极不情愿地走进了洗手间，放好了牙刷，转身就走。

"记好了，以后再也不要忘了。"妈妈再次强调。

"知道了。"

第二天，妙薇在刷完牙后，将牙刷认真地放到杯子里了，但这并没有引起母亲的重视。到了第三天，牙刷又被扔到杯子外面。

"妙薇，怎么搞的，你又忘了把牙刷放回去？"妈妈生气地说道。

"我以为你忘记了。"妙薇说道。

"怎么这么说呢？"母亲疑惑地望着女儿。

"因为昨天我把牙刷放在杯子里了，而你却什么也没有说！"

当女孩养成了不良习惯时，父母要及时为她指出来，告诉她正确的做法，之后要反复观察和监督女孩是否改正。在女孩改正后，父母要及时予以表扬和肯定，这对女孩改正错误和良好习惯的养成尤为重要。

2. 表扬不能太多，也不要太少

"你把你的脏衣服放到洗衣机里了？嘿，孩子，你真棒！"为了培养女孩的自信，父母有时会把女孩变成受表扬成瘾的人。但是，你一定要明白，靠表扬鼓劲的女孩不会为了自己满意而追求实现各种目标。她们会因很平常的杂事而期待别人的溢美之词，否则，她就可能连自己分内的事都不去完成。

但是，如果你只指出女孩是如何失败的，失败就会成为她的心理阴影。所以，我们建议，称赞和批评的比重应该是 3 ∶ 1。如果夸奖的比例太高了，你的夸奖就可能是不真诚的或过度夸张的；如果夸奖的比例太低了，那么，你可能是太苛刻了。

此外，父母还要检查一下表扬的真实性，通常一句简单的“谢谢”就已足够了；还要考虑考虑女孩的年龄，一个 6 岁的女孩学着擦窗子，即使擦得还有污点，也应当受到表扬；而对于一个 10 岁以上的女孩，则不应该这样，因为她可以干得更好。

3. 女孩不需要“廉价”的表扬

有一个女孩第一次做饭特别开心，虽然味道不好，还有点咸，但妈妈仍表扬她：“做得真好，比妈妈做得还好吃。”谁知女儿小嘴一噘：“妈妈，你撒谎了吧？”

应该说，父母对女儿多一些表扬和鼓励并没有错，但必须中肯、得体。比如上例中的妈妈可以这样对女儿说：

“这道菜品相很不错，比妈妈做的漂亮，不过如果再少放一点盐，就非常完美了！”

十几岁的小女孩已经有了自己的思想，对一般事物的鉴别能力也已具备，父母如果想用廉价的表扬去满足她，只会让她嗤之以鼻，时间长了还会使女孩失去对父母的信任。当然也有的女孩会逐渐习惯并喜欢这种表扬，而虚荣心也由此慢慢形成了。

所以，父母要在尊重女孩自尊心的前提下去表扬女孩，突出表扬某些比其他女孩表现出色的细节，这样就在女孩脑中根植下“努力了，就是好样的”意识，从而淡化女孩对荣誉、对结果的看重。

家校合一，为女儿搭一座沟通的桥梁

如果有父母认识当老师的朋友，耳边总会听到一些老师抱怨：

“这学生又交空白作业，父母在家也不监督一下？”

“这孩子怎么又打架了，也不知道父母在家里是怎么教的！”

“这位父母也不知道有没有看过我们的《家校互动手册》，几个星期了也没见父母在手册上留一个字，我提醒过，可手册还是原封不动。”

……

仔细回想一下，在生活中确实有些来也匆匆、去也匆匆的父母，他们为了工作、生活，顾了自己，又顾不了女儿；有的甚至认为把女儿送到学校就行了，管孩子就是老师的事情……

研究表明：女孩在10~16岁这个阶段，大部分都有反抗老师、父母的情绪，家庭对女孩的教育和老师对女孩的引导都非常重要，而且缺一不可。父母没有老师的反馈，老师得不到父母的支持，即使表面上看起来女孩学习成绩很好，但也会存在一些“心灵隐患”。

下面，我们来听听大部分老师对父母的看法：

在对学生的教育上，作为班主任，有时候如果能从学生的父母那里了解具体的情况，教育的效果往往超乎自己的想象。

比如，每个月会有超过10位父母来电或亲自到学校来和我进行交流，沟通最多的是关于学生平时的问题。有一位家长趁工作间隙，拿着学生在看的言情小说，来与我商量，而后，我就与学生进行了谈话，旁敲侧击地对学生进行教育，女孩很快就改正了。

上次一个学生父母打电话，告诉我说这个女孩强烈要求上网。经过详细的交谈，我发现这个女孩经常与一个职高的哥哥上网聊天，而且有不健康的内容，等等。经过不断思考，与父母沟通了解，我们很快就解决了这个学生的思想和学习上的问题。

也许并不是每一个女孩都那么完美，但是我发现，父母如果慢慢地试图去了解女孩，和老师一起合作，女孩得到注意、关心了，也就会少走弯路了。

所以，每一位父母都要明白“家校合作”的重要性，父母和老师之间的桥梁搭好了、牢固了，孩子才会在你面前真正地“透明”和进步。

一位母亲的做法就很值得各位家长学习：

女儿的学习成绩从小就很稳定，小学阶段一直处于中游水平，到了六年级成绩有了很大进步，因此顺利地考入了重点初中。

刚上初中，女儿到了青春期，我发现她好长时间也叫不上任课老师的名字。我暗中从老师那里了解到，女儿上课几乎从不主动发言回答问题，在老师心目中，她并不是一个学习优秀的学生。

通过与老师及时沟通，老师开始有意识地培养女儿的主动性，班上有什么活动尽量鼓励让她参加，如参加学校小乐队、班上的板报小组等。我也暗中和老师时常保持交流，慢慢地，女儿有了些改变，与老师和同学的交流也顺畅了许多。

如今，内向害羞的女儿已能在陌生人面前自如地演唱歌曲了，学习成绩也逐渐稳定在班里的前几名。

由此可见，只有父母和老师之间积极地沟通交流，形成合力，互相补充，才能有效避免教育上的盲区，从而起到事半功倍的效果。否则，父母不会知道女孩在学校的表现，老师也不会了解女孩在家里的情况，久而久之，父母与学校之间就会形成一片教育沟通上的“真空地带”。

所以，父母注重家庭教育的同时，更要积极关注孩子的学校教育，了解女孩在学校的成长表现。那么，父母主要应该注意哪几个方面的内容呢？

1. 了解学校对女儿的要求

作为父母，首先应该了解学校有关学习、生活等方面的规章制度，以便主动配合学校，督促和协助女儿完成学校的各项教育计划。

比如，父母一定要了解相关的《学生守则》《学生日常行为规范》，了解教学大纲的有关要求等。

父母要尽力配合和支持老师的各项工作。比如，当学校为培养学生的生活自理能力，要求女孩在家里学会洗衣服、洗碗、缝纽扣等时，父母应该积极支持和督促女孩，一定不要自己代劳。在配合学校教育的同时，父母也对女孩进行相关的家庭教育，父母一定要明白，配合学校的教育就是对女孩负责。

2. 虚心听取老师的建议

父母应该向学校的老师了解女孩在学校的表现情况，要真正虚心地听取老师对女孩在校表现的介绍。这时候父母不仅要能够听得进老师对女孩的表扬，也要能听得进老师对女孩诚恳的批评。

很多父母对这个问题的认识有一个误区，认为一旦把女儿在家的不良行为告诉老师，会损害女儿在老师心目中的形象，会对女儿的发展不利，所以宁可自己管教女儿也不想得到老师的帮助。其实，这样做往往会贻误对女孩进行教育的最佳时机。

关于对女孩的了解，大部分老师比较喜欢听女孩的“问题”，而不是“优点”，所以，有什么就说什么吧！要知道，一旦等到父母无计可施再想寻求老师的帮助，很可能已经积重难返了。

3. 做好老师和女儿之间的“调和剂”

首先从女孩口中去了解所有的老师，你就会了解到女孩对于各位老师的评价，自然有好有坏。女孩认为好的任课老师，在这个科目上你根本不用愁，她的成绩即使不是最好，也绝不会很差。你了解的重点在于她不喜欢的老师，更要了解她不喜欢的原因和反抗的根源，一定要在第一时间内消除女孩对老师的抗拒。

在此过程中，父母不要一味地指责女孩，错误真的不一定在女孩身上，但也决不能和女孩一同去谴责老师，谴责老师的结果，只能加深女孩与老师的隔阂。这时候父母需要做的就是与老师经常沟通，引导老师按你的想法去对待你的女儿，然后再让女儿去感觉老师对她的变化，教女儿去理解老师，让老师感觉你非常在意她对女儿的教育，让他们相互逐渐接受对方。

总之，如果你想做一个尽职的父母，就一定做好女儿和老师之间的“调和剂”，分担一些女儿来自于老师方面的压力，让青春期的女儿在一个轻松的学习环境下去成长，以培养出一个心理健康的女孩。

重视与女孩之间的非语言沟通

在《母乳新发现》一书中，作者这样写道：

> 在中国的家庭教育中，可以清晰地发现，原始的情感表达方式——拥抱、抚摸、亲吻等，几乎在女儿长大以后，父母就很少使用了。亲子沟通的方式只剩下干巴巴的语言表达，偶尔也使用文字（比如：语言交流遇到障碍时，父母会给女儿写信，或女儿主动给父母写信）。
>
> 于是，“说教”就成了家教的主要手段。由于父母的表情和动作受到理性的严格限制，传递信息的渠道又如此单一，家庭教育因此变得枯燥乏味，失去了生命原有的色彩与温度。

语言学家艾伯特·梅瑞宾的研究表明，人与人之间的沟通高达93%是通过非语言沟通进行的，只有7%是通过语言沟通的。而在非语言沟通中，有55%是通过面部表情、形体姿态和手势等肢体语言进行的，只有38%是通过音调的高低进行的。

因此，艾伯特·梅瑞宾提出了一个著名沟通公式：沟通的总效果＝7%的语言+38%的音调+55%的面部表情。

英国哲学家斯宾塞认为，如果父母对女孩多一些拥抱、抚摸，有时甚至是亲昵地拍打几下，女孩在与人交往和智力、情感上都会更健康。父母与子女的拥抱、抚摸、牵手，也是教育的一部分。

1. 多通过身体接触方式与女儿交流

德国教育家卡尔·威特说过："我认为，沟通是一种艺术，有关的时间、地点、环境和方式都要考虑到。比如说孩子有时候希望在心理和情感上保留一些自己的空间或者说她感情波动很大，非常需要安慰，而不是提问时，在这些时候，我会拥抱、抚摸孩子，传达给她沉默而温暖的信号。"

女孩都喜欢被父母拥抱在怀里，这样她可以感到无限的温暖，受到保护而有安全感。

当女孩完成了一项任务或者做了一件好事时，父母不仅要夸奖女孩，而且可以满意地拥抱一下女孩，她会得到极大的满足。当女孩遇到了挫折或者困难时，父母的安慰确实重要，但是，给女孩一个拥抱则会让她信心倍增，鼓励她去克服困难。有些父母觉得拥抱过于亲密，尤其是妈妈对待儿子，爸爸对待女儿的时候，往往避免拥抱。实际上，拥抱是促进父母与孩子感情的最好方式。

有些妈妈过于含蓄，不知道该如何表达自己的情感，其实，身体的接触往往比语言能更好地表情达意，比如给女儿一个有力的拥抱，或者用一只胳膊搂抱你女儿的肩膀，一起逛街的时候顺势牵女儿的手，等等，就可以向她传递你的爱意或者歉意，使你们经历过争吵以后重归于好。

和女孩谈话过程中，父母不要用身体语言来表达疏远，而要用它来传达关爱。

研究证明，妨碍亲子沟通的身体姿势和手势是——跷二郎腿，双手交叉于胸前，身体和头颈后仰；有助于亲子沟通的身体姿势和手势有：身体微微前倾，微微点头，头颈稍低。

父母在和女儿沟通的过程中应避免指手画脚，但可以拍拍肩膀、胳膊。一些熟知的手势如食指、中指做"V"状，或大拇指上翘，有着非常强的沟通效果，如果能够再应用击掌、拉钩等手势动作来表达对女儿取得成绩的祝贺、分享以及亲子之间达成的共识和协议等，则可以大大增强亲子沟通的效果。

一个从来没有和父母亲密接触的女孩会觉得被忽略，和女儿身体接触可以安抚她的心灵，也可以表达你们之间平等、合作的关系。

2. 目光的交流比语言沟通更重要

目光是极为常见的一种非语言行为，柔和、热诚的目光会给女孩以激励；埋怨、责怪的眼神则使女孩感到不安和失去信心；瞪着眼、斜着眼则会使女孩有一种被轻蔑、鄙视的感觉。所以，父母在女孩面前，应该始终保持亲切、和蔼、信任和期待的目光，这样的目光，能使正在上进的女孩受到鼓舞，信心增强。

所以，父母和女孩谈话时，以亲切的目光看着女孩，可以表明你对她的谈话很感兴趣，鼓励她把内心进一步开放；面对面或侧对面平视，可以传递亲子之间平等、尊重的感觉；而目光躲闪、漂浮或游移，东张西望或不时看表，会给人心不在焉的感觉，不利于亲子沟通；还要避免斜视和眼睛上翻，否则会使女孩感到受拒绝。

3. 偶尔点头

点头给予女孩的是一种认可和鼓励。当女孩做了正确的行为后，父母可以用点头来表达对女孩的鼓励和赞许，这样，女孩就会更有信心，就会努力把这件事情做得更好。在日常生活中，父母要善于运用点头，对女孩说："真棒，做得不错！"多给女孩一点认可和肯定，让女孩的心理产生认可感，从而拉近亲子之间的距离。

当然，女孩做出不良行为时，父母则要摇头表示制止，让她不要做这种行为。摇头比简单的语言禁止要温和得多，也更容易被女孩接受。

4. 微笑是女孩的"强心剂"

女孩总喜欢观察父母的表情，她能够从父母的表情中推测父母的内心想法。所以，女孩总会在父母高兴的时候与父母交流想法，一旦父母板着脸，她也会不说任何话，默默回到自己的房间，尽管心里有话想要对父母说。

研究表明，父母经常对女孩板着脸，会导致女孩不愿意与父母沟通，以至于亲子关系经常处于紧张甚至矛盾中。因此，父母在女儿面前，要多欣赏女儿，多对女儿笑一笑，让微笑来消除父母与女儿之间的矛盾与冲突，从而保持良好的亲子关系。

第九章

10~16岁，女孩更需要掌握的学习技巧

上中学以后，往往出现女孩成绩不如男孩的现象，于是很多父母就认为女孩的智力天生就不如男孩，因此忽略了从女孩成长的其他方面寻找原因。其实，如果父母教会了女儿养成良好的学习习惯，并掌握了正确的学习方法，那么女儿成绩“滑坡”的幅度可能会小很多，甚至可以避免“滑坡”现象的产生。

学习原来这么好玩！——让女儿带着兴趣去学习

很多父母都会经常问自己的女儿：“你在学校过得开心吗？”而有些父母之所以没问，也许是因为他们已经知道答案，也许是因为害怕听到否定的答案，也许是认为这个问题并不重要。但不管是哪一种，都是出自一种心态，那就是对自己女儿的学习积极性不抱太大希望。而且，许多父母也不知道应该怎么去做，怎么去改善。

有一项针对中学生的调查表明，85%的学生都觉得自己在学校过得不开心，主要原因还是学校压力大，学习生活紧张。

再温驯的牛，如果它不口渴，就算把它带到河边，它也不会自动喝水。对待

女孩也是一样，催促女孩学习，或强迫她们打开书本，如果女孩根本不想学习，一切都是枉然。

为了消除女孩对学习的排斥感，父母就要尽量抹去女孩心中“用功是件苦差事”的印象。那么，怎样引导女孩，培养她的学习兴趣呢？

1. 分散女儿的心理压力

如100页的家庭作业，在暑假的30天里，每天只要做3页就够了；也不妨利用游戏竞争的原理，对女孩说：“在妈妈清理好厨房之前，你能不能把功课做完，咱们比一比看谁比较快？”

这两种方法都可以有效分散或缓解孩子的心理压力，应该能取得比较好的效果。

2. 顺着女儿的心理逆疗

有一个上班族的家庭，他们的女儿特别不喜欢学习。父母于是请了一位大学生做女儿的家庭教师。一般的家庭教师都是和女孩一起做功课，但这位老师却不同，不但不教女孩功课反倒成天和她打棒球，每次总在汗流浃背之后，丢下一句“我明天再来”。

就这么过了3天，这位母亲感到惊讶不已，当初就是为了让女儿能够好好读书，才决定花钱请家教，没想到这位老师这么不负责任。

于是她便向家教老师表达了不满，而这位大学生似乎没什么反应。终于有一天，师生两人在玩球时，女儿突然说了“我们去做会儿功课吧”的话来，这让妈妈欣喜不已。

为什么不喜欢读书的女孩突然表示她想要用功读书？

其实，女孩原本就有对用功读书的自我实现欲望，但苦于提不起兴趣，有一种厌烦的心理。但是过度的游戏使她远离书本而深感不安，从而刺激她实现想读书的欲望。可见此种逆疗对于让女孩主动用功学习会产生意想不到的效果。

3. 选女儿拿手的功课来培养兴趣

父母可先让女孩重点学习拿手科目。也许您自己也发现了，对自己所喜爱的或拿手的事情，就算他人不要求，自己也会兴致勃勃地去做，这个方法就是为了能让女孩产生想用功读书的“念头”。当女孩已逐渐产生兴趣后，再让她接触原本抵触的科目，这样，女孩由拿手科目所产生的原动力会顺利进入弱项科目。

4. 激发女儿的学习动力

美国教育家简·纳尔逊博士在她的一本教育专著中讲述了这样一个故事：

一位母亲对她的女儿说她很担心女儿不能及时完成家庭作业，并且提出了一个“荒唐”的建议：替女儿把作业完成。女儿听到这个建议后很是吃惊，但并没有阻止，因为她想看看妈妈是如何做家庭作业的，更想知道妈妈是否想要什么“花招”。

妈妈让女儿每天放学后告诉她有哪些作业，自己需要做什么。第一天晚上，妈妈就按照女儿的“布置”，完成了大部分的家庭作业，几乎没有任何疑问。第二天晚上，妈妈开始频繁地询问女儿应该怎样去找相关的信息，或者询问老师有没有解释怎样做这个数学运算，这个到底应该怎样才能做对。女儿不得不给妈妈讲解一些课堂上老师曾经讲过的东西。

后来，女儿发觉要给妈妈讲过之后再等她来完成实在太麻烦了，而且在给她讲明白之前，自己已经把题目解决了，妈妈所做的不过是重复一遍，或是写到作业本上而已。她不想让妈妈再为她做作业了，但是妈妈却说：“不行，我担心你不能完成作业，这样会被老师责罚，会很糟糕。”

妈妈还是坚持这种方式，但后来妈妈只是在女儿明显没弄清楚的地方与她一起探讨。一段时间后，她发现女儿已经不再对家庭作业有抵触情绪，并且能高效地完成了，才放弃继续为女孩做作业的行为。

这真是一位聪明的妈妈，她没有直接说："你为什么不喜欢做家庭作业？""你难道不知道做作业都是为你自己好吗？""你做作业时会遇到哪些困难？"而是直接参与到做作业的过程中，从而更敏锐地发现女儿的问题，并巧妙地帮助她解决了。

帮助女儿制订一份合理的学习计划

下面的事例也许会引起家长们的反思：

小文就读于某重点中学高中一年级。她读书非常用功，每天回到家里，不是看书就是做作业，一直忙到深更半夜才睡觉。每逢考试，她更是忙得不可开交，整天就是背啊，写啊，一会儿看看这本书，一会儿又翻翻那本书……在学习上所花费的时间很多，但是考试成绩却不尽如人意，费了九牛二虎之力才挤进班级的前20名。这一切，小文的爸爸都看在眼里，急在心上：刚进高中，女儿就这么吃力，老是这样下去，到了高三，非累垮了身体不可。

一天，爸爸给小文讲了个故事：

美国泊力恒钢铁公司经理西韦泊为了改变公司效益差、忙乱的局面，特请专家戴维·辛给他出主意，戴维要他每天上班前写下自己要做的几件事，并按照重要程度先后排一下顺序，然后逐一去做。结果奇迹出现了：泊力恒公司的管理明显改善，工作效率大大提高了，一下子战胜了强大的同行。

讲完故事，爸爸语重心长地对小文说："你要想使自己学得好，又不太累，不妨也制订一个学习计划，合理地安排自己的学习与生活。"

于是小文在爸爸的帮助下制订了一份学习计划，试着做了两个月，果然摆脱了以往学习忙乱的状态，成绩也一跃进入班级前3名。父女俩为此别提多高兴了。

女孩在读小学的时候，所学的知识相对比较简单，只要用功就有可能取得较好的成绩。可到了初中、高中就不一样了，知识面越来越广，灵活性增强了，深度和难度也加大了，所以，如果女孩不制订自己的学习计划，再沿用原来的一套学习方法就会觉得分身无术。

而父母协助女儿制订一个好的学习计划也需要一定的方法和技巧：

1. 学习计划应该由女儿自己来制订

计划是需要自己来执行的，也一定要由女儿自己来订。父母可以与女儿一起讨论，但最终的决定权要交给女儿，让女儿觉得这不是父母强迫自己在学，而是自己对父母许下的承诺，一定要努力完成，不让父母失望。

2. 提醒女儿：学习计划必须切实可行

当女孩制订了一个学习计划，并给父母过目后，父母可以从以下几个方面来鉴定这份计划是否合理：

学习时间安排是否合理。每次安排的学习时间不要太长，40分钟左右为最佳。

学习目标是否切合实际。有些女孩制订学习计划时，总是“雄心勃勃”，一天的时间恨不得要完成一周的任务。这样不切实际的目标往往是导致计划不能正常执行的主要原因。

学习任务是否具体。经常看到一些女孩制订的计划上面写着诸如此类的内容：早操前背外语、早饭时间预习数学、晚饭时间背历史……这种计划看似没有什么错误，似乎也足够具体，但实际效果往往并不令人满意。这种任务虽然可以给女孩一种学习的方向感，让她到了固定时间不至于无所适从，但却仅限于此。如果把目标再具体细化到：早操前背外语单词10个；早饭后预习数学第二章第二节，大致看懂例题；晚饭时间学习历史，整理出宋代大事年表……这样效果会更好，而且如此具体的任务分配也有利于女孩自检任务完成状况。

整个计划是否有一定的机动灵活性。正常情况下，计划都应该严格按时完成，但女孩的生活要受很多因素影响，难免会有特别的情况，所以就要求计划不能过于僵化呆板，要有一定的灵活性，可以不至于因为一个环节不能完成而打乱后面的所有计划。

3. 学习计划要有一定的灵活性

计划不应绝对不变，根据实际情况和执行计划中的体会应允许有些变动。例如，某天因参加运动会觉得身体非常疲倦，那就应该及时改变计划早早休息。如果单纯为了执行计划，你硬要女孩一边打盹儿一边坚持在规定的时间里学习，或是不解完 10 道题目就不能睡觉，那就无异于削足适履了。

当然，学习计划既要有灵活性，又必须以基本不变为原则，这样才有利于养成良好的习惯。倘若把什么情况都看成是例外，随便变更计划，就难以养成好习惯。所以，在一开始制订计划时就要考虑留有余地，计划一旦订好之后，就尽可能不要变动。坚持这一原则十分重要。

4. 根据不同学科的类型安排学习计划

科学研究表明，各学科对学生所产生的疲劳值是不同的，按照疲劳值的大小排序是：数学第一，体育与数学基本相同；其次是语文、英语、历史、地理、物理、化学；再次是音乐、美术等技能学科。

一般认为，在安排学习计划时，不同疲劳值的学科最好交叉进行，若是各学科时间安排不当，困难的学科相继排列，则容易使女孩陷入高度疲劳之中。此外，制订学习计划时，把文理科穿插起来复习比较好，这样大脑皮层的神经细胞就不仅不会疲劳，而且有相互促进的作用。

5. 注意检验和调整计划

制订好学习计划之后，并不意味着大功告成，因为计划的可行性有待实践的检验。在计划执行了一段时间之后，应该回过头来检查一下，看效果如何。如果发现学习计划难以付诸行动或收效甚微，就要查找原因，及时做出调整，使计划不断得到完善，直到自己满意为止。

做到了这几点，学习计划就很完美了，然后就是列一个具体的学习计划表，把以上内容在表里一一体现。表格里还应尽量显示全学期学习的总目的、要求和分科学习的目的、要求。计划表不但能清晰地反映出女孩的学习进度，还能帮助女孩克服惰性和倦怠，尤其是当它配合一个自我奖励制度时会更加有效。如果女孩能按部就班、循序渐进地完成她的学习，那么学习便不会给她带来太大的压力。

但必须强调的是，列计划只是一种手段，绝不要为了列计划而去列计划，只要是能达到目的的计划都是比较合理的计划，不管什么时候，列计划都只是为了完成一定的学习任务。刚开始，任何学习计划执行起来都难免会遇到一些困难，但父母应该让女孩知道为了执行这份计划而付出的努力是值得的，能够适应这份计划是保证她的长期学习以及未来事业成功的重要步骤。

为了使计划不落空，父母要督促女孩对计划的实行情况定期检查，可以制订一个计划检查表，把什么时间、完成什么任务、达到什么进度，列成表格，完成一项，就打上“√”，根据检查结果及时调整修改计划，使计划越订越好，使自己制订计划的能力越来越强。

“坚持”是计划实施过程中最难的。由于缺乏毅力与恒心，女孩在履行计划的过程中很容易虎头蛇尾。而学习是一个周期比较长的过程，今天的努力，并不能在明天就得到回报，要知道，量的积累才能实现质的飞跃，半途而废，最浪费时间与精力，并对人的自信心有很大的动摇，所以父母要鼓励女孩坚持。

注意力训练，提高女儿的学习专注能力

我们先来看这样一个事例：

萌萌在初中时学习很好，但升入高中后，学习成绩却不断下滑，这让她非常沮丧。和很多学生不同，萌萌非常了解自己成绩下滑的原

因——上课爱走神，无法集中精力听讲。

其实，萌萌从小学开始就有这个毛病，只不过因为小学和初中的课程相对简单，萌萌又是个聪明的女孩，虽然上课没怎么听，但下课后看看书、做一做习题，也能掌握老师所讲的知识。所以这个坏习惯一直没有引起重视。但升到高中后，随着学习难度的逐渐加深和知识量的不断增加，萌萌在学习上也越发受到注意力差的困扰。

在课堂上她经常不知不觉就走神了，一走起神来就好像老师不存在了一样，思想也不知在什么地方游荡，因此，老师课上讲的许多东西都被错过了。在课后做作业时，她也控制不住自己，时不时地走神，别人1个小时就可以写完的作业，萌萌要写上两个多小时。因此，她的学习成绩一路下滑。对此，她自己也非常苦恼。

注意力不集中成为很多女孩学习路上的拦路虎，让聪明的头脑无法发挥真实的作用。法国生物学家说："天才，首先是注意力。"保持良好的注意力，是大脑进行感知、记忆、思维等认识活动的基本条件。只有打开注意力这扇窗户，智慧的阳光才能洒满心田。

要想改变女孩的注意力，父母首先得给女孩一个安静的学习环境，另外还要帮助女孩整理自己的思绪。

对女孩来说，注意力分散是一个普遍的问题。它至少给女孩带来三种危害。

一是学习花费时间长。注意力涣散的女孩，完成作业的时间与一般速度的同学比，要多花40%~60%，这样一来，学习的负担就会比别的女孩重。这样还会失去玩耍、运动、课外阅读的时间，女孩的学习很难进入良性循环。

二是很难胜任难度大的学习内容。解难度大的题需要持续思考较长的时间，好多女孩因为不能持续地思考一个问题，所以解难题很难成功。

三是思维速度和书写速度也很难达到高水准。注意力不集中会导致思考和书写的速度大大降低。到了中学，学科内容成倍增加，效率低的女孩就更感觉困难，完全掌握不了主动权，学习肯定要落在别人后面。

要培养女孩良好的专注习惯，父母可以通过以下几种切实可行的方法，和女孩一起来训练：

1. 要求女儿在规定的时间内完成作业

如果父母合理地要求女儿在一定的时间内完成家庭作业，女儿就会按照父母的要求在规定的时间内完成。在这一限定的时间内，她就会集中注意力，努力认真地完成作业。

研究表明：不同年龄的女孩的注意力稳定时间是不一样的。一般来说，5~10 岁的女孩能集中注意力 20 分钟左右；10~12 岁的女孩能集中注意力 25 分钟左右；12 岁以上的女孩可以集中注意力半小时以上，可见，如果让一个 10 岁的女孩坐在那里 60 分钟，去专注地完成作业那几乎是不可能的。所以父母要根据女孩的年龄特征，给女孩安排合理的时间，让她在适当的时间内集中注意力，以保证完成作业或学习任务。

如果父母给女孩布置的作业过多，超过了女孩注意力稳定的时间，那就应该考虑让女孩一部分一部分地来完成，使女孩的学习有张有弛，这样有利于其提高学习效率。如果父母不允许女孩做作业中途休息，甚至坐在女孩的旁边监督，还唠叨不停，就容易使女孩产生抵触心理，从而失去学习的兴趣，注意力也就不能集中。

2. 给女儿一个安静的学习空间

有的女孩坐不住，注意力涣散，令父母大伤脑筋。可是，大家有没有反思过自己的行为呢？

有几个学生曾经这样抱怨：

“我做作业的时候，我妈老在我身边转悠，一会儿拍拍我的头说：‘乖孩子，好好写！’一会儿端来一盘葡萄说：‘休息一会儿吧，吃点儿葡萄！’一会儿又倒来一杯果汁说：‘渴了吧？妈妈给你倒了果汁，快喝点……’唉，真是烦死啦！”

“有一天，我正在自己的房间里专心背诗歌，我妈突然推门进来找东西，我平静的心一下子被扰乱了，什么都背不进去了！”

“我每天晚上看书的时候，我爸爸都在和一帮人打麻将，哗啦哗啦的声音烦死我了。”

“我妈总是一天到晚开着电视，她在厨房做饭的时候都不关上，而且声音还特别大。”

……

女孩学习不专心、成绩上不去，父母有不可推卸的责任。父母打扰女孩学习的情况很多，包括那些自以为为女孩创造了良好学习条件、不住地“嘘寒问暖”的妈妈。妈妈这样做，看似是在关心女孩，实际上却是在干扰女孩，非常影响女孩的注意力、记忆力以及情感思维等的良好发展。

所以，在家庭里，父母要注意创造良好的学习、生活环境，避免分散女孩的注意力。女孩学习的环境应安静、简朴，避免无关刺激的干扰。要知道安宁、温馨的学习、生活环境对女孩的学习及心理发展起到很大的良性辅助作用。

当女孩认真学习时，父母要做到：

电视或音响的声音不宜过大。

不要把玩具和糖果之类的东西放在旁边。

更不宜在女孩旁边打麻将、大吵大闹，或者发出其他噪声，以免分散女孩的注意力。

每天都应该让家里保持整洁、舒适，尤其是女孩的房间，不能有太多繁杂的物品。因为女孩的注意力跟情绪也有很大关系，杂乱无章的房间，不正常的家庭生活，会严重地影响女孩的注意力及学习的心情。

在家里，无论教女孩收拾、放置物件，或是使用各种劳动工具，都要提出具体要求，并且给予具体指导，使女孩做事有始有终。例如，吃饭前，让女孩摆放好桌椅，再摆放好碗筷，做完一件事后再做另一件。

语文——提高学习兴趣是关键

语文不仅仅是一门学科，也是人们培养思维能力的工具。因此，学习语文不仅仅是为了更好地进行社会交流，也是为了培养孩子的思维和思考能力。

小学高年级是孩子的思维方式由形象思维向抽象逻辑思维转变的过渡期。无论从心理发展还是学习习惯养成等方面，小学阶段都起着承上启下的作用。这一阶段语文学习的内容也由词句向篇章过渡，这与此阶段孩子的思维特点也是相适应的。

进入初中以后，字词的学习相对减少，学习的重点在于语法和阅读分析方面，当然写作也对孩子提出了更高的要求。另外，从初中一年级开始，文言文的学习被提上日程，文言文的词句相对于白话文来讲更难理解，家长一定要在孩子学习文言文方面多加关注和辅导。总之，进入初中以后，相对于小学阶段主要学习字、词、句等基础知识而言，初中阶段更着重于培养孩子的理解分析能力。

与初中阶段相比，高中语文内容更加广泛、丰富，知识性更强，系统性更强。初中语文较注重学生感性的认识和积累，高中语文学习的要求已上升到能够对有关内容进行知识性、系统性的理解和领悟，将感性认识上升为理性认识，将学习中的问题通过知识体系来解决。这就要求学生不仅要具备一定的理解能力，还要具备一定的鉴赏能力。

具体而言，语文学习方法父母可以从以下几个方面入手：

1. 让孩子学会积累字词和语句

如果说语文学习是建房子，那么词汇和语句就是水泥和砖头。要想学好语文，积累足够的字词和词句是必不可少的。字词的积累是一个长期的过程，父母平时要有意识地引导孩子。孩子看电视的时候，如果听到好的语句，父母可以带着孩子重复念几遍；在孩子阅读各种书籍、报刊、画册的时候，遇到好的句子、词语，就鼓励孩子记录下来；平时和孩子一起做一些积累词汇的游戏，如成语接龙、古诗词接龙、造句比赛等。

这里需要父母注意的是，在帮助孩子积累词汇的过程中，要尽量将这一过程进行得轻松，千万不要让孩子觉得这是一项枯燥的任务。平时要将各种词汇放到语境中，不要让孩子死记硬背。比如说，孩子在学习成语的过程中，可以先跟孩子讲讲成语的典故，然后告诉孩子这个成语现在的意思是什么，最后塑造一个情境，告诉孩子在这种情境下就可以使用这个成语。

2. 注意孩子阅读能力的培养

自学能力是语文学习能力中的一种重要能力，而阅读能力的好坏则直接决定自学能力的高低。因为孩子如果不会阅读，不会运用自己的思维考虑问题的话，就很难领悟到知识的精华部分，也无法进一步提高自己的学习能力。因此，父母应该根据这一时期孩子的心理和生理特点积极培养孩子的阅读兴趣，提高其阅读能力。

父母在培养孩子阅读能力的过程中，注意不要对孩子的阅读方式、方法管得太死，不可过早地限定孩子的阅读范围和阅读内容，而应把阅读选择的权利交给孩子自己，尽可能为孩子提供轻松自由的阅读环境。同时父母还应该多和孩子在一起看书，做孩子的阅读榜样，并且可以经常与孩子在一起交流读书的方法和心得，鼓励孩子把书中的故事情节或具体内容复述出来，把自己的看法和观点讲出来。

3. 培养孩子的听说能力

听和说是一个人很重要的两种能力，也是学好语文的重要前提条件。能够认真倾听的人可以获得比别人更多的信息，表达能力较强的人能够更好地表达自己的观点。听与说的能力是语文学习中需要重点培养的能力，父母可以结合语文学习，同步提高孩子的听说能力。

培养孩子的表达能力，需要父母在日常生活中多鼓励孩子说话、表演、演讲等，给孩子创造说的机会，培养孩子的自信心。当孩子说得不清楚时，父母可以和孩子一起整理思路，让孩子重新组织语言，再说一次。这里需要强调的是，在这样做之前不要批评甚至责怪孩子，这样孩子才不会产生胆怯心理，才会愿意说。当孩子读书或看电视有了新感受时，要鼓励孩子与自己分享这些感受，让孩子愿意与你交流。时间长了，孩子的表达能力就会有明显的提高。

4. “五多训练法”，让孩子的作文水平快速提高

对于孩子写作能力的培养，父母首先要做的是培养孩子写作的兴趣，这是最重要的！当孩子对写作产生兴趣之后，就可以使用一些有效的学习方法，锻炼孩子的写作技巧。对于作文训练，现在公认最有效的学习方法，就是广泛采用的“五多训练法”。

多看和多说：看和说是语文的前提，因此，父母要有意识地锻炼孩子认真看和清晰说的能力。可以以提问的方式，培养孩子的观察和描述习惯。比方说带孩子去参观博物馆，看到一个模型，父母可以问孩子：“这个模型像什么”“什么样的人喜欢这个模型”等。孩子在回答这些问题的过程中，就会逐渐养成正确的观察和说话的方法。

多写：美国一位研究者在研究了世界上很多天才之后得出一个结论——任何天才都是训练超过 10 万小时的人。其实不管任何事情，都是一个熟能生巧的过程，写作也不例外。父母平时要帮助孩子养成记录的习惯，鼓励孩子将自己遇到的、听到的、看到的或者心里的感受、情感、观点写出来，并不一定非要严格遵守作文的结构，有时候即使是几句话，妈妈也要鼓励孩子。

多想：好的作文，不但要有生动的描述，还要表达一定的思想。可能孩子的思想不够成熟，但是父母仍要鼓励孩子大胆地去想，这样不但能够提高孩子的作文水平，而且对孩子的未来成长也非常有利。

多改：孩子写好作文之后，父母可以和孩子一起修改作文，在修改的过程中，要多鼓励和引导、少责备。

数学——找到“窍门”是关键

数学是一门实践性非常强的学科，不但具有广泛的应用性，而且更重要的是，数学对于孩子思维的锻炼具有很重要的作用。

小学高年级，孩子的抽象思维能力开始快速发展。这一阶段，数学教学要求孩子能够用数学的思想去解决、解释和表达事物的数量关系、空间概念；要求孩子具有用数学工具解决具体问题的能力；要求孩子有一定的抽象思考能力。

初中阶段，孩子的数学学习需要掌握一定的数学技巧，真正地理解数学思想，只有这样才能学好数学。总体而言，父母要帮助孩子尽快适应新的数学教学要求，主要是帮助孩子养成三个数学学习习惯，即：养成课前预习和课后复习的习惯，养成思考和分析数学问题的习惯，养成以数学思维解决数学问题的习惯。父母在平时辅导孩子学习数学的过程中，要更加注重引导孩子掌握有效的学习方法，形成良好的学习习惯，维持孩子的学习热情和探索的欲望，这些对孩子今后的学业成功是非常重要的。小学升初中以后，由于数学学习的难度明显增加，很多孩子一时之间难以适应，数学成绩下降很快，很大程度上都是因为父母没有及时引导孩子学会正确学习数学的方法和养成良好的数学学习习惯。

而高中阶段的数学学习难度更大，数学语言更加抽象，思维方法更趋向于理性，知识内容整体数量剧增，知识的独立性也更强。由于难度的加大和父母自身条件的限制，这一阶段父母对孩子的数学辅导可能会心有余而力不足。不过，没关系。父母这一阶段除了对孩子进行力所能及的辅导外，更重要的是应注重提高孩子的自学能力，自学能力对孩子高中阶段的数学学习至关重要。

总之，兴趣是最好的老师。如果父母没有正确引导孩子的数学学习，导致孩子在数学学习上遇到过多困难，就会打击孩子数学学习的自信心，甚至有可能会导致孩子对数学学习产生恐惧、逃避心理，这对孩子日后的学习会产生很严重的影响。

数学具有很强的应用性。因此，家长可以启发孩子利用所学的数学知识解决实际生活问题。这样不但能够帮助孩子对数学概念有更深刻的理解，而且可以使其通过解决问题获得成就感，认识到数学的实际用处，以此对数学产生兴趣。

灵灵的妈妈非常注重对孩子数学兴趣的培养，每天灵灵放学之后，她都会故意出一些数学题目来考灵灵。

“哎呀，灵灵，快来帮妈妈算算这月我能发多少加班费啊，我第一个星期发了100元，然后我又加了2个星期班，一共可以领多少钱啊？”

“灵灵，咱们家的油连瓶子一共重1000克，每天妈妈炒菜都要用50

克，用了一星期后，还剩下600克，那这油瓶子究竟有多重呢？”

灵灵的妈妈利用生活中常见的情景，给灵灵出数学问题的方式极大地调动了灵灵的兴趣，每次解完题目之后，灵灵都会觉得自己很了不起，已经能帮妈妈的忙了，而在这一过程中，灵灵对数学的兴趣大大提高，数学成绩自然也非常理想。

父母在引导孩子的过程中，最重要的是要想办法激发孩子的学习兴趣。那么除了上述方法之外，还有哪些方法可以帮助孩子增加对数学的兴趣，提高数学成绩呢？

1. 讲究练习方法，不要盲目搞“题海战术”

毋庸置疑，要想提高数学成绩，多加练习是必不可少的。但数学学习并非是买上几本教辅资料，不断地做题就可以解决的。这种“题海战术”对于孩子的数学学习效果不大，其结果往往也是事倍功半。因此，父母要讲究方法，不要让孩子盲目做题，而是让孩子有目的地去学习和做题，在平时养成良好的解题习惯，让自己的精力高度集中，这样才能够进入最佳的学习状态，并在考试中运用自如。实践证明：越到关键时候，孩子所表现的解题状态与平时练习中形成的习惯关系越大。如果孩子在平时解题时随便、粗心、大意等，往往在大考中就会充分暴露这些缺点，故在平时养成良好的解题习惯是非常重要的。父母要根据孩子的实际情况选择不同类型的题目让孩子来做。如果孩子的基础知识不牢，首先应该打好基础，此时就应选择基础题来做；有了一定的基础后，再做些有难度的题。如此一来，学习目的明确了，就不用进行“题海战术”了。

2. 重视数学作业的练习

数学作业是对课堂知识的巩固、加深理解和运用，从而让孩子形成解题的技能、技巧。数学作业最能体现孩子对数学知识的掌握程度，所以父母要重视孩子数学作业的练习。父母在平时就要提醒孩子重视数学作业，并让孩子独立完成数学作业。当发现孩子作业中存在问题、困难或做错的题目较多时，应及时提醒孩子，并尽快查明原因。因为这意味着孩子在对数学知识的理解与掌握上存在缺陷或问题。

父母在平时要帮助孩子养成正确写数学作业的习惯。在做作业前先让孩子对涉及的内容加以复习，在理解与掌握所学内容之后再做作业。解题时要按一定的程序、步骤进行。首先，要让孩子能够弄清题意，认真读题，仔细理解题意。如哪些是已知的数据、条件，哪些是未知数、结论，题中涉及哪些运算，它们相互之间是怎样联系着的，能否用图表示出来，等等，要详加推敲，彻底弄清。遇到难题，要启发孩子在弄清题意的基础上，探索解题的途径，找出已知与未知，条件与结论之间的联系，并回忆与之有关的知识和解决方法，从学过的例题、解过的题目等方面找到问题的答案。父母千万不要总是帮助孩子做题，这样孩子对问题的理解往往不够深刻，下次再遇到同类问题时依然不会解答。除此之外，父母还要帮助孩子养成规范的书写格式，做到解题过程简单、明白、完整。

3. 要重视解决问题的方法和过程

学习数学知识，既要重视做题的结果，更要重视解决问题的方法和过程，不少孩子在学习数学的时候都忽视了这一点。之所以强调过程重要是因为重结果只会导致模仿、死记硬背、生搬硬套，若遇到陌生题型往往就会束手无策。

如果在学习数学的时候，父母能够引导孩子注重解题过程和解题方法，这样就会使孩子的思维得到真正的锻炼，其数学能力才能真正得到提高。例如在运用一些图形方面的计算公式的时候，孩子不但应该记住它，还要理解这些公式是怎样推导出来的，采用什么方法推导出来的。只有能灵活运用数学知识，才能够做到融会贯通，进而提高孩子的分析和推理能力，从而提高数学成绩。

另外，父母在平时还要从审题、解答、检查这三个环节来培养孩子养成良好的解题习惯，从而有效地提高其解题能力。

（1）审题：要一边读题，一边思考

审题时，如果能一边读题一边思考，不仅可以提高解题速度，还能加深对知识的理解与记忆，增加知识的运用能力。因此，父母要培养孩子在读题时记住题目的要求、条件和问题的能力，更要让孩子注重思考条件与问题之间的联系。长此以往，孩子在读完题目的同时，解题思路也形成了，这样不但能够提高其解题的正确率，而且也能够提高解题速度。

（2）解答：适时利用草稿，快速理清解题思路

解答的步骤是孩子对题目深入思考的外在表现，是我们判断孩子解题好坏的依据。解答过程是否完整，思路是否清晰，都能反映出孩子对某个知识点的掌握程度。父母要培养孩子做题打草稿的习惯，应该专门为其准备一本草稿本，因为一张张散乱的白纸容易丢失，也不便于检查时翻看。做题时，草稿本和课本都要放在桌子上，以便孩子随时都可以翻开来用，不需要花时间四处寻找，这样可以避免分散孩子注意力，从而提高学习效率。

（3）检查：提高解题正确率

检查是做题的最后一个环节。孩子通过检查做题的过程和结果，可以发现自己做题的失误之处，也可以从中总结出做题的收获。父母要帮助孩子培养检查的习惯。需要注意的是，检查并不仅仅是校对正确答案，更重要的是让孩子在检查的过程中学会总结，思考从这些题中获得了什么，巩固了哪些知识点等。这样日积月累，孩子在学习中的收获就会越来越多，解题就会越来越得心应手。

英语——让女儿用学习母语的方法学习英语

相比于其他科目，在父母的心中，孩子的英语课可谓是最让自己感到棘手的课程了。毕竟其他课程都是以母语为基础的，父母多少还能帮助孩子一下，而英语作为一门外语，需要长期的练习，需要有语言环境熏陶，对从未在英语环境里成长的孩子来说，英语学习显得颇为困难。有位妈妈和朋友说起了她的忧虑：

孩子其他科目都好，就是英语太差。孩子的不少同学从幼儿园就接触了英语，但她家的孩子从小住在乡下，不久前才被转到县城来。这的确是个问题，没有一点英语基础，忽然接触到英语会很不适应的。她担

忧“孩子没有处在英语的语言环境中，学起英语来很困难，况且之前完全没有接触过”。

确实，现在很多的孩子都缺乏学习英语的环境，这无形中就增大了学习英语的难度，从而对其学习的积极性产生一定影响。但有句话是这样说的，当我们无法改变环境时就改变心境；当我们无法改变别人时，只能改变自己。如今，大部分父母还不具备将孩子送进英语环境中学习的条件，那么就只能通过使用有效的英语教育方法来弥补了。

首先要强调的是孩子学习英语的方法。对于小学高年级的孩子而言，真正接触英语的时间还不长，对于这一外来语种，他们更多的是在被动学习。大部分孩子，他们往往只是为应付考试而去背单词、做习题，而没有真正把英语当作一门语言来学，所以英语学习就成了一种负担。

小学英语相对而言比较简单，单词量也少，主要学习一些基本的词汇和句子，识记内容较多。初中英语，词汇量大量增加，语法学习提上日程，所以初中阶段一定要教导孩子打好语法基础。高中英语词汇量也不少，但英语学习重点在于培养听、说、读、写以及综合运用的能力。当然，这一阶段培养孩子的英语语感和英语兴趣也很重要。

总之，对于孩子的英语学习，父母要有良好的心态，应给予孩子更多的鼓励和支持，允许他们的英语学习有一个渐进的过程，认真关注孩子英语学习的变化，不要对他们苛责，出现问题，不要责怪孩子，要和他们一起想办法。

一位妈妈在博客里分享了她的教育经验：

女儿上四年级的时候，英语水平还是很不错的，也让我很引以为荣。不过到了五年级，情况出现了一些变化。有时候孩子不愿意听课，在家也不爱看英语书了。当时我不了解情况，就批评了她几句。想不到一向都不掉眼泪的孩子竟然躲在卧室里直流眼泪。

我觉得可能“冤枉”她了，一了解情况才知道，现在英语老师换了，她有点不适应，而且五年级的英语本来就难一些。

我对女儿说：“别难过，妈妈会支持你的，刚刚不了解情况就批评你是妈妈不对！”经历了这件事之后，我开始在培养孩子学习英语的能力上下功夫了。更重要的是，我不再逼迫和指责孩子了，而是更多地给孩子以鼓励和指导。下半学期，孩子的英语成绩就有了很大的进步。

可以说，大部分孩子还是很愿意学好英语的，但英语毕竟不同于汉语，孩子在学习过程中遇到问题也在所难免。这就要求父母要尽心尽责，做好孩子的辅导工作，多鼓励，多引导，让孩子掌握好学习方法并坚持下去，就能起到事半功倍的效果。那么，具体而言，父母要怎样引导、帮助孩子掌握学习英语的技巧和方法呢?

1. 让孩子对学习英语产生兴趣

学习语言本来就比较枯燥，特别是对十几岁的孩子而言，正处在活泼好动的年龄，如果每天要求孩子死记硬背，用机械重复的方法学习英语，孩子很容易失去学英语的兴趣。没有兴趣，学好英语就更难了。对于父母而言，就应该在培养孩子的英语兴趣上下功夫。举个例子，如果孩子喜欢听歌，父母可以帮助孩子找好听的英文歌，搜索歌词，然后记住，这样不但可以学习新单词，还能练习听力。

在孩子学习英语的过程中，一位妈妈的做法就很值得我们学习：

孩子升入初中，各科目的学习成绩都不错，唯独英语成绩一直不好。分析原因之后发现，孩子之所以英语学习成绩差，主要是不喜欢记忆英语单词，对英语学习没有兴趣。找到问题根源之后，我想到了一个方法来帮助孩子建立英语学习的兴趣。孩子每天学习结束之后都会看一会儿动画片，我就特意买了一些英文原版的动画片给孩子看，在孩子看动画片的时候，我鼓励孩子模仿动画片里的人物对话，一旦出现孩子看不懂的单词，我就让孩子找个便签本记下来。我还会模仿动画片中的人物语气和孩子一起对话，孩子也经常学着动画片中的人物样子回答我，这样一问一答，经常逗得孩子哈哈大笑，在这种快乐的氛围中，孩子不知不觉就掌握了很多英语单词和常用对话，对英语的兴趣也开始大幅提高了。

父母培养孩子学习英语的兴趣，还可以多给孩子创造一些展示英语风采的机会。比方说，父母可以让孩子背诵一个英文故事、学唱一首英文歌曲，然后鼓励孩子在亲朋好友面前表演一下，在取得别人赞赏的过程中，孩子无疑会获得莫大的成就感，对孩子英语兴趣的培养也会起到莫大的作用。

2. 妈妈和孩子一起学习英语

在家庭里，妈妈教育孩子是有优势的，相比于爸爸，不管是男孩还是女孩都更愿意和妈妈亲近些。妈妈要利用好这一优势，利用业余时间和孩子一起学习英语。如果妈妈懂英语，可以给孩子做示范；如果妈妈本身不会英语也没关系，可以和孩子一起记单词、背课文，练习英语对话。

3. 引导孩子养成科学的英语学习习惯

英语是一门语言，除了要培养孩子的学习兴趣外，父母还要引导孩子养成科学的英语学习习惯。

要想养成良好的学习习惯，首先需要孩子开口读，父母平时要鼓励孩子大声读英语。父母要帮助孩子树立张口说英语的信心，不断鼓励孩子大声地朗读，勇敢地与别人对话，这样做不仅有利于锻炼他们的口语，让他们形成良好的语感，还能纠正他们的发音、语法错误。坚持下去，孩子的口语能力就会突飞猛进，而且他们会越来越喜欢英语。

其次，父母还要让孩子养成背诵英语文章的习惯。毕竟中国孩子学习英语没有良好的英语环境，而背课文可以很好地弥补这一缺失，给孩子选择一套适合的教材和磁带，让孩子跟着磁带熟读课文，直到将英语课文背诵下来，甚至能够做到脱口而出。背诵课文的过程，即是增强孩子英语语感的过程，同时也是积累英语素材和训练英语听力的过程，可以说，背课文是综合锻炼孩子英语听、说、读、写能力的过程。现在市面上英语背诵类书籍很多，父母可以根据孩子的特点来选择，如果一时无法确定什么书籍比较好，最简单的办法就是让孩子背诵对应年级的教科书即可。

最后，父母要让孩子养成听英语的习惯。举一个例子，大家都很喜欢会说话的鹦鹉。鹦鹉之所以会说人类的语言是因为它听到了别人在说。同理，如果孩子从来不听英语，但是父母却一味地让孩子说，实在是强人所难。因此，在日常生活中，父母可以为孩子买一些内容简单的、语速较慢的且发音清晰的英语听力材料，这类材料最好是带视频的英语故事，以便让孩子带着兴趣学习英语。

就像写日记要养成习惯一样，学习英语也要养成习惯，这样进步才能快。毕竟习惯的力量很巨大——在孩子学习英语的过程中，养成良好的学习习惯，不仅有利于他们英语水平的提高，而且还有利于孩子整体能力的提高。

阅读——阅读需要诱惑，营造良好的家庭阅读气氛

培根说："知识就是力量。"而阅读则是获得知识的最好途径之一。对女孩来说，阅读更是一位好伙伴——让她变得博学，让她视野开阔，让她了解社会，让她心灵平静。那么，如何让女孩爱上阅读呢？

1. 培养女儿阅读的兴趣和习惯

韦君宜是人民文学出版社原副社长兼总编辑。她从 1935 年开始写作，几十年来，写出了很多优秀的作品。而回忆起成长的过程，她始终感谢自己的父母为她培养了良好的阅读习惯。

韦君宜 1917 年 10 月 26 日生于北京一个知识分子家庭。

她的父母和别的旧式封建父母有不同之处——主张男女平等，对儿女的功课要求得非常严格，让女儿和儿子读同样多的书。

所以韦君宜除了到学校上课之外，父亲还亲自教她诵读古文，学习

日语；还要她课余攻读英语、数学。在这个过程中，父亲发现她的形象思维似乎特别发达，对一些通俗小说很有兴趣。读书当然不能仅仅读通俗小说，但这可以成为一个突破口，帮助她打开掌握知识的大门。

于是，父亲虽然依旧严格要求她认真对待每门功课，却并不逼迫，反而让她把家中的历史小说、通俗演义等读本在学习的间隙内通读。这样，她阅读的兴趣范围渐渐广了起来，历史小说、诗集、通俗演义、政论……各种书籍她都能津津有味地捧着读半天。

没过多久，她就把家里存放的一切旧书全部“吞”了下去，而且还开始如饥似渴地在外面寻找书读。

通过父亲有意识的培养，韦君宜的阅读习惯在此时基本形成。

就这样，幼年时代的韦君宜像蛇吞象似的看了许多完全不适合她年龄特点的书，开始知道了胡适、梁启超、鲁迅……在书本上广泛地接触社会，开始了人生的思索。

少年时代书籍的启蒙教育，在韦君宜的心灵上打下了深深的烙印，为她后来的成长打下了坚实而广阔的基础。

阅读就像是站在巨人的肩膀上，看得更高更远，借以增广见闻，拓展知识领域。女孩若能从小养成阅读习惯，便犹如得到一生受用不尽的宝藏。而父母对女儿阅读习惯的重视、兴趣的培养和阅读方法的引导，则是女儿养成阅读习惯的关键。

2. 给女儿创造良好的读书环境

我们应创造一种充满父子、母子亲情的氛围，和女孩一起陶醉在书的世界里。父母同她一起看书是一种最快乐的事情。每当在她身旁为她读书时，她就会感到亲切和愉快。

2008 年第 10 期的《读者》上有一篇叫《托尔斯泰的灯》的文章：

最早这是一盏大号的煤油灯，吊挂在图拉州托尔斯泰故居的屋顶上。灯罩巨大，比灯罩更大的是下方一张直径近两米的圆桌，桌面上等距离地立着十几块隔板，隔板直接与灯罩连接，均匀地平分了灯光。这就是矗立在19世纪俄罗斯文学高峰上的巨人——列夫·托尔斯泰的发明。

孩子长到三四岁就要开始识字读书，怎样培养孩子阅读的习惯，并从阅读中发现快乐？

当了父亲的托尔斯泰就构思了这盏“连桌灯”，或者叫“桌连灯”。最初这张大桌子上只有3块隔板，宽宽敞敞地坐着他们夫妇和一个孩子。后来他的夫人陆续地为他生下了13个孩子，其中有两个夭折，到最后这张大桌子上均匀地分布了13块隔板。

每到晚上，全家人必须都坐到这同一盏灯下开始阅读，可以读《圣经》，读课文或其他自己喜欢的书，找不到书读的孩子就得读托尔斯泰的手稿。教育的意义不全在内容，而是教育的手段。这捎带着也是一种测试，看哪些孩子或哪个年龄段的孩子，喜欢或不喜欢他的手稿，他的哪部小说的手稿受到了孩子们的欢迎，或者相反。

这一习惯一直延续下来，煤油灯曾改成汽油灯，再后来有了电，灯就更亮了。托尔斯泰不在家的时候，孩子围着他们的母亲阅读，父母都不在的时候，他们“常常是充满期待地等着晚上的全家共同阅读”。

每个人心里都有一盏灯，人不是由于决心才有毅力，应该是由于习惯而有毅力。一个人的精神成长史，取决于他的阅读史。只有阅读能最有效地培养精神生活习惯，而好的习惯又培养性格，性格决定人生。教育孩子的目的就在于性格的培养。

这需要有“长性”，而托尔斯泰正好是个有“长性”的人，他从12岁开始写日记，直到82岁去世，没有一天中断过。他的后人因得益于他的教育，至今还兴旺发达地生活着。

家长可以经常带女儿去博物馆参观，抑或是带女儿参观画廊、美术馆，看戏，看电影等，之后和女儿一同讨论，这样能开拓女儿视野，会让她的观赏与鉴赏能力得到增强。同时，还可以每星期带女儿上一次图书馆，借一些书，或者是去书店购买一些送给女儿，时间一久，女儿就可以自己坐下来阅读了。

3. 投其所好，让女儿爱上阅读

女孩都有一个心理特点：对于自己喜欢和熟悉的东西，都非常乐意接受。因此，妈妈在为女孩选择图书时，一定要投其所好，选择重点突出的书籍。

课前预习——提高学习效率的关键

预习是学习过程中很重要的环节之一。预习的过程是以已经掌握的知识为基础，通过提前学习，让孩子自己先感知、理解、分析、判断、想象新课程、新知识的过程。预习的过程，实际上是对新课程和新知识自我尝试、激活的过程。通过预习，孩子在课堂上与老师的思维可以互相沟通得更好，听课更有目的性，课堂学习效果更好，学习效率也会更高。同时，预习也可以锻炼孩子独立思考的能力，有利于培养孩子学习的积极主动性，有利于培养孩子自主学习的习惯。可见，孩子养成预习的习惯对于自己的学习是非常有利的。

具体而言，父母还有哪些科学的方法能够指导孩子预习呢?

1. 预习要有针对性

对于以前没有养成预习习惯的孩子来说，从现在开始就要学会预习。不过需要谨记的是，预习从无到有，是个循序渐进的过程，不要一口吃个胖子，想同时全线出击，门门功课都预习，这样做有点不现实。首先，门门功课都预习，需要花大量的时间，剩余的时间是固定的，数量多了，质量就很难保证了。

因此，父母应该建议孩子，先选择一门或者是两门学起来感觉吃力的科目进行预习，熟悉了这个过程，掌握了预习的方法、技巧，再由此及彼，扩大预习的范围。预习一般有以下几点要求：

（1）根据老师上课的特点安排预习。比如，有的老师常常是按教材讲课，这就要求孩子要事先对教材有一定的了解，而且要对教材做一定的分析理解；有的老师讲课时是根据教材展开的，孩子就应该在课前预习时了解教材、分析教材、做读书笔记。孩子课前预习时要有目的。

（2）给孩子准备好要用的参考书。预习有时需要阅读参考书，这样能收到意想不到的效果。比如学习语文的时候，看看参考书能了解课文内容的时代背景，也能学习到与课文有关的风土人情方面的知识，这有利于孩子加深对课文的理解和认识。

2. 告诉孩子正确的预习方法

预习的方式多种多样，有粗略地看，有详细地看，这些都要求孩子根据自己的情况预习。举个例子，英语每堂课语法单一、单词量少，只要稍做了解就行。但数学课逻辑性强，难度大一些，就需要采用精细的方式预习。

孩子在预习时，要将新内容从头到尾通读一遍，做到充分了解新知识的内容，并且要试着做一下课后习题，对不懂的问题要用笔标示出来。父母要教会孩子在预习的时候做到看、做、思相结合，要眼到、手到、心到，不能把预习当作任务来完成，而要将它看作是学习新知识的一个重要环节。

预习还要注意重点，对于新知识中的重点部分要做一下标记，边看书边做记号（圈、点、勾、画、批）。做记号的过程就是提炼重点的过程，有助于加深理解、发现问题、提出问题和解决问题。

预习还要有所选择和有侧重点，不要平均用力。门门课程都精细地预习是不现实的，这样做既浪费时间，又难保证预习的质量。父母可以引导孩子先选择一两门学起来感到吃力的科目进行预习，循序渐进，等到完全养成了预习的习惯、积累了经验、形成了比较熟练的预习能力后，再逐步扩大预习的范围。

3. 学科不同，预习方法也不同

预习也要根据不同学科，掌握不同学科预习方法的差异性。像语文、英语这样内容型的学科，在引导孩子的预习过程中，要重点采用阅读理解法预习，先让孩子读几遍课文，画出其中的生字、生词，标注出难以理解的语句。而进行数学的代数部分的预习时，重点采用尝试练习的方法预习，让孩子先看一遍第二天要学习的内容，然后再让孩子试着做几道对应的例题或简单的习题，在做习题的过程中，做不下去的地方，往往就是孩子没有掌握，需要第二天重点听讲的部分。父母在指导孩子预习的过程中，要学会根据具体的学习内容合理地选择和运用恰当的方法预习，一般以某一种学习方法为主，再辅以其他方法。

及时复习——让知识记忆更加深刻

经常听到有的父母抱怨："我家的孩子平时学习挺用功的，但成绩就是上不去。"不少孩子也抱怨："平时上课听讲很认真，但是没多久就忘记了！我怎么这么笨呢！"实际上这不是孩子笨，也不是孩子心理素质太差，而是与孩子知识掌握的牢固程度、复习是否到位有很大的关系。

孩子在小学低年级进入高年级或者小学入初中以后，所学知识的难度增加，每节课的知识量也增加很多。单凭在课堂上听讲，已经很难完全掌握这些知识，也很难完全听明白老师所讲的内容，这就需要父母帮助孩子养成及时复习的学习习惯。

及时复习可加深和巩固对学习内容的理解，防止在学习后发生的急速遗忘。根据艾宾浩斯遗忘曲线理论，识记后的两三天，遗忘速度最快，然后逐渐缓慢下来。因此，对刚学过的知识应及时复习。美国现代成人教育之父戴尔·卡耐基就说过，如果孩子学完了知识后不复习，那他学到的知识只有四分之一。如果及时复习，他学到的知识可能就是百分之百。同时，在复习过去知识的过程中，孩子还能得到很多新的收获，使掌握的知识更系统化，对知识的理解也能上升到一个新的水平。

除此之外，还有一些培养孩子复习习惯的方法可供父母借鉴。

1. 适合孩子的复习方法非常重要

"一千个读者就有一千个哈姆雷特"，不同的孩子，因为对知识的掌握程度不同，以及思维方式的不同，其具体的复习方法也不同。父母在帮助孩子复习功课时，可以从策略、方法上对孩子进行指导，帮助他们找到适合自己的复习方法。

父母在指导孩子复习的时候要着重培养孩子对知识的理解能力，很多孩子在复习的时候只重视记忆，忽视对知识的深入剖析，这样不利于孩子对于知识的贯通掌握。

另外，不同的学科，因其学习方法不同，复习的时候也不能一成不变，父母应该指导孩子针对不同的知识内容采取不同的复习方法。比如，对于英语语法、语文语法等比较烦琐的知识点的复习最好采取画图表或者列提纲的方式，将相似的知识点进行对比分析，这样有助于对知识进行准确和深刻的记忆；而对于数学公式和定理的掌握，应以做习题的形式进行巩固，加深认识。

一位妈妈在谈到指导孩子复习功课时，说：我非常重视孩子在复习上的方法和技巧。每当孩子所学的知识告一段落时，我都会帮助孩子来一次总复习。其实，这种复习很简单，举个例子，学习数学的时候，当一章学完后，我会让孩子把书合上，或者是看着前面的目录，一点点地回想。在回想的过程中，我让孩子一边列提纲，一边回想，“在第一节，有一个什么公式”“在第二节，有一个什么定理”……

通过这种回想式的复习方法，孩子很快清楚了哪些知识是自己的薄弱环节，需要加强学习；哪些知识自己已经掌握得很熟练，无须再着重复习了。

可见，如果方法正确，孩子不仅能够很轻易地把所学的知识“串”起来，而且能够很快分清哪些知识是自己复习的重点、哪些知识不用再着重复习了，进而有效地提高了复习效率。

2. 根据科学规律引导孩子制订有效的复习时间计划

复习时间的安排也会影响复习的效果，因为人的记忆和理解能力是遵循着一定的科学规律的。艾宾浩斯遗忘曲线就是其中一个重要的规律，这个理论强调：学习中的遗忘是有规律的，遗忘的进程是先快后慢。人们对于刚学过的东西，总是一开始忘得快，过一段时间就逐渐减慢。父母要以这个科学规律为基准，帮助孩子制订合理有效的复习计划。

父母要监督孩子及时复习，让孩子每天先复习当天或者前一天所学的内容。对于新知识，如果不及时复习，时间一长就忘记了，太多内容集中到最后一小段时间里复习，效果自然也不会好。

3. 根据孩子的特点，教孩子有效的复习技巧

复习也有技巧，父母要根据孩子的特点，告诉孩子一些复习的技巧。要让孩子注重知识的条理性，在复习的过程中培养孩子有条理地分析事情的逻辑性思维。通过复习，让孩子把学过的内容串联起来。

这里给各位父母介绍两个复习的好方法。

（1）围绕专题进行复习。即打破章节之间的界限，把握章节之间的内在联系，使所学知识成为一个有机整体。对于很多学科而言，知识都是前后关联的，因此，系统化、专题化的复习有利于孩子理解知识点，掌握分析问题、解决问题的思路和方法。

（2）做有质量的练习题。孩子在课堂上听懂了，还要多多动笔，以便对所学知识进行消化和吸收。做练习题是孩子进行复习的必备环节，但是练习题的选择往往决定复习的效果。父母要帮助孩子选择那些难度适中、知识点考察全面、并且可以锻炼孩子举一反三能力的习题。有质量的练习题可以训练孩子的思维、表达和运算的准确性，有助于其对所学知识有更全面的认识和巩固。

同时父母要注意的是，要保证孩子复习时拥有良好的学习状态。要多关注孩子的心理状态，采取灵活的方法。如果看到孩子状态不好，不妨先带孩子出去玩一会儿，等孩子玩高兴了，再进行复习也无妨。

治疗偏科的小“偏方”

下面是一次考试后，两个学生的对话：

“唉，这次总成绩又砸在数学上了！我就是不爱学数学，努力也学不好。我觉得这是遗传，我爸说他上学时数学就不好。我天生就不是学理科的料。”

“我也是啊，这次又让英语拉后腿了。你说我怎么就不爱学英语呢，一看英语就头疼，读也读不好，听也听不懂。我觉得我对英语已经很用功了，可偏偏还不如我平时看都不用看的那几科呢！也许你说得对，我天生就不是学这个的料！”

“你说王佳怎么就不偏科呢？”

“超人！咱们是没指望了！”

偏科在中学教育中是极为普遍的现象，早就成为孩子之间老生常谈的话题了。甚至在小学高年级，一些女孩的身上就出现了偏科现象。有的女孩在小学时就对某些科目感觉头疼，只是那时还不是很明显。当她们升入中学后，由于科目增多，精力有限，原来落后的科目开始呈现大幅度滑落现象。

一次考试后，两位家长展开了如下对话：

“这次考试，你家女儿考得不错啊，我家女儿的物理、化学算是完了，急死我了。你说怎么能让她把理科学好呢？”

“甭急。理化不好没关系，语文好、外语好，那也行啊。反正以后也要分科，文科好也一样。你看，我家女儿其实文科就不行，但我从来不着急。”

面对偏科，有的父母着急，有的父母无所谓；有的女孩忧心，有的女孩不在意。这些都是不正确的态度。越着急越想不出办法，越忧心越学不明白。渐渐地，女孩开始远离这个科目，有的女孩甚至认为自己天生就没有这方面的才能，就算再怎么学都学不会。换言之，在此科目上长期的挫败感已经让女孩彻底失去了信心，虽然客观上还不得不上这一科目的课，做这一科目的作业，但主观上却已经放弃了。

这当然不是好现象。我们允许女孩学得不好，允许女孩忧虑、着急，甚至偶尔的偷懒，但决不能允许她对这一科目的学习失去信心。因为一旦失去了信心，那女孩就彻底没有学好这一科目的可能性了。

所以，如果女孩在学习中出现了偏科现象，父母一定要找到女孩偏科的真正原因，引导女孩摆脱偏科的困扰。

其实，要想帮助女孩尽快摆脱偏科的烦恼，父母只需摸清女孩偏科的原因，对症下药即可。

1.“引发兴趣法”，应对个体差异所致的偏科

有些女孩确实会天生对某些科目特别不感兴趣，从开始学习时就不能很好地进入状态，所以一直以来出现较为严重的偏科情况。针对这种情况，父母应努力引导女孩对偏科的科目产生兴趣。

佳慧是个女汉子，像很多男孩一样，她的数学成绩很好，但语文成绩很差。爸爸每次检查她的试卷，发现她语文失分最多的是阅读理解和作文。

爸爸对佳慧说：“你最好每天阅读两篇作文，做两篇阅读理解题！慢慢加强这方面的练习！”

佳慧挠挠头说：“可是我讨厌阅读理解和作文，我一点兴趣都没有！”

女儿对阅读理解和作文不感兴趣，该怎么办呢？爸爸想了一个办法，他找来一些历年高考零分作文，和女儿一起看。里面有很多幽默搞笑的段子，看着很轻松。然后，再引导女儿看作文集，在这个过程中不断给女儿鼓励和表扬。慢慢地，佳慧对阅读理解和作文产生了兴趣，开始自主地加强这方面的学习。

让不喜欢数学的女孩接触趣味数学；让不喜欢语文的女孩感受诗歌、文学的魅力；让不喜欢英语的女孩看一看英语的动画片、电影、音乐会视频等。从女孩感兴趣的角度带入不感兴趣的科目，就会让女孩有了解和接近的欲望。

2.“正确评价法”，应对学校因素所致的偏科

有些女孩的偏科情况受老师的影响较大。因为喜欢某个老师，就爱屋及乌地喜欢这个老师所教授的科目，因为偏爱而取得好成绩，反过来又会强化对这门科目的偏爱，形成良性循环。而有的女孩不喜欢某个老师，就会连带着不喜欢这个老师所教授的科目，无法投入这一科的学习，进而受到老师的批评，使其更加不喜欢这个老师和这门科目，导致恶性循环。

针对这种情况，父母应引导女儿正确认识学生、老师和学科三者之间的关系，让学生消除对老师的误解或偏见，从而接受这个老师和这门学科。

初一时，艳红的数学成绩还可以。可到了初二，换了一位数学老师，她的数学成绩就一落千丈，每次考试都不及格。妈妈问她什么原因，她说：“我不喜欢现在的数学老师，他讲课我都不想听！”

“为什么不喜欢这位数学老师呢？”妈妈问。

艳红说：“因为他讲话吐字不清，我觉得很别扭！”

通过一番打听，妈妈了解到那位数学老师的经历，回来跟艳红说：“你知道吗？你的数学老师是个命运坎坷的人，小时候他得了一种怪病，医生说，就算治好了，他也没办法讲话。但是他没有向厄运屈服，坚持练习嗓子，才终于能讲话了，要不然连话也说不了。”

艳红说：“真的啊，那我太佩服他了，我不该嫌弃他吐字不清的！”

从那以后，她上数学课时，不再对数学老师的发音怀有成见，而是带着一份崇敬之心去听数学课。后来，她的数学成绩慢慢提高了上来。

父母切忌在女孩面前讨论某老师的缺点和错误。须知，削弱老师在学生心中的威信就相当于削弱了学生对这门科目的兴趣和信心。

3.“营造氛围法”，应对家庭因素所致的偏科

家庭特殊的文化氛围和父母的某些爱好以及父母的职业差异也会诱发学生偏科。如，父母喜欢唱歌、跳舞，爱好艺术，则女孩往往也偏爱艺术；父母喜欢读书、看报，则女孩也爱好阅读；父母爱好体育，喜欢活动，则女孩偏爱上体育课。据调查，在教师家庭中，父母是语文教师，女孩往往爱学语文；父母是数学教师，女孩则爱学数学。

因此，如果发现自己女儿的偏科是这个原因所致，父母就应当起到一定的榜样和带头作用，主动去了解和热爱女孩不擅长的科目，为女孩创造一个良好的家庭文化氛围。

缩短和老师之间的距离——教女孩学会与老师相处

在小学低年级阶段，大部分孩子与老师的关系都比较好。他们对每一位老师都非常的敬爱，会主动接近老师，和老师搞好关系，希望得到老师的肯定和喜爱。在这一阶段，他们对老师的信任度甚至会超过父母，老师说什么，他们往往深信不疑。

但是，当孩子进入青春期后，他们对事物有了自己的认识，开始有了独立的想法，不再盲目接受任何一位老师的话语，他们会用自己的价值观来衡量和评价老师。对于知识渊博、和蔼可亲的老师，女孩会更愿意与之接近。反之，对于那些严厉的、有不良习惯的老师，女孩们则会远离他们，甚至讨厌他们。

说起班里的化学老师，刘菲就一肚子的不满："我们化学老师可讨厌了，每次上课的时候，总喜欢往地上吐痰，我不喜欢上他的课！"

爸爸说："随地吐痰确实不是什么好习惯，而且是在教室里，换作是我，我也觉得不妥！"

"就是嘛！吐痰多恶心啊！"刘菲说。

"老师讲课是很辛苦的，口干舌燥的，还很容易得咽喉炎，估计化学老师是因为这个原因才往地上吐痰的吧！"一旁的妈妈接话道。

"很可能是这个原因，菲儿，你应该关心一下你的化学老师！"爸爸建议道。

“我关心他？没搞错吧，再说了，怎么关心？”刘菲不解地问。

爸爸是一位医生，对呼吸系统方面的疾病很有治疗经验，他对女儿说：“我明天买一盒药回来，你下课后送给化学老师，并留给他一张纸条，提醒他这是治疗咽喉炎的药，吃了喉咙会好些，请别往地上吐痰！”

第二天，刘菲照做了，从那以后，化学老师再也没有在教室里往地上吐过痰，刘菲也不再讨厌化学老师了，上课认真听讲，化学成绩也突飞猛进。

当父母发现女儿与某位老师的关系不和谐，对某位老师有成见时，应该主动做好调节工作，而非火上浇油，恶化双方的关系。案例中的父母在这方面就做得很好，通过他们的引导和建议，有效地促进了女儿与化学老师的关系。最后，女儿的化学成绩也有了很大的提升，这是一个可喜的结果。

那么，具体来说，父母该怎样引导女孩缩短与老师的距离，与老师和谐相处呢？

1. 教女孩客观地评价老师

“英语老师很偏心，每次上课都不叫我回答问题！我同桌只要举手，她就让他发言！”惠美放学回来抱怨道。

“是不是老师知道你成绩好，知道你能回答得上来，不需要强化训练，所以，不叫你回答？”妈妈提醒道，因为惠美的英语成绩的确非常优秀。

“哦，或许真有这个可能！”惠美像是明白了什么，“那我错怪老师了！”

客观地评价老师，是女孩与老师建立和谐关系的重要基础。有些女孩容易心理失衡，认为老师对她不公平，“偏心眼儿”，偏爱某些同学，挑剔某些同学。对此，父母要积极引导，消除女孩对老师的成见，让女孩学会客观地评价老师。

2. 鼓励女孩勤学好问，虚心请教

10~16 岁的女孩进入青春期后，随着了解的知识增多，有时候她们会觉得老师水平低。对老师所教授的知识，甚至会不屑一顾，就更别说请教老师了。客观地说，老师水平再低，也比孩子的知识渊博，也有值得孩子学习的地方。因此，父母应鼓励孩子看到老师的优点，引导女孩向老师虚心请教，增加与老师的交流，增进与老师的感情。

3. 积极支招，引导女孩关心老师

老师的辛勤付出，在一定程度上是一种无偿的奉献，老师付出的心血是难以用金钱衡量的。作为学生，应该在生活小事上关心老师，用爱去慰藉老师。父母不妨像上文案例中的父母那样，积极给女儿支招，引导女儿关心老师。也许是只言片语，也许是一张小小的卡片，也许是一张关爱的字条，都能让老师感受到孩子纯真的爱，感受到一种温暖，这对拉近老师与孩子的距离很有意义。

4. 委婉指出老师的过错或不当行为

常言道："金无足赤，人无完人。"老师也是有缺点和不足的。对于老师的过错、缺点或不当行为，比如，教学上太过严厉，批评方式太过粗暴，行为方式上有些不妥当等，家长可以引导孩子委婉地提出意见。就像上文案例中，父母建议女儿给老师留张字条，指出老师的不当行为。这样给老师留了面子，又能让老师意识到自己行为的不当，更有利于老师改正。

第十章

危险无处不在，教女孩披荆斩棘

处在 10~16 岁叛逆期的女孩，会出现各种各样的心理矛盾和压力，还会遇到一些外界的诱惑和危险，如果这些问题不能得到顺利解决，女孩就有可能在情绪以及行为等方面出现问题。所以，对于女儿在叛逆期亮起的“红灯”，父母一定要警觉，好好引导女儿，带她走出危险的禁区。

无论何时，都要教会女孩保护自己

2013 年 3 月 16 日，江苏一个女孩到河南见网友，结果被骗财骗色，几天后在火车站又被一名中年男子诱奸。

2013 年 7 月 24 日，黑龙江一个女孩送一位孕妇回家，结果被骗，惨遭孕妇丈夫性侵并被杀害。

2014 年 8 月 9 日，重庆一个女孩上错了轿车，随后与家人失去联系。10 天后，警方调查发现，女孩在途中因与司机发生争执，被司机杀害。

2014 年 8 月 21 日，一个女孩在山东某火车站上了一辆“黑车”，被一位年过五旬的男子骗到偏僻处强奸，之后，女孩又被骗至男子住处遭囚禁、殴打、恐吓、强奸、性虐待。

……

近年来，女孩失联、被骗、被性侵甚至被害的新闻不时见诸报端，令家有女孩的父母忧心忡忡，惶恐不安。

陈奶奶的孙女静静12岁了，她长得亭亭玉立，十分漂亮。陈奶奶总担心她在外面遇到坏人，每天放学就去学校门口接静静。有时到了校门口，她累得气都喘不上。

静静的爸爸不忍心母亲这么辛苦，劝她不要去接静静，让她放学自己回家。陈奶奶坚决不同意，并说："女孩大了，我怕她遇到危险！你们都忙，没办法接她，我还能走，我接她放学还是可以的。"

10~16岁的女孩就像含苞待放的花朵，正值美艳动人的时刻，却不免让父母担心她的安全问题。这种担心绝非杞人忧天，因为有活生生的案例，时时揪着父母的心。可是，像陈奶奶那样保护孙女，只能治标，不能治本，到了关键时刻，还得靠女孩自己保护自己。毕竟，父母不可能时刻在女孩身边保护着她。因此，教女孩学会自我保护成为家庭教育的重要课题。

培养女孩的自我保护意识和自我保护能力，有助于她冷静地看待和处理危险，有助于提高她对突发事件的反应力，并能增强她的独立性，使她能够更好地适应复杂的社会环境，安全而健康地成长。具体来说，父母可以这样去做：

1. 告知青春期女孩常见的侵犯方式

一般来说，青春期女孩最常遇到的、最令父母痛心的侵犯就是性侵。比如，女孩见网友，被网友性侵；女孩早恋，被男朋友侵犯。还有猥亵，比如，在人流拥挤的公交车或地铁上，好色之徒趁机对女孩动手动脚。此外，女孩还有可能遭遇骗财、暴力等危险。这些父母都应提醒女孩，经常跟女孩讲一讲类似的案例，让警钟在女孩耳边长鸣。

2. 与男性交往，要教女孩做好防范

女孩在青春期，免不了要与男性交往，这包括男性同学，也包括男性亲戚、伙伴以及陌生的男性成人。比如，有些女孩喜欢网上聊天，还忍不住好奇，答应与男网友见面。因此，教女孩做好防范，学会保护自己是很有必要的。家长要告诉女孩以下 10 点需要注意的事项：

（1）与男生交往或见陌生网友时，要选择在公共场所，但要注意避免舞厅、酒吧等复杂场所，可以选择麦当劳或肯德基。

（2）不要让女孩单独会网友，如果女孩实在想见网友，最好让她带上亲人或朋友，让亲人和朋友与她保持一定的距离，在暗中保护她。

（3）与网友见面，到达约定场合时，让女孩不要急于出现，要先暗中观察对方一番。

（4）不要让女孩去不熟悉的地方见陌生人，尤其是陌生男性。更不要让女孩跟网友去陌生地方。换句话，让女孩别离开自己熟悉的地盘。

（5）与不太熟悉的男生交往的过程中，尽量不要吃对方的东西，也不借东西给对方。

（6）教女孩不要轻易透露自己的个人信息给陌生人。

（7）告诉女孩，遇到危险时要保持头脑冷静，不要尖叫、哭泣，以免激怒坏人，也不要与其发生肢体冲突。在没有求救机会时，不要与坏人对抗，可以假装合作。

（8）告诉女孩，如果遭到抢劫，尽量不要与对方纠缠，保护自己最重要。

（9）告诉女孩，受到伤害后，要告知父母，并及时报案。

（10）如果女孩遭遇到身体伤害，尤其是性侵，一定要及时告诉父母，报警并去正规医院检查身体，避免受到更严重的伤害，如艾滋病、意外怀孕等。

3. 教女孩几招摆脱危险的实用性战术

（1）逃跑战术——告诉女孩：遇到危险时，能跑就跑，而且要以最快的速度跑。比如，走偏僻小路或走夜路时，发现有行踪诡异的男人靠近，要以最快的速度跑到人群中去。也许对方不一定是坏人，但逃跑总比不逃跑安全。

（2）求助战术——如果旁边有人家，有路人，应高喊求助。喊的时候不要喊“救命”，而要喊“来人”，喊“抓小偷”。因为当你喊救命时，一般人胆小怕事，可能不敢救援。喊“来人”，喊“抓小偷”，则容易吸引人注意。

（3）欺骗战术——所谓兵不厌诈，危险的时候，用欺骗的方法，让自己脱身，也是智慧的表现。比如，遇到色狼时，无法反抗时，可以教女孩这样说：“我一个人住，先去我家吧！”然后，把色狼骗到亲戚朋友家或自己的家，让亲友或家人收拾色狼。

（4）说服战术——虽然坏人很难被说服，但有时候这种方式也可以采用。特别是当坏人是女孩熟悉的同学、朋友时，在对方开始做出侵犯的行为时，可以采取说服的方法制止对方。说服要给对方留面子，要以温和的语气，但态度要坚决，可以告诉对方：“只要你停止，我会不追究。我知道你不是坏人，只是一时糊涂。”

（5）拖延战术——当遇到危险又无法脱身时，可以采用拖延战术，和坏人磨时间。比如，故意丢掉随身贵重物品，然后说要去找。或说鞋子坏了，脚扭了等。通过拖延时间，来慢慢寻找对策和逃脱的机会。

校园暴力离女孩到底有多远

先给大家看两则新闻报道：

最近，一段有关校园暴力的录像引起了社会的广泛关注。从录像中我们可以看到 4 名女生轮番上前猛打另一女生耳光，而被打的女生表现得相当被动。这样让人触目惊心的镜头究竟是个案，还是校园里司空见惯的暴力事件呢？我们应如何面对校园暴力？

瘦小的小芳蜷缩在病床上，几天前噩梦般的遭遇让这个原本就内向的初二女生变得更加沉默。

5月的一天晚上，小芳准备去教室上晚自习时，被同校的初三女生小思及其邀约的7名女同学拖进厕所，甩巴掌、高跟鞋砸头，再来一阵拳打脚踢，还脱下小芳的外衣丢进粪坑，并用手机拍下对小芳施暴与受辱的照片和视频。视频以施暴者威胁小芳“告知父母、老师一次就再打一次”而告终，整个过程长达10分钟……

在大家的印象中，男孩的“标签”就是捣乱、调皮、坏脾气，那么女孩呢？为什么关于女孩的这些暴力事件频繁地在学校里发生？

曾经风靡中国的一部韩国电影《我的野蛮女友》让很多人记忆犹新，此片上映后刮起了一阵野蛮风，使得很多女孩都争相模仿剧中女主角对别人拳打脚踢的画面。曾经也有记者随机采访了某高中的5名女生，她们都表示自己很喜欢看这部电影，对剧中既美丽又野蛮的女主角非常崇拜。

“做她那样类型的女孩是很讨人喜欢的，她拳打脚踢的行为并没有什么不好，反而很有型，就算把人打得面目全非也不用承担什么责任，因为她很美丽，身边的人都会迁就她。”一个接受采访的女生如是说。

那么，怎样才能让女孩远离校园暴力呢？

1. 给女儿一个健康的家庭环境

一位心理学家说：“家庭是女孩心灵成长的摇篮。只有健康的家庭，才能给女孩健康的成长环境，而一颗健康成长的心灵会在家庭环境中体会到幸福与快乐，反之则不然。”由此可见，父母的教育、家庭的环境都是保证女孩心理健康的重要因素。

校园暴力屡禁不止，而且越来越严重，父母有不可推卸的责任，毕竟，女孩是在父母的怀抱里成长起来的。我们经常看到，父母在麻将桌上叱咤风云，女儿在旁边扯着父母的衣袖，脾气不好的父母便会不耐烦地呵斥，这就是一些父母对儿女的教育。生活中无数类似的镜头跃入我们眼前，一些父母对女孩的教育和关爱太少，只顾着自己享受和娱乐。

还有的父母不但不正确引导女孩，甚至有些还给女孩做出了反面的榜样，譬如在家里面动不动就发脾气，夫妻之间动不动就吵架，甚至大打出手。还有些离异家庭，缺少父母的关爱让女孩变得冷漠和暴力。但是不管何种情况，受伤害的终究是女孩，而最大的责任人就是父母。

教育专家指出：一些父母不负责任，只顾自己一时享乐，而对孩子的教育不管不问。虽然有的给了孩子充实的物质生活，但孩子的精神世界则是一片空白，这种教养方式造成的危害是很大的，无论是对自家孩子的成长还是对整个社会都造成了危害。

所以，在这里呼吁父母，请给女孩良好的教育和一个温暖、和平的家庭环境，这样女孩的心灵才不易扭曲，也可以避免女孩踏上“校园暴力”之路。

2. 提醒女儿谨慎交友

10~16 岁这个阶段，女孩开始选择和同龄人交往并融入群体，这个时候，父母和老师不再是女孩的模仿对象。为了在群体里面占有一席之地，女孩往往会选择被同化。而此时，她们的思想尚未成熟，如果受到不良团体的挑拨和唆使，很容易就会与之“同流合污”。

这一时期的孩子具有明显的从众心理：大家都这么认为，我也就这么认为；大家都这么做，我也就跟着这么做；当发现自己的行为和意见与群体不一致，或与群体中大多数人有分歧时，就会感受到一种压力。

这种心理在叛逆期的女孩身上尤其明显，她们往往会服从同伴的要求而改变自己，如穿某种牌子的运动鞋、戴同一款手表等。其实这些要求都不过分，父母还能接受，但是如果女孩跟着同伴一起“学坏”，麻烦可就来了。

想一想，你的女儿是不是也有迫于同伴压力而做一些错事的经历？那么，父母又应该怎样让女孩摆脱这种压力，保持独立的思考力呢？

首先最重要的一步，就是教给女孩有关同伴压力的问题，不过在说的时候，父母不要高声呵斥，这样很容易让女孩产生反抗情绪，而要说出一些让女孩信服的理由。比如：“跟同伴在一起，很容易受她们的影响。特别是她们每个人都同意做一件错事时，你要做你认为正确的事是很难的，需要有勇气和决心。”同时教会女孩：“如果你的朋友让你做不该做的事时，直接告诉她们‘我不想做’‘我对这件事不感兴趣’，然后要立即走开。”

第二步，就是要教会女孩独立思考。父母可以对女孩说：“跟朋友在一起时，不管在什么情况下你都要用脑思考。”“当朋友强迫你干某些事的时候，首先要问问自己，这样做好不好，然后再想想做了这些事你会成为什么样的人。”

如果父母温和地讲道理，尽量说服女孩，再加上青春期的女孩自己也具备一些自制力，相信她会慢慢摆脱从众心理，变回以前那个乖女孩的。

吸烟？喝酒？什么在诱惑着她

有一位早教专家曾经说过这么一句话：“女孩学坏从吸第一支烟开始。”

有的人也许会说：这个世界上这么多吸烟的人，少一个多一个好像也没什么。其实要这么说就大错特错了。有些未成年人犯罪，恰恰是从吸第一支烟开始的。

所有的父母都必须知道：一些学生三五成群地在一起吸烟、喝酒，并以此为乐，来对抗家庭、学校、社会的正面教育，其中也不乏一些看似“乖乖女”的女孩，已经形成了一种新型的“反教育”现象。

严女士在无意间看了一篇名为《6名女生1人吸烟》的新闻报道以后，触动颇大。当天晚上就很认真地与女儿谈话，女儿承认同学中有个别女生曾吸过烟，但几个好朋友中没有吸烟的女生。在女儿多次保证从未尝试过吸烟之后，严女士才放了心。

“我觉得有必要认识她的朋友，这个年龄的女孩最容易受朋友影响。”

“这之前我从来没想过女孩吸烟的问题，总觉得那是男孩才会触及的。”严女士说，看了报道后，自己和几个同事都被惊了一下。在此之前，她从未想过中学女生也吸烟，考虑自己女儿成长问题的时候也没往烟上想过。严女士觉得，中学生最喜欢追求刺激、盲目模仿，现在想想，女生吸烟也肯定是现实存在的现象，以后自己一定要留心女儿这方面的变化。

不要以为家里的女儿看起来乖乖的，就肯定不会吸烟或者喝酒，要这么想就错了。她们也许是在学校的厕所里、偏僻的胡同里群聚在一起，然后一起来体验这些好奇了很久的神秘的东西，回到家里父母根本就察觉不到，等到女儿对烟酒有了依赖性，父母再来警示女儿就晚了。

那么，是什么原因致使女孩过早地接触这些身体“毒品”呢？主要有三点：

（1）女孩在小时候就特别喜欢模仿成年人，在一定程度上女孩认为“吸烟、喝酒是走向成年的标志”，因此便模仿成人吸烟。

（2）大众认为烟酒是结交朋友的一种便捷的方式。尤其是那些性格外向、喜欢结交朋友的女孩，她们尤其看重烟酒的这种“功效”。

（3）一些女生还认为：女生吸烟和喝酒就是一种新时尚，为了赶这种时髦，很多女孩就开始尝试接触香烟和酒。

如果女孩吸烟、喝酒变成了习惯，成了“瘾君子”，那么就很难控制自己的行为，而且这种行为会延续到很多方面，这对女孩来说，影响是非常大的。下面是给广大父母的一些建议：

1. 父母一定要严加管教

法国健康教育委员会经过调查研究发现，要预防青少年吸烟，最佳的方法是动员父母严加管教子女，禁止其吸烟，这与世界卫生组织进行的一项调查结果完全一致。

在严令禁止子女吸烟的家庭中，只有 10% 的女孩染上烟瘾；在父母以商量口吻表示不希望子女吸烟的家庭中，女孩染上烟瘾的比例是 30%；在父母对女孩吸烟丝毫不干涉的家庭中，女孩染上烟瘾的比例是50%；而在公开允许女孩吸烟的家庭中，染上烟瘾的女孩的比例高达90%。

世界卫生组织还曾在欧洲几个国家进行了一项调查，这项调查也显示，父母禁止子女吸烟的要求越严，男孩女孩吸烟的比例就越低。因此，专家们希望父母对处于青少年时期的子女进行严格管教，明令禁止她们吸烟，帮助她们健康地度过心理不稳定期。

2. 让女儿认识到吸烟的危害

香烟有哪些危害呢？父母可以告诉女孩：从大的方面来说，香烟中含有尼古丁等多种有害物质，吸烟对呼吸器官的损害尤其严重，许多呼吸道疾病都与吸烟相关；通常来说，一个吸烟的人寿命比一个不吸烟的人寿命短5年；对于正处于发育阶段的孩子来说，吸烟将影响他的智力发展，从而影响其学习成绩。

而对于吸烟的女孩来讲，情况可就没那么简单了，父母要随时提醒女孩：

青春期开始吸烟的女性与不吸烟女性相比，日后患乳腺癌的概率要高出2/3；女孩如果吸烟，患乳腺癌的概率将增加2/3；月经初潮后5年内开始吸烟的女性比不吸烟的女性患这一疾病的风险增加了69%。因为乳腺细胞在女性青春期时处于较旺盛的发育阶段，这一时期的乳腺细胞对烟草中的致癌物质最为敏感，极易受到影响。

另外，香烟中所含的化学成分会减少女性阴道内具有平衡保护作用的乳酸菌的数量，从而使细菌性阴道炎的致病细菌有机会大量繁殖，导致感染。

3. 巧妙引导，让女儿远离酒精

可以告诉女孩，酒精对于女孩的危害，除酒中乙醇对肝脏有直接的毒害作用，连续过量饮酒能损伤肝细胞，进而可致酒精性肝炎及肝硬化。此外，饮酒对于优雅女孩的形象及内在素质的养成都是不利的。

要让女儿知道，家庭成员很为她的饮酒问题担心。必要时使用些女孩饮酒引起危害的例子，包括最近发生的一些事件等，让孩子引起警觉。

平时要多注意观察女孩结交的朋友，一旦发觉“可疑之处”，比如女儿在聚会结束回家后身上有酒味等，这个时候就要及时制止，选择她冷静的时候与她交谈，主动询问和开导女儿，以免她陷入酒精饮料旋涡。

拉一把陷入“追星旋涡”的女孩

2003 年 6 月，大连一个 16 岁的少女自杀，起因是母亲没给她买偶像张国荣的 CD 碟。

2007 年 3 月，一名痴迷黎明的女粉丝被发现在寓所内服安眠药自杀身亡，死时手中还握有黎明主演的电影带。

某年，四川一个 13 岁的女孩在连看 8 遍《流星花园》后，独自离家出走，下落不明。

虽然这样追星追到疯狂的例子只是少数，但是父母仍不能忽视沉迷于追星给女孩带来的负面影响。有的女孩为了见到喜欢的明星，不惜旷课、离家出走、骗取父母的钱财。如此追星很可能会造成女孩情绪失控、违反学校纪律、弄虚作假，久而久之发展成为问题学生。

对于女孩追星，父母有着不同的态度。有的是反对，看到子女买了明星的海报、照片等就斥责，甚至撕掉明星的相片。这种父母虽然不多，但让女孩觉得自己像笼中的小鸟，一点自由都没有。有的是纵容，不管不问，任其自由发展。这两种态度都是不对的。

实际上，对于女孩追星，父母应当采取开明的态度，并进行合理引导。首先要意识到女孩需要有偶像，宽容女孩的偶像崇拜，再因地制宜地进行一些指导。父母看到女孩买回来的海报、年历，甚至包书纸上出现的都是同一张脸，就可以顺便问一下明星的名字。或许女儿会笑你“老土”，连这也不知道，但这并不妨碍你继续从女孩口中了解她所崇拜的偶像。

这时候，父母就可以运用前面提到过的倾听的艺术，窥探女儿的世界，同时也了解女儿对明星的看法，顺便培养女儿学习以外的兴趣。比如，女儿的偶像为提高自身素质到电影学院进修半年，你同样可以与女儿来个君子协定，看看她在这半年里能取得什么样的成绩。

当然，一旦女孩因为追星而出现离家出走或其他过激行为，父母也要进行有力的干预与教育，但要注意的是，往往这些行为的表面原因是追星，而深层原因却是女孩所遇到的其他问题。

随着年龄的增长，追星族们也会因为自我的成熟而渐渐消退往昔的热情，因而对于一般意义上的女孩喜欢某个明星，家长们还是要以宽容的心态去关注。

1. 跟女儿一起去追星

白女士的女儿非常喜欢周杰伦那略带忧伤的曲风，每天除了上课不听他的歌，下了课听，走路也听，写作业也听，睡觉也听。白女士多次对女儿说："你这样整天戴着耳机听歌，还放那么大声，对听力会有损伤的，还会影响学习。而且很危险，像走路的时候听歌，容易分神，容易出现交通事故或被抢劫！"

女儿小嘴一噘，说："不会的，我听周杰伦的歌只会促进学习，不会影响学习！"

周杰伦的歌到底有多大魅力呢？白女士十分不解，于是她也下载了周杰伦的几首代表作，尝试着听了一段时间。渐渐地，她也能跟着哼唱了。同时，她上网搜集周杰伦的经历，发现周杰伦有一些女儿不知道的故事。

这天，白女士和女儿闲聊，就聊起了周杰伦，并把周杰伦幼年的故事讲给女儿听："周杰伦的父母在他很小的时候就离异了，母亲一人带着他。3 岁时，他开始学钢琴……"

女儿听得很认真。听完之后，颇有感触地说："原来每个成功人士的背后，都有一段坎坷的经历啊！"

白女士趁机引导女儿："是啊，我们不仅要欣赏周杰伦的作品，还要学习他进取的精神。从他的歌曲中，找到进取的动力，让自己变得更出色！”

女儿非常认同地点了点头。

喜欢娱乐是女孩的天性，女孩追星实际上是一种理想中的天真，也是一种激情中的盲目。父母发现女儿追星，不妨自己也同女儿一起追星。父母只有了解了女儿追的“星”，才可以和她谈“星”。父母对“星”发表的客观评论，对女儿的人生观与价值观的形成将产生潜移默化的影响。如果只是简单采取扔掉明星的CD、撕掉明星的相片等办法，不仅收效甚微，甚至有可能会酿成悲剧。

2. 防止女儿不健康地追星

前些年，被媒体炒得沸沸扬扬的刘德华歌迷追星事件，可能我们还记记忆犹新。

杨某从16岁就开始痴迷香港歌手刘德华，此后辍学开始疯狂追星。杨某的父母劝阻无效后，开始卖房，甚至卖肾以筹资供她多次赴港及赴京寻见刘德华。可见父母爱女之心切，但这种做法从某种程度上纵容了女儿的固执和任性。

2007年3月某日，在媒体的安排下，杨某曾经赴香港参与刘德华歌友会，实现生平夙愿。不过，其父最后由于杨某的“追星”行为而跳海身亡。

适度追星，可以从明星那里获得进取的动力，但狂热追星，以至于陷入极端境地无法自拔，就如同鸦片中毒一样，只会深受其害。

女孩处于叛逆期，心理不成熟，阅历浅，感情容易冲动，容易做出一些不冷静的事来。比如，有的女孩过于迷恋某男星，如果有某男星结婚或偷情的消息，立刻觉得自己受骗了，闷闷不乐，精神沮丧；有的少女甚至发誓非某“星”不嫁。女孩“追星”如果追到了这种如醉如痴、神魂颠倒的地步，肯定会影响学业，影响身心健康发展。这就需要父母引起重视，加以正确引导。

其实明星跟正常人没什么两样，许多明星的外在美都是包装出来的，媒介的吹捧也是一种夸大宣传。父母可以跟女孩讲明这些道理，说明听歌和看影视节目只是生活的一小部分，更多的时间应该用于学习和工作，实现自己的远大抱负。

3. 帮助女儿树立其他榜样

榜样的力量是无穷的，父母要有更多的时间和精力带女孩去亲近历史，亲近英雄，让更多的科学之“星”、文化之“星”、英雄之“星”、劳动之“星”在女孩心里一起闪耀。即使女孩仍然崇拜明星，也不会有太大的危害。

4. 让女儿把崇拜转化为激励

“追星”实际上是一种榜样认同和学习，提供什么榜样或展示什么样的榜样对青少年成长十分重要。青少年往往把崇拜的明星当作他们人生发展的楷模、参照系以及心灵寄托，父母为女孩提供的榜样应该是富有责任感和奉献精神、创造有价值文化的楷模，而不仅仅是外表靓丽、风流潇洒、收入丰厚、生活优越的明星。父母可以对女孩自发产生的“偶像崇拜”心理和行为进行合适的干预，也可以利用有学习价值的英雄形象来创造另一种明星效应，还可以为女孩的特长搭建实践的舞台，让女孩体会到成功的快乐，把女孩的追星转化为对成功的自我激励。

教女儿避免可怕的性伤害

如果你发现自己的女儿正在慢慢走入可怕的“沼泽”，除了呵斥和打骂之外，你又无能为力的时候，你将会怎么办？

下面是一位妈妈写给正在“变坏”的叛逆期女儿的一封信，希望对各位家长能有所启发：

孩子，自从你上了高中，你和父母之间好像越来越疏远了。周末回家，你经常躲在房间里，还在门口挂了个“请勿打扰”的纸牌。为这事儿，我和你爸也伤心过一阵子，觉得女儿长大了，就跟父母不贴心了。我们清楚地记得你读初中时还女孩儿气地搂着我的脖子撒娇，怎么一转眼到了高中，变化就这么大了呢？

你对父母关心得越来越少，对自己的服饰和化妆品却关注得越来越多，我们就忍不住猜想：你是不是恋爱了？于是受你爸爸的委托，我约你到一家叫“forever”的酒吧。

听到我说“forever”时，你吃惊地瞪大了眼睛，像不认识似的看着我。我拍拍你的肩说：“女儿，你妈妈不像你想象的那么老土。”

在酒吧的角落，确信我们的谈话邻桌的人听不到时，你把头向我这边探了过来，问：“妈妈，我爱上了一个男人，他比我大5岁，但是他现在有女朋友，我想把他抢过来。我想为了得到他从今以后我要做一些调整了。我……”

你又咬住下唇，不安地搓着双手，见我鼓励你说下去，你放松了自己，说：“我想他知道我的心事后，可能会要求跟我同居。妈妈，你会支持我，对吗？”

我的头轰的一声炸开了：我的女儿是那么温柔娴静，怎么能说出这样的话来？

你轻咳一声，坐直身子。从你躲闪的目光，我看出你还有想问而又不敢问的问题。

你说：“妈妈，你婚前有过性经验吗？”

调整了片刻，我肯定地摇摇头。

然后没有等你开口，我就说了下面这些话：

你现在还太小，思想太单纯。如果你试图用身体去吸引你所爱的人，如果那人不爱你，如果不幸他又恰巧是个好色之徒，那你等于是给他一个占有你然后轻视你的机会；如果有幸他是个正人君子，那么你的大胆会让他误以为你是个轻薄之人，他会对你退避三舍。

我曾经参加过一个讨论会，会上的男性专家们都说女性应该从贞操问题中解脱出来。当时有一位女性朋友问发表高论的那位专家："假如您发现您的妻子在结婚之前和别的异性发生过关系，您……"那位专家不等人家说完，就连忙摆手，说："现在是学术讨论，不是个案。"然后转向大家，他尴尬地笑着说："当然了，谁都不希望这事儿发生在自己身上。"此君真是一语中的。

女儿，听妈妈说了这么多，不知你有何感想。你也许会说：如果两个人真的相爱，那性也就不成问题了。那么，我就要以一个过来人的身份告诉你：如果一个男孩真的爱你，他真的想娶你，他肯定会尊重你，爱护你的。因为爱的最高境界不是占有，而是尊重和爱护。

所以，我的女儿，你应该明白，性不应该成为保全爱情的牺牲品，而应该是爱情的果实和结晶。

多么睿智而伟大的妈妈！在女孩深陷感情泥沼时，这位妈妈没有像大多数的父母一样，呵斥女孩，回避话题，而是用最完美的分析来开导女孩，带她走出困惑和危险禁区，这才是真正的"以柔克刚"！

说到女孩的"性伤害"，性骚扰就是个很重要的话题，10~16 岁这个阶段的许多女孩开始对男孩、对自己的身体感兴趣。她们已经有了明确的性意识，但在很多时候，她们并没有自我保护的意识。

这一阶段的女孩都非常单纯，也正因如此，她们常常会成为犯罪分子眼中的"羔羊"。心理学家表示，在 10~16 岁女孩的眼中，世界是非常美好的，如果在这一阶段，女孩遇到了"性骚扰"或"性侵犯"，这会给女孩稚嫩的心灵留下永远都无法抹去的阴影。

因此，父母必须要及时向女孩灌输正确的自我保护意识，妈妈必须在恰当的时候告诉女儿该怎么做：

一旦发生性骚扰，在确保人身安全的情况下，女孩应该勇敢地"喊"出来。

如：面对陌生人的故意触碰，可以抬头直视对方，表情气愤憎恶，说出简单且坚定的语言："你干什么！""住手！""走开！"然后转身离去或利用人群吓退对方。如果周围的人很少，女孩这时候首先要强烈地警告对方"你不要这样""走开""否则我会告诉警察"等等。声音尽量要大，语气要坚决。动作包括用力推开对方，要向过往人多的地方跑，并且要边跑边呼喊。很多女孩都是因为在面对性骚扰时不够勇敢，不敢大声喝止，因为害怕而让坏人得逞的。

在平时，为了防止性骚扰，女孩要注意不要和不熟悉的人讲话。外出时，尽量不要做会引起异性性冲动的事情，比如衣服穿得太紧、太暴露，或者裙子太短等。晚上尽量早回家，不要随便和不认识的人在一起吃饭喝酒。酒精会减少个人的自我抑制能力和自控能力。有时候一个人故意让另一个人喝醉，这种情况下，人的防御能力较差，往往导致一些性骚扰的事件发生。

如果不幸发生了性骚扰，女孩要在第一时间告诉一个信任的或可以帮助她的人，如老师、父母或警察，同时记住发生事件的时间、地点、人物的衣着等，这可以帮助警察将对方抓获。

重磅炸弹——女儿离家出走

"这次期末考试没考好，你们老是责怪我。我现在走了，出去散散心，你们不要来找我，我自己会回来的……"

这是一位离家出走的女孩给家里留下的一封信。已经超过一星期了，这名14岁的女孩还没有任何消息。随着时间一天天过去，母亲李女士为了女儿的离家出走的事情都快要急疯了。

小茵是一名初二学生。"女儿是个好女孩，聪明但又很倔强。"望着女儿收拾得整整齐齐的小房间，李女士忧伤地说。在小茵的房间摆放着一张张奖状，还有好几个奖杯：三好学生、舞蹈二等奖、乒乓球亚军……这些都是女儿上学以来获得的荣誉。"初二下学期，女儿开始发生变化，逐渐喜欢打扮，有什么事也不太愿意和我们说。”

在小茵出走的前几日，她还给父母写了一封长信。信中说：“物质上的满足是永远不够的，你们越爱管我这管我那，我就越做你们不喜欢的事情。”信中表达了她对父母严厉管教方式的强烈不满。

李女士很困惑：这难道是爱所换来的结果吗？

当女孩进入了叛逆期后，总和父母对着干，一些女孩还表现出不服从父母管教、与父母为敌，甚至离家出走的行为。对于天底下做父母的来讲，最棘手的事情之一就是遇到女孩离家出走。女孩出走的原因也许单一，也许复杂，但有一点是共同的，那就是女孩面对着巨大的心理压力，无法解脱，于是一走了之。

那么，下面我们就来看一看，什么样的女孩容易离家出走：

性格内向、不爱交际、自尊心强、学习有压力、成绩不理想并且常常感到忧虑的；

成绩明显落后、不爱学习、对金钱有浓厚兴趣的；

不守纪律、非常任性，对学校和家庭缺少感情的；

有经常旷课、逃学行为的；

对父母管教抵触情绪很大，经常顶嘴和反抗的。

那么，造成这一现象的根源在哪里？父母就不能和处于叛逆期的子女和谐相处吗？要回答这个问题，关键是需要父母推开子女的这扇心门，解读青春期女孩的心结。

青春期女孩离家出走的原因是复杂的，从社会心理因素分析，最主要的原因是与父母的矛盾和家庭问题。

有的人因为父母骂了自己或是打了自己，一赌气就想索性离开这个家；还有人因为父母对自己的期望过高，或是父母对自己的干涉过多而想离家出走。不仅是这些，因为父母离婚而感到很伤心的时候，父母不关心自己而感到懊恼的时候，也会想要离家出走。

具体情况如下：

人格异常与逆反心理。人格异常的孩子会对周围的人抱有敌意和戒备心理，与学校或家庭的成员闹矛盾后会突然出走。

孩子感到学习负担过重，厌学情绪就会产生，某种逆反心理也会形成，有些孩子便以逃学或出走的形式表现出来。

人际关系紧张。出走的青春期女孩大多因父母望子成龙心切、师生关系紧张及与同学相处不融洽，造成心理上的压抑，导致弃学，离家出走。

角色观念变异与拜金心理。学生通过各种渠道接受了大量信息后，一部分人会对读书不感兴趣，而热衷于读书以外的东西，比如早恋或迷恋于网络游戏。

那么，父母该如何避免女孩做出这一举动呢？

1. 避免家庭语言暴力的出现

有部分父母常常用一些语言来恐吓、威胁女孩，因为他们觉得女孩对家庭是有依赖性的，离开了家她不可能做出什么事来，于是当女孩做了什么让自己不满意的事就会使用语言暴力来发泄自己的情绪。

比如：

> “从现在开始，我不会再管你了！”
>
> “你最好在我眼前消失！”
>
> “再这样不听话，就不要你了！”
>
> “我再也不管你了，随你便好了！”
>
> “你给我滚！”
>
> “有本事就别回来。”

对此，有些女孩可能会被吓着，但更多任性、要强的女孩觉得那是一种侮辱或者抛弃，所以常常会选择离家出走，以示反抗。

而正确的做法是：父母应该多与女孩沟通，无论女孩做错了什么事都不应讽刺、打骂、挖苦、贬低。心理学家指出：精神上受虐待的女孩在成长过程中所遭受的心理伤害，可能比身体受虐待的女孩更深。不良的语言只能使女孩产生厌恶、恐惧及愤怒，甚至不良的后果。

父母应该把自己放到和女孩平等的地位。如果语言过激，女孩要么产生逆反心理，要么心灵不堪重负，变得郁郁寡欢。

当父母怒火中烧的时候，应该先冷静一下，你会发现女孩也并不是一无是处，再和女孩交谈，就会避免过激的语言。而事实上，女孩也有她的是非观，过多地揪住过错不放，很容易引起女孩的反感。

俗话说“良言一句三冬暖”，对于女孩尤其如此。父母发现她的优点，要多表扬、多鼓励，女孩就会一点点地进步。

对女孩的期望值不要过高，天才毕竟是少数。实际上，大多数女孩都很普通，父母多一点平常心，可能就少一点失望。

2. 沟通得当，女儿就不会有秘密

细数一下现在父母与青春期女孩之间的对话，大家很容易就会想到这些：

“这都几点了，还在玩电脑！你明天到底还上不上学了！”

“什么？电动车？家里哪来的那么多钱！你的自行车不是骑得好好的吗？”

“你最近数学为什么才考那么一点点？语文怎么学都学不好！你上课是不是不认真啊？”

“从下个月开始，零用钱减半！像你这么花钱，谁养得起你！”

……

父母用这些质问和居高临下的口吻来训斥女孩，对于叛逆期的女孩来说，只有一个字：烦！当这些烦恼越积累越多时，女孩就会反抗父母，厌恶家庭，从而想方设法逃离。

所以，对于叛逆期敏感的女孩，父母一定要掌握主动权，因为很多女孩的心事都不会主动告诉父母，只会去向同龄人诉说。那么，女孩叛逆期，父母如何在与她的相处中获得主动权，把她离家出走的小火苗熄灭呢？

下面我们就来看看，聪明的父母所采取的做法。

在平时，你可以随时和女儿交流，不过千万要注意一点：不要把女儿的学习成绩当成最主要的话题，这很容易引起女儿的反感。

可以在闲聊的时候，问问学校最近都发生了什么事，她有没有什么心事，有没有需要解决的麻烦，然后你再施以对策。最重要的是，可以主动问女儿，作为父母，自己有没有做得不够好的地方，让女儿敞开心扉来告诉你，有时候女儿的答案会大大出乎你的意料。接收到了这些信息，你才能更好地施以对策，化解女儿和你之间的误解和矛盾。

如果你的女儿不善于表达，平时可能接收不到关于她的信息，那就学着给女儿发短信或者在周末的时候和女儿一起上网，用QQ、微信聊天，文字的魅力有时候比谈话来得更有效，你会发现女儿内心深处的东西，而面对面聊天是完全达不到这种效果的。你也可以试图用朋友的身份问女儿：

“最近和同学的相处还好吗？”

“有没有什么需要的？妈妈给你买。”

在聊天的过程中尽量要加入表现关心女孩的谈话，也可以偶尔地调侃一下，让女儿感觉和你是一条“战线”上的，比如：

“最近看你好像不开心啊，是不是妈妈又惹你生气了？”

这里面有很重要的一点就是，父母在拒绝女孩要求和指出女孩错误的时候，语气要坚决，也要有女孩可以信服的理由，学会观察女孩的情绪。

这样就完全释放了女孩的压抑情绪，女孩会感觉父母是自己的好朋友，随时和自己在一起，这样，女孩有了什么心事都会第一时间来告诉你，而且在对父母不满的时候，也会和你沟通和交流。如果所有叛逆期孩子的父母都能做到这样，那么女孩的心灵一定会保持清澈如水，波澜不惊。

家庭是女孩避风的港湾，如果你让女孩觉得避风的港湾都不存在了，那家还有家的感觉吗？所以父母永远不要企图用“不管你，不要你”的恐吓方式来表现自己的权威，也不要利用女孩的依赖心理来逼迫她做出过激的行为。女孩需要的是一个理解她的充满关爱的家。

多些温情，少些压迫，是亲子沟通的甜美花蜜。唯有互动融洽的亲子关系，才是女孩爱家、恋家的源泉。

问题女孩源于问题家庭

许多父母都会有这样的疑虑：

“我们为女儿付出那么多，她为什么不听我们的话？”

“小学的时候表现那么好，为什么上中学后越来越糟糕？”

如果父母咨询一些专家，他们的回答可能是：“问题就在你们的家庭里，病根就在父母的人格素养里。”闻听此言，父母可能都会面面相觑，似乎听不懂什么意思——我们人格好好的，没做什么错事呀？

“没有问题孩子，只有问题家庭。”这一结论流传了很多年，但是父母都难以接受这样的事实。如果不是因为女孩在成长过程中出现了问题，人们很难发现这恰好就是问题所在。

12岁的六年级女生小西，曾经是父母的掌上明珠，乖巧、听话，学习成绩一向很好，从小就很懂事，还能主动帮助父母做家务。

可是不知道从什么时候起，小西的成绩开始下滑。临近毕业考的时候，小西厌学现象更明显。尤其令父母担忧的是，小小年纪的她竟然交了一个男朋友。小西常常找各种借口，开始逃课，频繁出入网吧，有时很晚才回家，和不良青少年一起去KTV、酒吧。

小西为什么会有如此大的变化呢?

原来，就是因为父母整天忙着做生意，没时间照顾她，不管自己什么事，做得再好，父母也看不到，12岁的小西心里非常失落。一个偶然的机会，她发现只要自己不听话，父母就会注意，就来过问，于是她便以这样的方式来换取父母的关注。

在每个女孩的心里，都有向好的强烈愿望。很多时候，女孩的叛逆行为，只是表面的一种假象，她们只不过是想通过这些行为引起父母和他人更多的关注。

有心理专家认为:“孩子都是好孩子，孩子叛逆，或许是因为父母不会教。”叛逆不是一种病，但却是诸多父母的“心病”。应该说父母眼里的“叛逆女孩”，其叛逆的原因，除了少数是女孩本身的性格因素外，大多数是因为父母教育方式不当造成的。

看过《中国式离婚》的朋友一定记得，宋建平和林小枫正在争吵之际，他们的儿子当当拿着一把刀出来，当着爸爸妈妈的面在小手上划了好几道，夫妻二人立刻停止争吵，赶快送他去医院。后来，妈妈问他为什么要这么做，他说:“上次你们吵架，我摔破了头，你们就不吵了。”

这是孩子的逻辑，也是很多“问题女孩”的逻辑。女儿发现，当她的学习成绩下降之后，正在冷战的父母开始和解，讨论怎么教育她；当她抑郁之后，经常出差的父亲增加了在家的时间；当她逃学之后，父母开始寻找办法，开始反思：我们有什么要改变的?

1. 不良的家庭教育是问题的根源

父母是女孩的第一任老师，父母的言行举止、品德修养直接影响着女孩的健康成长。

中学生宁宁的父亲有嗜赌的恶习，宁宁的母亲劝说无效，还多次受气挨打，只得离婚。宁宁随父亲生活后，父亲每天只给她 5 元生活费，要求她早晚餐在外面吃，明知钱不够花也不管。宁宁晚饭经常没着落，就从借、讨发展到强取，最终就和外面的不良青年混在了一起。

小林初中时多次偷拿其他学生的东西，父母知道后也不进行有效的教育。后来小林夜间砸锁撬门进入某公司财务室盗窃，涉案金额达 39000 元。当公安机关通知其父母时，小林的父亲竟振振有词地说："我的孩子只是调皮，咋能算犯罪呢？"

调查研究发现，60%的"问题少年"来自单亲、离异、父母矛盾恶化、留守子女的家庭。显然，家庭背景问题、家庭教育缺失已经成为问题少年产生的关键因素。父母品性不良、与子女长期缺乏交流、放纵不管、教育方法简单粗暴等，使这些正处于生理、心理急剧变化期的孩子最终成为"问题少年"。

面对"问题少年"，父母应该从重视家庭教育和加强家庭教育的科学指导做起，充分发挥家庭在预防青少年犯罪中的核心作用。父母应增强对社会、对孩子的责任感，对孩子的需求、爱好、兴趣、交往、消费、困惑和学习情况等投入更多的关注，包括智力开发、艺术熏陶以及早期的思想品德、心理和行为习惯的培养。父母自身尤其要身体力行，用自己的良好行为教育女孩。

2. 不对女儿表达自己的感情是造就"问题少女"的罪魁祸首

女孩如果感受不到父母爱自己，就会因为缺少安全感而变得压抑、孤僻，不利于形成健康人格。

这些被称为"问题少女"的女孩，如何来拯救她们？要警察把她们关起来？要求学校教育承担起矫正她们不良行为的责任？

放任不管型父母令人气愤，揠苗助长型家教同样对女孩成长不利。目前家教中最缺少的就是爱的教育，缺少对生命价值的尊重。大多数父母对女孩的态度偏向极端，或溺爱，或粗暴，忽视女孩的情感需求。在一些结构健全的家庭，父母与女孩间沟通难已经成为家庭教育的瓶颈。动辄出走、轻生等逆反情绪，在一些所谓好女孩中同样存在。

如何增强女孩的生命意识

近年来，中小学生自杀、自残、伤人、虐待动物、群殴同学等现象时有发生，且有上升趋势和低龄化趋势。究其原因，除了受社会大环境影响，最直接的原因就是中小学生的生命意识不强，而这又与家庭教育的缺失有很大的关系。加上这个年龄的孩子心理脆弱、抗挫折能力差，面对问题时知识、经验、阅历有限，尚不能清晰地认识生命，才导致对生命缺乏应有的尊重和珍惜。

《贵州都市报》曾报道过这样一条新闻：

5名来自织金县桂果中学初二的学生，因“情绪不好”，竟在愚人节当天异想天开地准备做点“愚蠢的事情”——他们约好到辖区内的落水岩喝农药自杀。

幸得老师及时得知这一情况，并迅速报警。警察出警及时，才救下了这5名学生。

经过一段时间的心理健康教育后，这5名学生认识到了生命的重要性，表示今后不管遇到了什么问题，都不会干“自杀”这样的傻事。

当今社会竞争日益激烈，中小学生面对学习、家庭的压力也越来越大。如果父母不加强对孩子的生命意识教育，孩子往往很难认识到生命的重要性。面对问题时，就可能选择轻生来逃避现实。相信没有哪位父母愿意看到这种局面，因此，增强女孩的生命意识成为十分迫切的事情。

何为生命意识？所谓生命意识，就是人作为一种生命的自我意识，其核心是尊重生命、珍惜生命和热爱生命。生命意识就是让个体意识到自己生命的存在，意识到他人生命的存在，意识到世界上一切生命的存在，以及生命间错综复杂的联系、关系和价值。

从孔子的“知其不可而为之”中，我们可以感受到生命的执着；从司马迁的“人固有一死，或重于泰山，或轻于鸿毛”中，我们可以感受到生命的价值；从范仲淹的“先天下之忧而忧，后天下之乐而乐”中，我们可以感受到生命的责任；从陶渊明的“一生复能几，倏如流电惊”中，我们可以感受到生命的可贵。

看看世间万物，俏立于枝头的花朵有生命，风中摇曳的小草有生命，水间嬉戏的鱼儿有生命，草原上奔跑的羚羊有生命……一个懂得敬畏生命的女孩，眼里所有的事物都是有生命的，都是值得珍惜和爱护的。拥有对生命的珍爱和敬畏之心，呈现在女孩面前的世界，才会充满生机和希望。

怎样才能增强女孩的生命意识呢？

1. 让女孩明白生命的可贵，学会笑看人生

一次偶然的机会，胡先生有幸重温海伦·凯勒的《假如给我三天光明》，在感慨生命脆弱以及对光明的渴望之余，他也有感而发，忍不住跟12岁的女儿谈论自己对生命的认识。

“年轻时，我总觉得生命很长，还有很多时间可以让我去玩，去享受，转眼之间，我已经40岁了，人到中年，一辈子已经走过了一半……”胡先生说。

女儿不以为然地说：“爸爸，不要感叹了，后半辈子还有40年呢！”

胡先生说：“40年其实过得很快，生命是可贵的，后40年我要更加珍惜，不再让生活充满苦与累！你也一样，要学会珍惜每一天，过好每一天，千万不要让每一天在苦闷中度过。”

女儿似乎明白了什么，深深地点了点头。

德国思想家、哲学家本雅明曾说过："生命是一条单行道。"就像时间一去不复返，生命往前延续，意味着生命慢慢走向终结。因此，活着的每一天都是幸福，这就是生命的可贵。父母应该把生命的可贵告诉女孩，引导她乐观积极地看待所经历的每一件事。不论是快乐的，还是悲伤的，不论成功还是失败，都是生命中的一种体验、一笔财富。

2. 带女孩去感受生命的脆弱和力量

父母在培养女孩的生命意识时，可以和女孩一起去感受生命的脆弱。比如，带女孩去医院看望病人，看望意外受伤的朋友，让孩子感受生命的脆弱。还可以带孩子去参加葬礼，让孩子体验生命逝去带给亲人的痛苦。在这个过程中，孩子对生命的感悟也会逐渐加深。

在陪女孩感受生命脆弱的同时，父母不要忘记告诉女孩："生命其实也很坚强！"比如，在春暖花开的季节，父母可以带孩子去大自然感受生命的力量，让女孩明白：野火烧不尽，春风吹又生，是小草生命力的顽强；面对病痛不放弃，乐观生活，这是人类生命力的顽强。让女孩明白：健康地活着是幸福的，所以要珍爱生命，珍惜生活，积极进取，这就是生命的意义。

3. 教女孩同情生命、敬畏生命

现实中，青少年虐待动物、残害生命的新闻不绝于耳。比如，"微波炉烤犬事件""残杀新生小狗事件""用洗衣机洗狗事件""酒精泡鸟事件"，等等。很难想象，这些事情的始作俑者居然是青少年，这提醒我们：一定要给孩子上一堂生命教育课。

人对弱小动物的无端虐待，其实反映出来的是内心深处的冷漠与残忍，因为不懂得善与爱，才会对其他生命失去感同身受的同情，才不会发自内心地尊重生命。如果任由这种扭曲心理进一步恶化，那么终有一天，青少年伤害的对象可能会从动物转向人。

因此，日常生活中，父母要教育孩子同情生命，敬畏生命。比如，遇到伤者时，要引导孩子及时伸出援手；遇到落难者时，要及时救援。父母要让孩子知道，同情生命、挽救生命是对生命的敬畏，是伟大的行为。

父母的爱，是女儿的护身符

现代教育报有篇文章《我们的下一代最缺什么》中有这样一段话："现在的女孩，只知道索取，不知道付出；只知道让别人为她着想，不知道该为他人着想；只知道享受，不知道感恩；只知道爱她是天经地义的，不知道爱父母也是应该的。"

读完这段文字，几乎让所有的父母都感受到最严峻的挑战。

其实，叛逆期女孩虽然看起来都很叛逆，她们的内心还是在寻求来自家庭的爱和归属感。不可否认，绝大多数父母为了这份爱付出了太多，只是这份爱有时候过了头，有时候跑偏了，这时候矛盾就出现了：女孩会感觉不舒服、不愉快，她们总是在设法逃避，甚至抵制父母以爱的名义对待她的所作所为。

那么，父母对女孩正确的爱应该是什么样的呢？

爱并不意味着须臾不离女孩左右，保护她们不被这个世界扔到身上的石头击中，也不意味着放纵和容忍其另类或出格的行为。

爱表示和女孩保持一种健康的友谊，使她们能够自主决策，能够忍受自己犯下的错误，能够在承担自己酿造的苦果中一天天长大。

爱意味着给叛逆期的女孩一个温暖、民主的家庭，这会有助于女孩对社会生活和人际关系的美好体验，对塑造她们良好的性格、积极的心态等非智力因素都有很大的作用。

爱女孩就要摈弃一些传统的观念，尽量跟上叛逆期女孩思想的步伐，和她们平起平坐，你会发现，原来女孩们的天地里别有一番风景，她们叛逆外表下的内心，都有一个色彩缤纷的世界。

爱女孩就要尊重女孩的被爱感。凡是所谓的坏学生、差学生都缺少被爱感。父母特别注意不要过早给叛逆的女孩贴上标签，要主动体会女孩的内心感觉。

"女儿，我为你骄傲！""你的确很棒。"……这些话对父母来说是举"嘴"

之劳，而对叛逆期的女孩来说是一件能让她们充满动力的乐事，甚至可能成为影响女孩一生的转折，作为爱女儿的父母千万不要吝啬把爱说出口，要经常告诉女孩你的爱，让家人爱的暖流在女孩的身上流淌。

……

这个世界上，所有的爱都以聚合为最终目的，只有一种爱以分离为目的，那就是父母对孩子的爱。父母成功的爱，就是让女儿尽早作为一个独立的个体，从你的生命中分离出去，以她独立的人格，面对她的世界。

希望这本书能帮助父母和女孩更好地在叛逆期的问题上进行沟通，还想告诉爸爸妈妈们，别把女孩叛逆期看得太严肃，应该把它当成和女孩好好沟通和交流的机会，而且要不断地磨合。也许女孩不领情，但是千万别和女孩“较劲”，一定要相信女孩的能力。女孩再怎么叛逆，父母也不能舍弃她，因为，让父母操心的女孩总会有明白父母真情的那一天。

因为有爱，所以能接纳。因为彼此接纳，爱才变得更加深沉而实在。